戦争は、だめだ！

鈴木右文著

櫂歌書房

前書き

２０２２年にロシアとウクライナの戦争が始まりました。また人類は殺戮と環境破壊にまみれた戦乱の歴史を繰り返すのかと思うと、暗澹たる気持ちでした。ロシアは非難されて当然だと確信していますが、一定年齢の男性の出国を認めないウクライナ政府に不満をぶつける国民もいました。日本も敵基地攻撃能力を持つと公言しています。世界は今制御困難な混沌とした状態にあります。何かできることはないかと思ったとき、２００１年から『反戦情報』誌に連載していた反戦人権映画に関するコラムを、書籍にまとめることを思いつきました。「戦争は、良い」などと言う人は誰もいないはずです。幸い同誌編集担当の永田信男氏からは、自由にコラムの内容を使ってよく、出典等特に何の配慮も要らないとの了解を得たので、誤字脱字の修正から再度の事実確認を経て、必要と思われる箇所について現在からの視点で書き直すところまで、かなりの部分に手を入れました。さらに同誌には掲載していない作品についての書き下ろしも加え、また省いたものもあります（各記事の初出時の同誌の号数情報を省略しています）。この手の映画を頻繁に鑑賞する方々からは、よく見られている作品ばかりで物足りない、あの重要な作品が取り上げられていない、この問題についての作品はないのか、などと指摘を受けるでしょうし、この手の映画に無縁でぜひ見ていただきたい方々には、そもそも手に取っていただくことが難しいかもしれません。そう考えると、もしかしたら本書の意義は薄いのかもしれません。しかし、戦争で大切な方々を亡くした多くの方々が、二度と戦争はごめんだとおっしゃるその思いを、そして命を失う瞬間に戦乱を恨んでおられたに違いない方々の思いを、決して風化させることはできず、今まとめなければいけない本だと思いました。また、大戦等ですでに取返しのつかないことに加担してしまった日本人の末裔として、軍事費の倍増だと言って武器保有の競争に日本が加わろうとしている今、書かずにはおれなかった本です。世界で数多くの方々が行動している今、微力ながら、そして自分でも資格があるとは到底思えないながら、その1人に加えていただきたいという願いから作りました。英語教師の私がまとめたもので、およそ大した内容ではなく、今昔の戦争を経験した方々からは生ぬるいとお叱りを受けそうですし、すでに多く世に出ている反戦や人権擁護の出版の歴史に、この程度の本で加わるのは大変おこがましいことです。取り上げたのは、気楽には作れないテーマの作品ばかりで、それだけにいろいろと批判を受けた作品もありますが、そうした点までは正直なところ、カバーできておりません。しかし、筆者の力量では現実問題これ以上の取組は難しそうです。蟷螂の斧の如き反戦の志をくんでいただき、御容赦くださったら幸いです。

なお本書では、作品の得た賞について、米国アカデミー賞、カンヌ国際映画祭、ベネチア国際映画祭を基本に登場願っており（作品賞、脚本賞などの賞の種類については、メジャーなものに限っています）、必要に応じて他にも言及しています。制作国については、情報源によって微妙に異なっていることもあるため、原則としてInternet Movie Databaseによるものを使用しています。副題は、主題との間に全角スペースを入れることでほぼ統一しました。また、本書は作品を紹介する一般書を志しており、特段の引用情報の付加が必要と思われるような引用はほとんどしておりません。参考文献も特に挙げていません。そのような随筆的な本ですが、少しでも何かのお役に立つことを祈るばかりです。

2023年3月　鈴木　右文

目次

各作品の「年」は日本での一般公開年であるが、『キネマ旬報』誌でベストテン評価の対象が翌年扱いになっている場合は、公開の翌年としている。またタイトルが長い場合は、目次と各ページの見出しにおいて副題を省略している場合がある。また本文中で、本書で扱っている作品名には＊を付した（そのページで主題として扱っている作品には付していない）。

序

映画

映画は通例つくりものである。しかしそれは「花も実もある絵空事」（大林宣彦言）であり、視覚と音声等の複数の感覚に訴える総合芸術であって、それ故に直観的に深く理解することができ、情念を載せることが容易な媒体である。それゆえに、かつて映画は戦意高揚に用いられた。今はそれを逆手に取り、イラク戦争、アフガニスタンの戦乱、９・１１、ロシアとウクライナ、日本の防衛費増大と敵基地攻撃能力保持の計画などと、きな臭い世界情勢の中で人々が頭に血を上らせている中、反戦平和を、映画をもって訴える時であると確信する。

反戦

筆者には信じられない。わずか７８年前に大侵略戦争で多くの悲劇をもたらした日本において、どうあっても戦争だけはイヤでそれにつながることの芽を摘むのが大切だと考える人がたくさんいた日本において、安保闘争では米国に巻き込まれることこそ平和に背を向けるものであると多くの人々が考えていた日本において、保守と革新に分かれて角を突き合わせて均衡を保っていた日本において、軍事費の倍増が語られ、改憲を認める国民が多数派となり、国政選挙では革新は時代遅れだとばかりに保守的である度合いを競うような流れとなっていることが、筆者にはなぜなのか理解できない。戦争中の死の瞬間に、自分の次の世代に平和な世を残したく、戦争につながることは一切いやだ、そう思っていた方々が多くいると思われ、その方々の無念の思いを、１００年もたたないうちに忘れさせてしまうような政治と教育がここ最近行われてきている気がしてならない。筆者は偏向思想の持主なのだろうか。世界の諸問題が難化している現在、自己の防衛に走る為政者があまりに多く、彼らが作る「常識的考え」の方がおかしくはないのだろうか。防衛費増大計画や敵基地攻撃能力の保持の計画も、米国の余剰武器を購入するための仕掛けだったりしないのだろうか。

歴史

筆者は歴史学の専門家ではなく、自分の歴史観を人に押し付けるつもりは毛頭ない。だが、どのような考え方を背景に本書が作成されたかを示しておきたい。

日本は侵略戦争を行った。これだけでいくら謝っても謝り切れないことをしたのだと思っている。これは日本を貶めることではなく、筆者も日本的なものが大好きだし、日本に誇りを持っている。それは平和憲法を持ち、童謡「ふるさと」のような心情で人々が生きる日本に対してだ。そのような国として再出発できるはずだった日本が、戦後の主導権を握るために原爆を使用した米国の都合で、いったん成立した平和憲法に反し、いろいろなごまかしで軍事力を強化し、好むと好まざるとに関わらず、西側陣営の橋頭堡とさせられてきたということこそ、歪んでいるのではないだろうか。お上には逆らわずもいい加減にしないと、大変なことになるのではないかという気がする。大学の世界をはじめとして、間違わないためにボトムアップで物事を考える面倒な民主主義の時代から、支配層の目的のためにトップダウンで効率的に進む独裁的な時代に逆行しつつある(面倒だからと小選挙区制が導入された時点で確信した)。今が歴史の大転換点になりそうな気がしてならない。そう考えると、言いたいことを今言わねば後悔するだろうと思う。

反戦映画

ここで、映画の専門家であれば、反戦映画の定義や、類別について語ることになろうが、残念ながら筆者には、その力はない。反戦映画には、戦地の戦闘を描いてその悲惨を訴えるもの、銃後やその後を描いて戦争の影響を訴えるものに大別されるなどと言っても、誰もがすでに知っていることである。筆者が志すのは、本書で取り上げている反戦人権映画の鑑賞をお勧めすることである。マイケル・ムーアのような実力行使はせず、風が吹けば桶屋が儲かる式の構図の中で、風を起こそうとしているに過ぎない。しかし風も起こさないなら自分が自分でなくなる、という切迫感がある。

ということで、本書では235本の反戦映画、人権映画を収録している。配列は時代順で、こうした映画の流れがわかるようにしてあるが、戦後の作品が主体である。日本映画もあれば外国映画もあり、反戦映画もあれば人権映画もある。メジャー作もあれば自主上映しかできない作品もある。儲かる映画もあれば儲からない映画もある。声高な映画もあれば静かな映画もある。しかし本書で取り上げている諸作はどれも、映画としての味わいと芸術性を持ち、もっと評価され、尊重されるべき作品だという点では共通している。筆者も小学生の頃は、最高の映画とはカーアクションだと思っていた。いまだに成長途上の筆者ではあるが、これら珠玉の作品たちと出会えたことに喜びを感じることが、ようやくこの頃できるようになってきた。目の前にあるものだけで生きていくのではなく、自分の知らない世界に触れていくことが、この世でほんの一瞬しか存在できないことに対する自分なりの抵抗であり、自分の生きた証であり、天文現象等でいつか終わりを迎えるかもしれない人類の歴史が輝かしいものであるための必要条件として、互いに学び合う知恵というものに、ささやかな貢献をしようと志した次第である。ぜひ本書に並ぶ諸作に触れてみていただきたい。

●1934年・底辺にいて真心を持つ人々『街の灯』チャールズ・チャップリン監督

チャップリンは英国に生まれ、どん底の生活をし、劇団員として渡米して認められ、映画デビューを果たして制作にも乗り出し、世に多くの作品を送り出した。『街の灯』は、1931年の米国映画で、トーキーが広がる中でのサイレントのヒット作だ。

チャップリン扮する浮浪者が、盲目の花売娘に恋をし、落とした花を拾ってやると、彼女はこの浮浪者を金持ちと勘違いした。彼はそのまま金持ちを装い、花を買ったり、いろいろと手助けをしたりする。娘一家が立ち退きを迫られていると知って、お金の工面に無理をするが、全くうまくいかない。しかし、昔助けた金持ちが酔っている時に、偶然再会してお金を得ることができ、娘に手渡した。ところがこの金持ちは、酔った時しか浮浪者を認識せず、再会のときにたまたま入られた泥棒が彼だと勘違いして、彼は無実の罪で刑務所に送られた。出所後、彼のお金で目を治した娘と出会ったが、娘が彼のことをわからないので、そのまま立ち去ろうとする。この浮浪者を憐れんだ娘は、花と小銭を渡そうと手を握ったところ、かつて助けてくれた彼の手だとわかり、あなたなの？と喜びの声をあげた…

社会の底辺にいて真心を持つ人間を描き、初見のときの若い筆者は大いに慟哭したものである。この暖かい世界を見よ、と周囲に触れ回りたい衝動にかられた。浮浪者の描写には、チャップリンの幼い頃の経験が活かされているだろうと思われる。チャップリンにはどたばた喜劇やペーソスあふれる作品も多いが、やはり印象に残るのは、ヒトラーを風刺した『チャップリンの独裁者＊』や、この『街の灯』などである。『ニューヨークの王様＊』も面白い。

●1937年・独国民への日本紹介作『新しき土』アーノルド・ファンク監督伊丹万作監督

『新しき土』は、日本初の海外との合作で、日独防共協定の翌年のことであり、映画評論家故佐藤忠男氏のことばを借りれば、「来るべき同盟関係のための文化的布石」（『日本映画史』岩波書店）とのことである。

ドイツ帰りで西欧の「自由」を知った青年が、恩人の家へ婿養子に入る約束を破棄するものの、その許嫁は、青年が帰国時に知り合ったドイツ人女性と親しくするのを見て、火山に身を投げようとし、青年はこれを救って満州に新生活を築く。

この作品は、日本の軍国主義とファンク監督の妙な日本描写の組み合わせと言ってよいだろう。留学で農学を修めたこの青年は、満州でトラクターによる近代農業に従事することになるが、これはつまり、国外からは都合のいいものだけを取り入れ、人口の多い日本が満州に進出するのは当然とし、国外の反対意見は取り入れないということであろう。また、随所に天皇を頂点とする家族制度、個人より家といった思想が露骨に語られている。原作者はファンク監督自身で、高度に政治的な映画制作と認識した上で、ドイツ国民に友邦を理解してもらいたいという意図があったという（原題は「侍の娘」）。大作ではあるが、日本人の観客にはどことなく違和感の残る出来であり、出汁の入っていない味噌汁と言えばよかろうか。それでも16歳の原節子、渋い早川雪洲、火山の撮影など、見所もないわけではない。なお、筆者が見たのはファンク版・伊丹版のうち前者である。富士山の近くの話のはずなのに宮島が出てきたりするのが、伊丹にとっては不愉快だったという。反戦映画ではないのだが、当時を知るための数少ない作品の1つとして登場願った。

●1944年・戦意高揚映画に見られる子を思う母『陸軍』木下恵介監督

木下恵介監督は、日本の庶民的情緒をスクリーンから溢れさせる数少ない監督の1人だった。戦後の作品を見れば、そうした情緒の背後に、反戦の思いがはっきり伝わってくる。軍国主義批判の最初の力作と目される『大曾根家の朝＊』から『二十四の瞳＊』『喜びも悲しみも幾歳月＊』へと、主に犠牲者である庶民の立場から、反戦の思いを描いた秀作を次々と発表した。

ここで取り上げるのは、戦意高揚映画の『陸軍』で、戦争協力の主題でデビューした監督の第四作にあたる。戦前には世界有数の制作本数を誇っていた日本映画界も、軍部の介入によって次第に少数の戦意高揚映画へと絞り込まれていった。誰もが戦争に協力することが求められていた時代に、表向きは協力しながらも、何とか反戦の意を描き込もうとした監督もいる。その中で、木下恵介は決して強固な反戦思想をバックグラウンドに映画を制作していたわけではないと思うが、この監督が庶民本来の日本的情緒を譲ることはなかった。

『陸軍』は、北九州の熱心な軍国国民の父（笠智衆）のもと、息子が出征するまでを描く。有名なラストシーンでは、出征する息子を泣きながら追っていく母親（田中絹代）をカメラが追いかける。子を思う親の気持ちを強調した監督ならではのシーンで、これがあるために、実は反戦映画を意図したのではないかと思うほどだ。この場面の存在により、庶民の生活の隅々にまで入り込んだ軍国主義が描かれる日常のシーンまでが、今見れば悲劇の告発対象として観客に伝わってくる気さえする。この作品は検閲を通過はしたが、監督は軍部から目をつけられ、次回作では降板されられたそうだ。

●1946年・軍人と民間人の戦後の大逆転　『大曽根家の朝』木下恵介監督

木下恵介は、そのさわやかな日本的抒情性が特徴だが、反戦に思いを持った人でもあった。『大曽根家の朝』では見事にそれが結実している。これは、第2次世界大戦末期から終戦直後までの大曽根一家を描いた反戦映画である。

横暴な軍人の叔父が戦争中は散々悪さを行うが、終戦を迎えて立場が全く変わってしまう話である。空襲で焼け出された叔父夫婦が大曽根家に居座るが、この叔父は大曽根家の娘の婚約を、大曽根家長男が思想犯であることを理由に破談とした人物。転がり込んで来た後も、画家になりたかった次男が戦死しても三男を海軍予備学生として送り出し、いったん破談にした娘を軍需産業に嫁がせようとしたり、したい放題である。終戦のときも米やその他の軍需物資を軍からせしめるなど、いやしい人物として描かれる。とうとう大曽根家の母親は切れて叔父を罵り、退去を求めた。終戦による価値観の大逆転を象徴している。このあと娘はもとの婚約者と結ばれ、長男は釈放されることになった。

母を演じる杉村春子と、叔父を演じる小沢栄太郎のふてぶてしさが、さすがにうまい。また当時の庶民とはかけ離れた、かなり裕福な家を舞台としたことに不満な向きもあるようだが、後の木下のホームドラマを彷彿とさせるものである。『喜びも悲しみも幾歳月*』の燈台守、『二十四の瞳*』で田舎の分教場の子供たちのような人々に寄せた思いを見れば、比較的裕福な家を舞台としたことに、特段の他意はないと思う。1946年『キネマ旬報』ベストテン日本映画堂々の第1位。2位も黒澤の反戦物である『我が青春に悔いなし*』だったが、どちらも当然であろう。

●1946年・滝川事件とゾルゲ事件　『わが青春に悔いなし』黒澤明監督

『わが青春に悔いなし』は、巨匠黒澤明監督のいかにも戦後らしい作品。戦争で3年間中止だった『キネマ旬報』ベストテンの、戦後初の年間ベストテン（1946）で2位（1位は木下惠介の『大曾根家の朝＊』で、やはり軍人の横暴を批判する戦後らしい作品だった）。本作は京大滝川事件とゾルゲ事件をもとにしている。滝川事件では、1933年、法曹界の赤化に対し、京大法学部滝川教授を文部省が休職処分とし、同学部全教官が辞表を出して抵抗したが、弾圧で終息した。

本作では京大教授の娘（原節子）に教え子2名が恋をするが、父が弾圧を受ける中、時代に背を向け安泰の生活に入ることに疑問を持った娘は、自分を曲げず左翼運動に身を投じる方の男に惹かれる。男は投獄され、出獄後は東京へ向かい、そこで娘と結ばれるが、国際スパイ事件で逮捕され獄死する。娘は男の実家へ身を寄せ、村人の罵倒や妨害に耐えながら野良仕事を続けた。かつて自分を恋し体制に巻き取られた方の男（何と獄死した男の担当検事）がやってきても、追い返す信念の女性となっていた。戦後、獄死した男の行動も評価され、娘も報われる思いの中、農村に定着する。父は京大に復帰した。

映画の出来にはやや雑な面もあるが、戦争直後の制約下での作品である。また監督は類似企画を持つ新人監督のために内容の変更を強要されて反発、作品後半の農村シーンの気迫に繋がったとか。獄死した方の男のモデルは尾崎秀実。東大出身で滝川事件と無関係。ソ連が日本で諜報活動したゾルゲ事件（1941年）で死刑となった。共産主義者だったが、国民党の中国をつぶすため、日本が日中戦争を継続するように動いたとのこと。それは考え物だが。

●1947年・敗戦直後の雰囲気『安城家の舞踏会』吉村公三郎監督

『安城家の舞踏会』は、『戦火の果て』『夜明け前』等で有名な吉村公三郎による、敗戦直後の日本の雰囲気を象徴する作品で、元華族の没落を描いた作品である。敗戦直後1946年『キネマ旬報』日本映画第1位は『大曽根家の朝*』（木下恵介監督）で、自由主義者の一家が、警察や軍部ににらまれながらも、我慢を重ね、戦後に息を吹き返す話である。翌年の第1位が本作で、自由主義者とは対極にある華族の対照的な新時代の迎え方を描いており、表裏を成すようにも見える。

安城家は明治時代の華族制度による伯爵家だが、1947年の日本国憲法施行によってこの制度は廃止となり、かつての栄華はなく、借金生活となっている。とうとう家屋敷も売却することとなったのだが、当主は華族生活が抜けず、最後の舞踏会を催す。そこでは、華族であったのに今は誰にも頭が上がらない屈辱と、様々な裏切りの人間模様が描かれるが、その当主は最後に妾との結婚を発表、館に残った者から祝福を受ける。華族であることに決別した瞬間だ。すべてを精算した当主は密かに自殺を図るが、娘（原節子）に阻止され、新しい生涯を始めるべく、2人だけでダンスを踊るのだった。

脚色は、その後の反骨の作品群で有名な新藤兼人。監督は、その後も新藤兼人とコンピを多く組み、映画を志すきっかけがチャップリン作品、近代映画協会の設立者の1人ともなった、映画史の重要人物である。声高反戦路線の監督ではないが、本作は当時の空気と新日本の出発時における真実を描いた重要作である。特別な身分のない日本に誰もが安心したと思われるが、このときは誰も、その後米国側の日本政策が、自立民主主義国とは別の方向に向かうとは思ってはいなかっただろう。

●1949年・反独の戦意高揚映画だが『ミニヴァー夫人』ウィリアム・ワイラー監督

『ミニヴァー夫人』は、米国で1942年公開、第15回米国アカデミー作品賞・監督賞・主演女優賞・助演女優賞を受賞した米国映画。監督は、復員兵を描いた社会派『我等の生涯の最良の年』(第19回同作品賞)や『ローマの休日』(第26回同原作賞・主演女優賞)、『おしゃれ泥棒』等で有名なウィリアム・ワイラー。当時多く制作された戦意高揚映画の1つとも言えるが、監督はドイツ出身のユダヤ人で、戦後の赤狩りにも抵抗し、ナチスの侵攻への抵抗の意思を表現した作品と言った方が、日本ではより適切に響くと思われる。大戦中ドイツの意気盛んな中よく撮った。

舞台は1939年からの英国の田舎。中流階級の夫人を主人公に、田舎町が急速に戦争に巻き込まれていく様子を映し出す。中流階級である夫人の息子と上流階級の娘の結婚、上流階級の老婦人が労働者階級の駅長に見せる優しさ、夫人の息子が見せる民主主義への思いなど、教会へ通い平和を祈る人々の善良さが描かれるが、町では戦争の話題が増え、夫人の息子は兵士となり、ドイツ軍による空爆(ブリッツ)と応戦(ブリテンの戦い)が始まり、防空壕の生活に入って、墜落した戦闘機から逃れたドイツ兵に夫人は家を襲われ、空爆で家は半壊し、車に爆撃を受けて夫人の息子の嫁は絶命する。爆撃で屋根の無くなった教会では、ナチスへの抵抗が説教の話題だった。

公開当時反ナチスの人々にはしみいる出来だったろう。必死に攻撃に耐えていた市民達に希望をもたらしたのなら、戦意高揚のレッテルは不要では。筆者の収穫は、1940年、迫るドイツ軍から逃れる英国軍兵士をフランスのダンケルクから撤退させる戦いに、ミニヴァー氏のような多くの民間人が個人所有のボートで参加したのを知ったこと。ないに越したことはないことではあるが。

●1950年・本庄事件と暴力団追放『暴力の街』山本薩夫監督

『暴力の街』は、メディアの役割を考えさせる社会派作品である。監督は『浮草日記＊』『荷車の歌＊』『あゝ野麦峠＊』『戦争と人間』『白い巨塔』『不毛地帯』等で有名な山本薩夫。

ある町で、闇の物資流通を牛耳るボスが、町役場や警察や地元新聞社をも巻き込んで、表面上は警察後援会長の顔を持ちながら、陰でしていることは暴力団そのものであった。町民は誰も逆らうことができなかった。ある日、警察行事と称して、ボスによる警察関係者や新聞記者に対する饗応としての宴会に招かれた新任の新聞記者が、あまりに腐敗した様子に大みえを切り、以後この新聞社とボスを中心とした町の実力者との間で戦闘が続く。記者たちやその家族は暴力団による脅迫や嫌がらせを受け続け、青年団組織も新聞社の応援にあたるが、ラジオを動員してのもみ消し工作に発展するなど、全面戦争の様相を呈する。

戦後間もない自治体に、このような息苦しいところも少なからずあったであろう。青年団組織の活動の様子には、革命運動の雰囲気さえ漂う。それに対する圧迫は、当時の時代背景を成すレッドパージを思わせる。この作品には、映画会社や劇団の枠を超えた出演があり、日本映画人同盟と日本映画演劇労働組合による制作委員会方式によって制作された。制作費は東宝争議によって組合が得たお金を充てたと言われている。この作品は、1948年に起きた本庄事件をもとにしている。同事件では、朝日新聞記者への暴力に端を発した、同社と住民による暴力団追放キャンペーンが行われた。ロケも当の本庄町で行われ、現実の暴力団の妨害を跳ね返した。このあと映画界にレッドパージがあったのは残念だ。はたして、今のメディアにこれだけの活気があるだろうか。

●1950年・戦争に引き裂かれた若い二人『また逢う日まで』今井正監督

『また逢う日まで』は、『ひめゆりの塔＊』『ここに泉あり＊』『キクとイサム＊』『青い山脈』『橋のない川』等を手掛けた今井正監督によるもので、ロマン・ロランの小説をもとに、戦争で引き裂かれた若い2人の悲劇を描き、公開当時、ガラス越しのキスシーンが観客の涙を誘い有名になった。

舞台は1943年の東京、2人は空襲警報時の避難先で出会った。男性（岡田英次）は文学を愛する大学生で、戦争に何も疑問を持たない父と兄に閉塞感を募らせ、貧しい家庭ながら明るい絵描きの女性（久我美子）といるときだけが幸せな時間となった。だが、とうとう来た赤紙に将来の結婚を誓い、最後の逢引きをしようとしたその日、男性は兄嫁の流産で会いに行けなくなり、1人でやってきた女性は爆撃で死んでしまう。男性は戦場に赴いたが、生きて終戦を迎えることはなかった。男性の家には、女性が描いた男性の肖像画だけが残った。文学や絵は、およそ戦時中に重視される存在ではなく、2人の想いがいかに戦争と対極にあるかを強調している。まるで別世界のように平和な場所にある女性の家も、そうした道具の1つだろう。

今井監督は女性を美しく描くことで定評があるのだが、後世になって初めてこの作品を見ると、恋愛の演出があまりにストレートで、また徴兵の恐怖がいまひとつピンと来ないようにも感じられる。似たことは同監督の『戦争と青春』や『ひめゆりの塔＊』にも感じられ、描き方が淡泊だとリアリティを欠くのかもしれない。しかし、直接戦争を経験し生々しい記憶を持った世代が観客だった頃もそうだったわけではないだろう。現に本作は1950年『キネマ旬報』日本映画第1位であり、反戦恋愛物として最高の評価を得ていたと言える。

●1950年・ナチス支配下のイタリアの恐怖『無防備都市』ロベルト・ロッセリーニ監督

『無防備都市』は、第1回カンヌ国際映画祭でグランプリ（当時第1位）に輝いたイタリア映画。第2次世界大戦終結直後の1945年に撮影され、ネオ・レアリスモという1940〜50年代イタリアの現実凝視の文学・映画作品群に属する。イタリアは大戦で連合国側に降伏したが、その後ナチス・ドイツに占領された。この作品はその時代の恐怖を描く。

舞台は1940年代前半のローマ。ある印刷工が、ナチスに対抗してゲシュタポに追われるレジスタンス運動のリーダーを匿い、それが知れて連行されてしまう。婚約者がその印刷工に会いに行くが印刷工は殺される。本作では、運動に手を貸す神父や子供、密告の恐怖、拷問の恐怖など、本来非戦闘員である市民たちが、極限の恐怖状態におかれながら抵抗していった様子が描かれている。人間がないがしろにされるシーンが重なるにつれて、観客にとって人間の尊厳の大切さが身にしみてくる。

ナチス・ドイツ占領下の狂気と恐怖をドキュメンタリー・タッチで描いているが、それもそのはず、ドラマの形式はとっているが、当初は戦争直後のローマで記録映画を撮ろうとしたようだ。撮影所も避難民の収容所になっていたというから、ロケ地としての真実性は十分だっただろう。この監督には『戦火のかなた』のような反戦の佳作が他にもある。また、その後のイタリア映画界の巨匠であるフェデリコ・フェリーニが脚本を担当している。『無防備都市　ベイルートからの脱出＊』とは別の作品。当初はぱっとせず、米国での成功が伝わってからヨーロッパで見られるようになったそうだ。

●1952年・人生に限りがあると悟って生まれる光『生きる』黒澤明監督

『生きる』は、言わずと知れた黒澤明監督作品で、時期的に『羅生門』と『七人の侍』にはさまれた名作中の名作であり、究極の形で人生を大切にする映画である。

主人公（志村喬）は、役所で判を押すだけに等しい生活を送る老役人である。誰も責任を取らず市民の訴えもたらいまわしにする役所で、主人公は「生きて」いない。ある日診察を受け胃癌と悟った主人公は、欠勤して夜の街に繰り出し、慣れない遊興にふけるが、虚しさだけが残る。役所の部下の若い女性に胃癌を打ち明け、奔放な彼女に何か作ってみてはと言われた彼は、勤務に戻る。そして突然彼の通夜のシーンになる。主人公は市民のために公園を作ることに文字通り命をかけ、役所の縦割りや事なかれ主義や上意下達を打ち破るべく奔走したのだ。警官が焼香にやってきて、彼が満足そうに雪の公園のブランコで絶命していたことを報告すると、主人公に続けとばかり感激を隠さず、成果だけは横取りする上司を批判する同僚たちであったが、役所に戻ればまた元の木阿弥なのであった。

人は人生の残り時間が少ないとわかると、石ころにも美しさを感じ、何かを成し遂げることに執心する。常にその心がけで生きれば素晴らしいが（登場するゴンドラの唄の「命短し恋せよ乙女　朱き唇褪せぬ間に　熱き血潮の冷えぬ間に　明日の月日のないものを」は泣ける）、実際にはそうならないもどかしさ。人生とは何かを考えさせる究極の名作。人生に限りがあるから人は努力する（そうだと思えない政治家もいるようだ）。映画としてはこれをテーマにしてはズルイとも思えるのだが、黒澤は別格で寄り切られてしまう。これが70年前の作品か！映画は撮影技術のみにあらず。

●1952年・原爆7年後教え子を訪ね歩く教員『原爆の子』新藤兼人監督

『原爆の子』は、広島の子供たちの体験作文集（ヒロシマピースセンター理事長＝広島大学永田新教授）に基づいた原爆物で、監督新藤兼人、主演音羽信子による、記念すべき近代映画協会の第1作である（劇団民芸も全面協力した）。新藤監督は、『さくら隊散る＊』『一枚のハガキ＊』『第五福竜丸』『裸の島』『ある映画監督の生涯　溝口健二の記録』『午後の遺言状』等で有名。終戦後しばらくは、GHQにより原爆の詳細は秘匿されていたが、タブーとされていた原爆を取り上げた意義深い映画である。近代映画協会自身も、権力に左右されることなく、自由に映画を撮るために、新藤監督を中核メンバーとして設立されたのであった。監督自身が広島県の出身であり、街を一瞬にして消失させた者たちへの激しい抗議の意図が込められている。ロケはすべて現地広島で行われた。

ストーリーとしては、家族でただ1人原爆を生き延び、瀬戸内の小島で教員を勤めている女性が、戦時幼稚園で担当していた子供たちを7年ぶりに訪ね歩き、その厳しい生活ぶりを目の当たりにするというものである。後遺症に悩む家族の世話をしている者、靴磨きで頑張る者など、真面目に生きる者たちばかりだ。その中に見られる、未来を見つめる子供たちの視線が健気なものを感じさせる。昔の知り合いの老人は、息子夫婦を失い、盲目になり、孫と貧しい暮らしをしていたが、主人公はその孫を引き取るのだった。見送る老人の姿が痛々しい。

力が入り過ぎたのか、作品としてはやや上滑りしている感じもする。しかし漫画『はだしのゲン』のようなずっしりとしたものとはまた異なる味わいというところだ。当時チェコスロバキア映画祭で平和賞を受賞した。

●1952年・黒澤作品もGHQにより上映禁止に『虎の尾を踏む男達』黒澤明監督

『虎の尾を踏む男達』は、1945年に制作されたものの、1952年まで公開されなかった。GHQによる占領が終了するまでの間、上映禁止扱いになっていたのである。

能では「安宅の関」、歌舞伎では「勧進帳」に当たるもので、都を追われた義経が東北に落ち延びていく際に通りかかった関所で、弁慶(大河内傳次郎)が主人をかばおうとして大胆な行動に出て、関の役人の情けを得るという筋である。

この作品が長らく日の目を見なかったのは、この弁慶の義経に対する封建的忠誠心が、「民主主義」の普及にとって障害となるとみなされたからである。このように、反戦を訴える作品だけが反戦に関係した作品というわけではない。占領は新しい支配関係の始まりであり、被占領者の持つ芸術の分野までが、占領者の都合のよいように切り刻まれることになった。当時占領軍の監督下で発足した映倫も、占領軍の直接の検閲の時代を引き継いで、「復讐の禁止」「封建思想の否定」などに沿わないものを監視していくことになった(中には本当に良くないものがあったかもしれない)。その犠牲になった作品は、ある意味反権力の象徴とすら見える。本作のような映画のかわりに、占領軍は米国的「民主主義」を体現する作品を日本に普及させ、今では米国作品のクラシックと呼ばれるものになった。その反面、原爆や大戦での米軍の行動の詳細については隠匿された。原爆の記録映像の公開も、占領の終了を待たなければならなかった。このように時局に大きな影響を受け、プロパガンダとしても利用される映画だが、なぜか日本では趣味扱いで、以前は大学レベルの映画学科も少なかった。文化予算も薄っぺらだった。1つの作品がそんなことまで考えさせる。

●1953年1995年・沖縄戦女学生自決『ひめゆりの塔』今井正監督神山征二郎監督

日本の反戦映画というと、真っ先に『ひめゆりの塔』を思い浮かべる人も多いだろう。劇場用映画としては4本あり、1953年と1982年には今井監督、1995年には神山征二郎監督が撮り、1968年には『あゝひめゆりの塔』の題で舛田利雄監督が撮っている。原作は石野径一郎による同名小説である。

ひめゆりの塔とは、ひめゆり部隊最期の地に立つ慰霊碑であり、近くにはひめゆり平和祈念資料館が建っている。ひめゆり部隊とは、敗戦濃厚な沖縄戦の中で、陸軍南風原野戦病院に看護師として動員された県立女子師範学校、第一高等女学校の生徒約200名からなる部隊で、戦況の悪化とともに、重症患者には毒を渡しながら攻撃を避けて過酷な移動を行い、最後にはその多くが自決した。本作は女学生と負傷兵の触れ合いにも目を配りながら、その行程をたどる。

青春を謳歌すべきときに命までも奪われてしまった彼女たちの悲劇は、限りなくやり切れない。光輝く青春の時ほど失って痛々しいものはないだろう。生き残って平和祈念資料館で語り部を勤めておられる方々のお話を伺ったときには、筆者も思わずえりを正した。しかし映画の出来となれば、冒頭の4作のうち、1953年版と1995年版が他2作よりもよいとされているようだ（舛田作品は未見）。だがそのよいとされる方の2作も、語り部の方々から感じるほどの重厚感がないように思われる（ごめんなさい）。特に1995年版では、俳優が栄養も不十分なまま戦地を逃げる人々には見えなかった。映画は作り物で、本物にはかなわないのだが、せっかくの作り手の情熱がもったいないケースもある。

●1954年・必見畢竟の日本的映画『二十四の瞳』木下恵介監督

『二十四の瞳』は、坪井栄の同名小説を原作とし、銃後の庶民を描いた木下監督の傑作反戦映画である。

1928年、小豆島の岬の分教場に、若き大石先生（高峰秀子）が、因習にとらわれない颯爽とした女性教師として赴任した。今の我々からすると羨ましい限りの関わり方で、素朴な幼い小学生たちと心を通わせていく。自分たちの作った落とし穴で怪我をした先生を見舞うため、子供たちだけで遠路をべそをかきながら歩いたエピソードは有名だ。教師冥利に尽きる交流と心地よい軽やかな日本情緒に観客は酔いしれる。その点に限って言うと、本当の当時を知らない筆者のような観客としては、その時代を生きてみたかったという激しい憧れを禁じ得ない。しかし日本は戦争の時代に向かい、貧困や徴兵によって突きつけられる現実の中で、大石先生は必死に子供たちに寄り添うが、自分の子供も軍国少年に育ち、暗い情勢の中で教師を辞す。戦後同窓会に集まった生き残りの教え子たちに囲まれ、大石先生は感極まるのだった。似た兄弟を募集して、かつての教え子たちの弟妹たちをそろえたラストシーンは大変効果的だった。

数ある映画の中には、泣く映画が苦手な人々もねじ伏せて素直に泣かせる作品に時々出会う。本作はまさにそのような映画だ。確かに国際映画界には取り上げられなかったかも知れないが、これほど右翼的な意味でなく「日本」を体現した作品もなかろう。動の黒澤、静の小津に対して、情の木下と言いたい。教員志望者必見。『喜びも悲しみも幾歳月＊』とともに永遠の日本映画。筆者の教養教育の授業の受講者が、岬の分教場を訪ねてきたと目を輝かせていた。

●1955年1995年・黒澤原爆物2題『生きものの記録』『八月の狂詩曲』黒澤明監督

黒澤明監督にも原爆を扱った作品がある。『生きものの記録』とその40年後の『八月の狂詩曲』である。

『生きものの記録』は、まだ原爆の悪夢から醒めやらぬ時代の作品で、工場経営者（三船敏郎）が、原爆に対する妄想にとらわれ、ブラジルへの脱出という狂気に向かい、家族の抵抗の中、工場に放火し、心を病む。入れられた病院で安全なところに逃げおおせたと思った彼は、安心した表情を見せるのだった。原爆が人間に与える影響を考えさせるが、ラストの病院のシーンで、主人公を見ているこちらの方が狂っている（当時の表現）のではないか、という表現が印象的だ。『七人の侍』などでの野太い作風を受け継いだ出来。

豪傑な黒澤の作風も晩年『夢』や『まあだだよ』などで角が取れたが、『八月の狂詩曲』もそうだ。賛否両論があるが、生涯同じ作風を求めるのにも道理がない。ただ『八月の狂詩曲』は情が先に立った出来で、重厚感はない。長崎近くの村に住む老婆に、ハワイにいる兄の死期が近いとの知らせがあり、子供たちがハワイに出かけ、孫たちが老婆と夏を過ごし、孫たちは祖父が原爆で亡くなった事情を理解していく。兄の息子（リチャード・ギア）が老婆を訪れ、原爆被害に対する悲しみを表明した。兄の死で息子は帰国するが、老婆はピカが来たと叫んで雨の中を駆け出し、孫たちが後を追った。出来は決してよいとは言えず、リチャード・ギアも浮いた感じで、演出もべたべたしており、観客の感想も低調だが、それはそれとして、『生きものの記録』の凄みとの比較を楽しんでおきたい。

●1955年・炭鉱ストと旅の一座『浮草日記』山本薩夫監督

『浮草日記』は、社会派山本薩夫監督による作品で、旅回りの一座とストを打つ労組という面白い組み合わせで世相を描く。

ある旅の一座が、悪辣な興行師にとても受け入れられない要求を出され、売れる座員を引き抜かれ、どん底の生活を余儀なくされる。派遣された筑豊では、炭鉱労働者の生活自体が危機的で、公演を行うような状況では全くなく、万事休すかと思われた。一座は開き直り、自分達で炭住中を宣伝するが、伝統的な義理人情の世界しか知らない一座と、組合活動が活発な労働者たちとの奇妙な交流が始まる。一座が宿泊する劇場の座敷に、組合のスト本部が同居することになる。座員らには、炭鉱労働者がストライキを打つのがどういうことかも最初はわからない。インテリの労組幹部にも反発を感じる。しかし、交流が重なっていくにつれ、互いが同じ貧しく働く者同士だということがわかって、労働問題をテーマにした芝居を行うことにまでなる。

作品としては左翼的作品特有の臭いがあるが、ぎこちない交流がユーモラスに描かれ、娯楽作品としても面白く見ることができる。筆者も労組の活動を時々行った身であるが、最近は組織率も低下の一途をたどり、こんなに活気があって時に楽しそうな組合活動というのは羨ましい。消えゆく運命の稼業として共通したところがある旅の一座と炭鉱労働者だが、義理人情の古い世界と新しい労働者の世界として対比的に描かれている。東野英治郎、津島恵子に花澤徳衛、仲代達矢、中谷一郎、小沢栄太郎など、錚々たる出演者である。決して名作という貫禄ではないと思うが、一見の価値のある作品。

●1955年・地方オケ草創期に見る意志の力『ここに泉あり』今井正監督

『ここに泉あり』は、日本初の地方オケである群馬交響楽団の草創期の奮闘を描いた。マネージャー（小林桂樹）が音楽普及の情熱だけで極貧の中をのたうち回って切盛りする高崎の楽団を、才能の限界を感じる中央の若手音楽家が、実力の伴った集団に脱皮させていく過程を描く。

戦後の何もない時代に、毎日食べていくことがどれだけ切迫した問題だったか、その中で音楽活動で生計を立てようとすることが如何に困難であったか、思い知らされる。エピソードのひとつひとつに、戦後の社会に対する思いが込められている。プロの楽団と言えば中央しか相手にされなかった時代に、まだほとんど未舗装だった雨の道路を、楽器を抱えて山の中の移動音楽教室に向かうシーン。ハンセン病患者の隔離施設の慰問で、患者代表の述べる切々たる思いと、奏でられる音楽の愛おしさ。山間の児童音楽会で、一生木こりで終わりオケなど聞く機会のないという子供たちが、一期一会で懸命に耳を傾ける姿。栄養不足で難産を味わう団員。極貧に妻子が家出するマネージャー。生計と芸術の間に激論する団員。これだけの逆境の中を、一筋の希望だけを頼りに、地方オケを確立した草創期のメンバーには本当に頭が下がる。

何もない中でなにがしかを達成するのは、やはり人間の意思の力であり、逆境のシーンが連続する中、人の思いが光る。まがりなりにも戦闘のない日本で、この光を失えばまた我々は過ちを繰り返す。この光を守ろうとすることも、反戦への思いの現れである。かくして筆者は光を守る作品も取り上げている。戦争に協力したと言われる（筆者に非難の資格はないが…）山田耕筰が本人役で出演し、この楽団を認めている。こういう作品にもかかわったのか。

●1957年・くっきりとした喜びと悲しみ『喜びも悲しみも幾歳月』木下惠介監督

『喜びも悲しみも幾歳月』は、日本人の抒情的風景が秀逸な木下惠介監督による名作で、主題歌（おいら岬の燈台守は…）はつとに有名である。

主人公の夫婦（佐田啓二・高峰秀子）は灯台勤めで、1932年から戦争をはさみ四半世紀にわたる一家の出来事を描く。夫婦は次々と転勤となって、25年でのべ11箇所の灯台勤めが描かれる。灯台は辺鄙なところに建っているものであり、灯台守の生活には耐え難いさびしさが伴う。その中で子どもが2人生まれるが、遊ぶ仲間もいない離れ小島暮らし、次々と転校しなくてはならない生活に、苦労が絶えない。また戦争は、灯台守にも爆撃の恐怖をもたらし、多くの殉職者を出した。作品の前半は戦争の時代を背景に進む。後半は息子の死と娘の結婚を中心に家族が描かれる。

灯台守は人里離れて泊まり込み、激務をこなす厳しい職業として描かれているが、明治の近代化に始まって、現在のハイテクの時代では自動化され、2006年には完全に消滅した職種である。夫婦の業務も孤独であったが、灯台守という職種自体が短期間の孤独な忘れられた存在だったかもしれない。日本の高度経済成長という夜明けを迎える前に、世を照らす存在のひとつだったのだ。だが、本作が描くように、灯台守の喜びや悲しみは確かに存在した。それも厳然たる歴史である。子どもが出来た喜び、人と出会えた喜び、仲間が去る悲しみ、今の世ではきちんと感じることが少ないこうしたことに、ことのほか喜び悲しむ夫婦が愛おしい。それだけに、洋行の船出でテープのきちんとした別れをした時代、家族が贈り物をしただけで一生のことのように喜んだ時代に、ある種の憧れを持つ。筆者は木下作品にこそ、日本人に生まれてよかったと感じる。

●1959年・差別される戦後の混血児『キクとイサム』今井正監督

『キクとイサム』は、社会派の巨匠今井正監督中期の注目作である。

タイトルは、帰国した黒人の米国人を父に持つ姉弟の名前で、日本人の母親は死に、東北の農村で養蚕等を細々と営む祖母と3人で暮らしている。2人とも見かけは黒人で、田舎の差別の中で生きている。姉は11歳、差別が気になり始めているが、弟はまだ自分の位置があまりわかっていない。自分の死後のことを心配した祖母は、医者の勧めに従って、弟の方を米国の黒人夫妻へ里子に出す。はじめは喜んでいた弟だが、別れは過酷だった。姉の方は結局畑仕事を覚えて日本人として生きる覚悟を決める。本作はそこに至るまでのエピソードを積み重ねる。差別される日本を去って米国へ行っても黒人差別が激しい現実、ごく親しい身近な者以外からは余計者扱いされる現実、物珍しさで写真を撮りに来る無神経な新聞記者、結婚を心配して出家させることまで考える祖母、差別の苦悩から一時は自殺未遂にまで至る姉。

この作品には、戦争がもたらした片親または親なしの混血児たちのこと、同質でない者を排除しようとする日本人の人権意識の薄さなどへの思いが込められているが、しっとりとした叙情作。映画としての出来栄えは見事で、祖母役の北林谷栄も老け役が素晴らしいが、何と言っても最初で最後の映画出演の姉キク役の高橋エミ子（本名恵美子）が実に良い。役と同等の年齢とは思えない達者な演技と歌唱力。自分自身が現実にキクと似た境遇だ。また東京生まれなのに方言をよくこなしている。その後の映画出演は断って、かなりの年齢になってから夢であった演歌歌手としてデビューした。

●1959年・貧困と戦争と女性の一代記『荷車の歌』山本薩夫監督

『荷車の歌』は、農村での女性の一代記を描いた、全国農村映画協会制作、社会派山本薩夫監督による秀作である。

郵便配達夫（三國連太郎）と女性（望月優子）が互いに惹かれて結婚し、人間が荷車を引く仕事で暮らすが、女性は実家から勘当され、姑にもつらくあたられる。できた子どもは姑になじまず、養子に出さざるを得なくなる。本作は、ふたりのつらい仕事ぶりと、家族の泥臭い人間関係を丹念に描写していく。後半ではようやく念願の車問屋を始めるものの、鉄道が通り、鉄道の通わないところには馬が荷車を引くこととなり、いずれトラックも登場して、人間が引く荷車は時代から取り残された。しかし何とか子どもたちも巣立ち、ようやく幸せが訪れるかと思われたが、夫に妾がいることがわかり、そこから面白くない日々が始まる。やがて第2次世界大戦となり、子どもが1人戦死し、夫も倒れ他界した。葬式には子どもたちや孫たちが集まり、こらえにこらえた一生がようやく報われたように思われた。ラストは、供養の笹餅つくりのための笹取りにと、女性が孫たちを荷車に乗せて手で引く先に、戦地から戦死したと思った子どもの1人が戻ってくるシーンである。

50年にもわたる農村女性のドラマで、誰もが迫真の演技。ほのかな希望への思いが凝縮された見事な完成度である。日本の魂の源流を見るが如き鑑賞後の後味。見応えずっしりの出来だが、全国農村婦人組織協議会が企画し、320万名分の婦人のカンパで制作された作品であり、上映も映画館がなくて巡回上映となったという。1959年『キネマ旬報』日本映画第4位の出来栄え。いわば制作側の心意気の作品だ。

●1959年・チャップリンの米国批判『ニューヨークの王様』チャールズ・チャップリン監督

『ニューヨークの王様』は、チャップリンによる米国批判の英米作品である。欧州の小国の革命から逃れて「自由」な米国に亡命した王様が、部下に資産を持ち逃げされ、CMに使いまわされる。あるとき学校で出会った少年と議論になり、親交が始まる。少年の両親は共産主義者であり、非米活動委員会に召喚されている。少年は苦しみながらも、両親を救うために両親の仲間の名を密告した。これを受けて王様は米国を捨てることにした。

いつものユーモアたっぷりの作品で、ラストの非米活動委員会での水撒き騒ぎは痛快だが、風刺も痛烈である。赤狩りや商業主義を遠慮なく批判している。チャップリンは、長編映画前作である『ライムライト』のツアーで、米国当局から共産主義的という理由で再入国許可取消となり、スイスに住むようになる。いわゆる赤狩りの時代で、米国市民まで反チャップリンだった。自身のこの体験から、『ニューヨークの王様』は英国中心でことさら反抗的な作品として制作された。しかしチャップリンは米国市民を愛し続けた。１９７２年にはアカデミー特別賞を受賞し、事実上米国映画界から謝罪を受けるに至った。少年の演技が良かったが、チャップリンの息子マイケルが演じた。スイスでチャップリンが２５年にわたって最後まで住んだ家は、現在資料館チャップリン・ワールドとして公開されている。赤狩りは、人々を改革者たる自分たちに賛同する者かどうかに二分したがる文化（安保闘争・全共闘の時代における左翼同士の内ゲバを思い出す）の重大な汚点であり、国立大学法人に吹き荒れる改革の力業による大学運営も、この誤った熱気の一種であるような気がしてならない。

●1960年・チャップリンと名演説『チャップリンの独裁者』チャールズ・チャップリン監督

反戦映画と言えばチャップリン抜きには語れない。1889年、ロンドンで音楽ホール芸人の両親のもとに生まれ、5歳で舞台に立ち、21歳で渡米して、俳優、監督、脚本、音楽、企画などの役割で多面的に多数の作品と関わった。初期は短編を制作したが、監督した長編は、『キッド』『黄金狂時代』『サーカス』『街の灯*』『モダン・タイムズ』『チャップリンの殺人狂時代』『ライムライト』『ニューヨークの王様*』など、忘れられない名作揃いである。基本は喜劇だが、庶民の立場に立った、哀愁たっぷりで、時には激しく反権力を訴える風刺が鋭い。

『独裁者』は1940年制作の米国作品で、チャップリンにとって初めてのトーキーだった。架空の国名、人名を使ってはいるが、ナチス・ドイツを風刺していることは明らかで、ポーランド侵攻と同時に撮影が開始された。勇気のある映画制作だったと言えよう。

舞台は第1次世界大戦末期、ユダヤ人の床屋が記憶喪失となり、自国の部隊に反抗的態度を取って目をつけられる。やがて敵将をかくまった罪で逮捕されるが、将校の服を着、顔が自国の独裁者にそっくりだったため、その独裁者と間違えられてしまう。

この作品は、独裁者が風船の地球儀とたわむれるなど、徹底的にヒトラーをけなすシーンが有名だが、最も人々の心に残っているのは、ラストに床屋が独裁者に成り代わって行った演説である。自由の素晴らしさと民主主義のための戦いを説き、暴力の克服をも求めている。今一度、あの時代にあってこれだけの批判を行った勇気に拍手。日本でのまともな公開は1960年だった。皮肉にもヒトラーはチャップリンのファンだったという。

●1960年・戦国の庶民を描く反戦物『笛吹川』木下惠介監督

『笛吹川』は、深沢七郎原作の名匠木下恵介による時代物だが、武田家が支配する甲斐の国の川端に住む一家が、戦乱に翻弄される様を民衆の観点から描いた、時代劇としては珍しく支配階級を中心としない、農民に心を寄せた作品である。1960年『キネマ旬報』日本映画第4位となった名作だ。

一家5代60年を描くが、まず祖父は、武田信虎の戦いに参加して手柄をたてた孫に狂喜したものの、信虎の子の胞衣を埋める役を果たす際に出血して斬られてしまい、その孫もやがて討死する。男手を次々失う一家だったが、孫の1人が家を継ぎ（田村高廣と嫁役の高峰秀子が好演）、ようやく子宝に恵まれても、息子達はやはり戦に憧れて家を出てしまう。いくら命の尊さを説いても耳を貸さない。一家の出で商家に嫁いだ者も、武田家に金持ちになり過ぎと疎まれ、焼き討ちに遭って命を落とし、その子と孫も路頭に迷い、武田を恨みながらやがて果てる。息子達は敗走し、嫁（高峰秀子）が隊列にいる息子たちに声をかけるも、息子達は敢えて無視し討ち果てる。一家は結局1人を残し全員がこの敗走の中で死ぬ。

戦国の世に、農民に戦功による恩賞を求めてこぞって戦に出掛けさせる愚かさと、それに起因する悲劇に、何とも言えない無力感を観客は感じる。どんなに武将が勇ましかろうと、いつの世も最大の犠牲者は名も無き民衆である。5代にわたって滅茶苦茶にされた一家の歴史に思いを寄せる佳作。攻め込まれて自害する武田の武将に、君らが迫害した農民はもっと大変だぞと言ってやりたくなる。パートカラーの使い方に難点があるが、重要な庶民派反戦映画のひとつとして光を放つ。

●1963年・米国の良心『アラバマ物語』ロバート・マリガン監督

『アラバマ物語』は、ハリウッドスター起用の米国映画だが、しっかりした社会派である。第35回米国アカデミー脚色賞・主演男優賞、第16回カンヌ国際映画祭ゲーリー・クーパー賞を受賞。

時代は1930年代、やもめの弁護士が、黒人男性が白人女性を強姦したとされる裁判を担当する。偏見と人種差別の渦巻く南部の小さな町であるから、風当たりも強く、子供もいじめに遭う。しかし彼は、証拠を積み重ねて、女性側が誘惑したのを隠すための濡れ衣であると主張するが、陪審の評決は有罪で、脱走した被告は保安官に射殺されてしまう。

グレゴリー・ペックは、声高に正義を振りかざすことはせず、理をもってことにあたり、慎重そうで芯の強い弁護士を演じ、アカデミー主演男優賞に輝いた。『ローマの休日』の彼とは別人である。理想的な父親としても描かれており、子供たちは黒人に偏見がない。裁判所の傍聴でも彼は黒人の中に座り、被告が裁判所に出廷するためにやってくるところを襲撃しようとした人々に対しては、冷静にその人々の中に弁護士の父に世話になった者を見つけてその場を収める。最後には息子が原告の女性の保守的な親父に襲われ、隣の知的障がい者がこの親父と格闘し、親父は死んでしまうが、こんどはみんなでこの障がい者をかばう。

社会派として見ても娯楽ドラマとして見てもよい出来で、米国映画の良心部分を感じさせる必見の作品である。制作が『ソフィーの選択*』で有名なアラン・パクラで、納得の出来栄え。筆者もこんな父親になりたいと単純に思ったものだ。原作のタイトルは『マネシツグミの殺し方』だが、この題が意味するところは考えてみて欲しい。

●1963年・ソ連製戦争映画だが『僕の村は戦場だった』アンドレイ・タルコフスキー監督

『僕の村は戦場だった』は、テオ・アンゲロポロスとともに難解で有名なタルコフスキーの処女長編で、『惑星ソラリス』『ノスタルジア』『アンドレイ・ルブリョフ』『サクリファイス』『ストーカー』といった諸作の中では、かなりストレートでわかりやすい。ソ連の1959年のベストセラー小説『イワン』を原作にしたソ連製映画である。

第2次世界大戦での独ソ戦で両親を失った12歳の少年が、ドイツに対する憎しみから偵察を中心としたパルチザン活動に参加し、幼い命を落とすというストーリーである。作品では、少年とソ連将兵たちとの交流と偵察活動が主に描かれている。将兵たちは少年が戦場で活動することを好ましからざることと考えているが、少年は決して耳を貸さなかった。この悲しいまでに曲げられてしまった少年の心や、白黒の画面に展開する、戦闘と戦闘の合間で戦場の湿地に訪れる冷徹な寂寞が、夢や回想で描かれる平和で温もりのある生活と対照を成し、ラストでドイツ軍の残骸から発見されるソ連軍捕虜の処刑リストにあった少年の写真に、世界の観客は衝撃を受けたことだろう。

北の大地の冷たそうな水や、闇の戦闘で放たれる閃光が印象的だが、タルコフスキーのその後の作品に共通して見られる光と水のイメージが見てとれるということだろう。幼い少年の心をこのような活動に駆り立てる戦争に対するプロテストにこの作品がなっているのは当然だが、暗にソ連の体制批判をしていると当局に見なされたという。本作は、第23回ベネチア国際映画祭で金獅子賞（第1位）を受け、米国でもサンフランシスコ国際映画祭で監督賞等を受賞するなど、反響が大きかった。

●1964年・冷戦下の核戦争危機『博士の異常な愛情』スタンリー・キューブリック監督

『博士の異常な愛情または私は如何にして心配するのを止めて水爆を愛するようになったか』の正式タイトルからもわかるとおり、本作はブラック・コメディーで、冷戦下の英米作品である。

米軍司令官がソ連の攻撃を妄想して核報復を命じる。報復の場合は大統領の指令は不要で、回避の暗号もこの司令官しか知らず、米当局は報復部隊を強制帰還させるべく部隊を派遣するが、司令官は自殺してしまう。回避暗号解読によって回避の命令が伝えられるが、ソ連機の攻撃に遭って電気系統が故障した一機だけがとうとう水爆を投下する。主に米当局側の作戦室を舞台にしているが、そこにはドイツから帰化したストレンジラブ博士が招かれていて、ハイル・ヒトラーをしそうな腕を抑えながら、核体制の狂気を演じる。博士と米国大統領と英国将校の3役を演じたピーター・セラーズは怪演。

筋だけ見ればシリアスだが、1962年のキューバ危機直後の制作にもかかわらず、人間の愚かさを徹底的にコケにしている皮肉たっぷりの作風だ。全体として当時の核対決体制に対する痛烈な批判だが、その体制の茶番を見事におちょくっている。こういうことは起こらないと米国が言っているというテロップがあったり、ソ連が皆殺装置を持っていたり、細かいところまで執拗に冷笑的だが、人類破局のラストにゆうゆうと「またあいましょう」のメッセージが最高の嫌味だ。但し現実は笑いごとではなく、背後に核の傘、自動報復、偶発戦争などにはらむ危険性を見て取った観客が心に冷や汗をかく。ロシア語版もある逸品。キューブリックは他に『2001年宇宙の旅』『時計仕掛けのオレンジ』『シャイニング』『フルメタル・ジャケット』等で有名。

●1965年・権力に媚びない医者『赤ひげ』黒澤明監督

『赤ひげ』は、山本周五郎原作で、黒澤明監督によるねじ伏せられるようなヒューマンドラマの力作である。

見習医者として心ならずも小石川養生所で働くことになった長崎帰りの若者（加山雄三）が、親玉である赤ひげというあだ名の医師（三船敏郎）の言いつけを破って追い出されることを狙うが、赤ひげの人道的な姿に、医師としての本分は立身出世ではなく、病を持つ者に寄り添うことだと気が付き、金に縁遠くなっても養生所で生きることを決心するまでを描く。いくつかのエピソードがある。若者が幽閉中の心の壊れた女性への見立てを誤って命を危うくする経験をする。薄幸な貧者たちが抱えるそれぞれの事情の中で迎える死に立ち会う。岡場所で心を病んだ少女を根気強く治療する。養生所に食べ物を盗みに入る子の一家の集団自殺に出くわす。赤ひげは病気を貧困と無知によると考え、科学的な病室のあり方を考え、貧しい人々に適切な治療を行う一方、自分を悪人と称して金持ちからは金子をふんだくる。お上に対しても遠慮がない。こうしてエリート意識のあった若者は謙虚になっていく。

セット等へのお金のかけ方は半端ではない。さすが黒澤で、まっすぐな出来栄えがどんな志向の観客をもうならせる。この野太さが災いし、後に映画鑑賞人数の減少傾向にあわせて新作の制作が資金的に難しくなっていったのは、皮肉であり全く残念である。本作は１９６５年『キネマ旬報』日本映画第１位。赤ひげを演じた三船敏郎はさすがの風格で第２６回ベネチア国際映画祭男優賞。加山雄三は決してうまい演技とは言えなかったが、それがかえってよかったと思う。

●1967年・ユートピアと反権力『わが命つきるとも』フレッド・ジンネマン監督

『わが命つきるとも』は、命を賭して信念を貫いたトマス・モアを描く反権力の英国作品。2015年に信念で渡航し、イスラム過激派に殺害されたジャーナリスト後藤健二さんを思い出す。当時は英国16世紀のテューダー朝。英国は代々ローマ・カトリックの国であったが、欧州の大国になりつつある中でヘンリー8世は、妻との離婚と愛人との再婚を望み、ローマ教皇から許可されないため、ローマと訣別し、英国国教会を設立してその長の座に就き、離婚・結婚を強行した（カトリック修道院を打ち壊し収奪したのは有名）。大司教の教育を受け、官僚のトップである大法官であったモアは、王への忠誠は誓いながらも、取巻きが王の側に付き孤立無援の中、離婚にはカトリックの立場から終始一貫して反対した。これがもとで彼は斬首刑となった。モアは『ユートピア』の著者で、英国社会を批判、自由・平等で、私有財産も戦争もない共同社会を描いた。しかし同時に、ルターの福音主義（教会の権威に批判的で宗教改革を牽引）に反対した人物でもある。

ジンネマン監督は、ユダヤ系ドイツ人の子であり、早くに渡米してハリウッドで活動した。『真昼の決闘』『地上より永遠に』『尼僧物語』『ジャッカルの日』等で有名。両親をホロコーストで亡くし、信念を持つ人物を描く作品にこだわり、撮りたくない脚本は断り（停職処分も経験）、自身も映画産業の過度な商業主義への批判を貫いた。本作は第39回米国アカデミー作品賞・監督賞・脚色賞・主演男優賞を受賞。筆者は映画としてはそれほどとは思わなかったが、監督の制作姿勢には見るべきものがある。後藤さんの事件はもちろん絶対起きて欲しくない非道なものだが、個人や組織の信念が複雑に絡み合った出来事に、信念ということの意味を考えさせられる。

●1967年・厳しい時代と若者の熱気『若者たち』森川時久監督

『若者たち』は、同名のTVドラマの映画版で、両親が既にない5人きょうだいが、苦しい生活の中で本音をぶつけ合いながら生きる様をもの凄い迫力で描いた。

まだ暮らしが貧しい時代で、人々が失業の恐怖と闘っていた頃、5人（田中邦衛、橋本功、山本圭、佐藤オリエ、松山政路）はそれぞれに様々な問題を抱え、時に大喧嘩をしながらも、厳しさを乗り越えようと必死である。知り合いの倒産、学友の経済的中退、業務上の怪我に冷淡な会社、学歴を問題にされて壊れる結婚話、労働争議団指導者の裏切り、学生でも日雇い労務に就かねばならない状況、原爆症を理由とした差別、そうした現実の問題に出会いながら、互いを時に罵り、時にかばい合い、逃げずに生きる5人の姿が現代の鑑賞者には羨ましくもある。

基になったTV番組は、社会的批判が強過ぎるとの理由で、存続希望の声が殺到する中、1度打ち切りを延期しただけで、結局葬り去られた。それなら映画でという当時の若者の熱気で、小さな映画会社と俳優座の協力によって、自主制作的に撮影されたが、超低予算で、主演の俳優座の役者達が出演者の食費を捻出するなど、心意気で作った良心の佳作である。映画会社による配給は実現せず、自主上映で少しずつ観客を増やした。筆者も自主上映を見た口である。勤務先の授業でも扱い、敬意を表した。「君のゆく道は果てしなく遠い」で始まる歌が主題歌と知って受講者は驚く。

映画芸術的には1本調子の出来と批判される余地もあり、当時はベストテンに入るような評価を受けなかったが、5人のぶつかり合いを通じて、学生運動、安保問題、労働問題、学歴社会、差別など当時の社会問題を織り込み、若者の姿を描いた手作りの全力疾走映画として記憶にとどめたい。

●1968年・核戦争のなれの果て『猿の惑星』フランクリン・シャフナー監督

本作はいわゆるラストの一発落ちが生命なので、未見の方は本書で結末を知ってしまうことのないようにした方がよいと思われ、お断りしておく。

『猿の惑星』は、有名な米国製SF映画だが、ティム・バートン監督によるリメイクも話題になった。オリジナルの本作は、『パピヨン』や『パットン大戦車軍団』のフランクリン・シャフナー監督による娯楽SFである。原作は『戦場にかける橋』の原作者でもあるピエール・ブール。猿のメイクや設定の斬新さで、当時は大いに注目を集めた。

地球の時間で700年間の旅のあと、猿が人間を支配する惑星に不時着した宇宙飛行士たちがとらわれの身となり、ある猿の協力を得て脱走する。そこで見たのは、瓦礫に埋もれた自由の女神像だった。つまり、この惑星は長い間に恐らくは核兵器により人類がほぼ壊滅した地球だったわけである。

このラストの付け方は『シックスセンス』のような一発落ちなので、途中で結末を予想できた観客にはそうでもなかっただろうが、監督の思惑どおりに鑑賞した人には衝撃的だったろう。当時はキューバ危機からベトナム戦争へという時代だったので、核の恐怖を観客もしっかりイメージできたに違いない。この作品は娯楽作品ではあるが、反核を中心に階級社会や差別の問題などに対する問題意識も感じられ、活きがいいだけのSFに留まらない魅力も感じられる。その後『続・猿の惑星』『新・猿の惑星』『猿の惑星・征服』『最後の猿の惑星』とシリーズ化され、ハリウッドの人気作シリーズ化の先陣を切ったが、後続の諸作は興味本位の出来で、特にお勧めはしない。

●1968年・黒人と白人の結婚『招かれざる客』スタンリー・クレイマー監督

『招かれざる客』は、黒人と白人の結婚問題を扱った米国作品である。黒人の青年（『いつも心に太陽を』『夜の大捜査線』『暴力教室』等で有名なシドニー・ポワチエ）を結婚相手として娘に家に連れて来られて、最初は戸惑う白人夫妻。そこへ青年の両親も乗り込んできて互いに不快を感じるが、双方の母親が本人たちの愛情を見て取り、父親も最後には納得し、2人を祝福するのであった。

ほぼ全編が白人一家の室内が舞台となっていて演劇的。それだけに娯楽的で、人種差別に対する抗議を露骨に見せつけるような作風では全くないが、室内劇としてもよくできており、面白かった。しかし「長い暑い夏」と呼ばれる60年代後半に頻発した人種暴動の中での制作・公開という時期を考えると、制作側にそれなりの人権意識はあったことであろう。この作品の白人の父親は人種差別に批判的な新聞社の経営をしているのに、いざ自分の娘が黒人と結婚すると聞くと葛藤し、心中複雑となったことに似て、この作品が生ぬるくお上品にしかものを言っておらず、所詮当時の進歩的白人もその程度だと批判する向きも中にはあろうが、メジャーな作品でこうした話題が扱われ、第40回米国アカデミー脚本賞・主演女優賞を得たことは、歴史を表すひとつの証人として意義深い。過激な北風のマルコムXも宥和的で太陽のキング牧師も志は同じだということだ。

時は1955年の黒人女性ローザ・パークスがバスで白人に席を譲らなかったことで起きた事件、1963年のキング牧師の「私には夢がある」の演説と大行進、1968年の牧師の暗殺と続く時代で、日本公開日がキング牧師の暗殺の2日後だったのは、当時の観客も感慨深かっただろう。

●1969年・軍事力忌避の自由はなかったのか『ひとりっ子』家城巳代治監督

『ひとりっ子』は、同名のテレビドラマの映画版だが、TV版は直前に放送中止になったままである。2003年12月に福岡で映画版の上映会があった。

ストーリーは、技術者になりたい高校生が、家計を案じて学費の不要な防衛大学の1次試験に受かるが、長男を戦争で失った経験のある母親や女友達から反対され、高校の内外で学園紛争や沖縄闘争の影響を受けて、防衛大学への進学を取り止めるというものである。

この映画は人を唸らせる出来栄えとは言えないが、陽の目を見なかったTV版から映画制作に至る経緯は重要である。RKB毎日放送によるTV版（1962年）の放映直前に、スポンサーが中止を要請した。理由は伏せられていたが、RKB毎日労組に寄せられた情報から、右翼や防衛庁からの働きかけなどによるものと判明。当時新聞も一斉に報道したが、会社側は、芸術祭参加作品としては出来栄えが悪いということを理由に挙げて、結局放映しなかった。これに対し、各地で試写活動があり、ラジオ・テレビ記者会の特別賞も受賞し、放映を中止しなければならないほど番組としての出来が悪かったとは思えない。その後、会社側と労働組合側の闘いや放映運動があったが、TV版の作者である家城氏が監督・脚本を務め、映画版が数年後に出来上がり、上映運動も盛り上がったということだそうだ。反戦の思いが描かれていること自体が問題視されるとすれば、信条や表現の自由を侵すものであり、映像芸術の豊かさを奪いかねない。イラク問題で自衛隊派遣反対と言い、北朝鮮や中国やロシアを引き合いに軍事費倍増という動きに反対と言うだけで、非国民扱いされるような世の中にならなければよいがと心配してしまう。

●1970年・経済繁栄から取り残された一家『家族』山田洋次監督

『家族』は、多作山田監督の名作で、長崎から北海道への旅を追ったロード・ムービーである。長崎の伊王島の炭鉱会社が潰れ、北海道で酪農家になる夢を実行に移す男（井川比佐志）と、ついていく妻（倍賞千恵子）と2人の子供と祖父（笠智衆）。貧しく、北海道まで列車に乗り継いでの移動だ。福山で降り、工場勤めの弟（前田吟）に老齢の祖父を預けようとするが、弟も家と車のローンと子育てで苦しく、祖父も北海道に行くことになった。申し訳ないと陰で1人泣く弟。家の近くでダンプが爆走する国道がおぞましい。旅は続くが、都会の食堂での一家は居心地がよくない。大阪万博に行くも、混雑にたじろぎ入口で引き返す。経済成長は誰のためかと訴えているシーンだ。新幹線で東京へ着くが、強行日程がたたって赤児が発熱し命を落とす。移動中の火葬や手続きは大変だ。そして青函連絡船で寒々とした北海道へ。夫婦喧嘩に、祖父がそれでも生きねばならんと息子を叱る。中標津に辿り着き、歓迎の席で祖父は上機嫌に酔うが、翌朝冷たくなっていた。最後は2人が命を落とした移動の末、酪農に慣れ、懐妊に希望を見いだすラスト。

妻が聖母マリアのごとく神々しい（長崎生れでクリスチャンの設定）。しかし、日本の高度経済成長が人々の幸せを生み出していないことを訴えた作品になっていることをくみ取るべき。炭鉱とともに斜陽になっていく当時の映画産業で意地を見せた至高の1本である。本作は1970年『キネマ旬報』ベストテン日本映画第1位。寅さんと違って諧謔要素のない作品だが、多作な監督にしてこの完成度には感嘆する。また、今でもこの作品の家族のように生きている人々が世界中にいることを忘れてはならない。

●1970年・軍政の圧力『Z』コスタ・ガブラス監督

『Z』は、1982年の『ミッシング＊』（南米チリのクーデターで行方不明になった米国の青年を父親が捜索する話）で有名な、ギリシア出身でフランスを拠点にするコスタ・ガブラス監督によるフランス・アルゼンチン合作である。第42回米国アカデミー外国語映画賞（現在の国際長編映画賞）と第22回カンヌ国際映画祭男優賞・審査員賞を受賞した佳作。

舞台は地中海沿いの架空の国で、反政府運動の主導者である大学教授のZ氏（イヴ・モンタン）は、激しく政府を批判し、政府は彼の行動を厳しく監視していた。ある日集会に向かう彼は暴漢に襲われて死亡する。警察は交通事故を装うが、複数の証言により判事は疑念を抱く。事件の核心に近づいては障害が生じて、重要な証人が襲われる事件も起きる。判事は最初の証人らが警察関係者であり、事件を大きくすることで政府が権力の強化を図ったものと察する。判事は思い切って警察関係者を告訴するが、大勢の関係証人が一気に姿を消し、政府は事件が警察とは無関係であると発表、すべては闇の中へ消えた。

架空の国とは言っても、観客にはギリシアであった革新政党の政治家の暗殺事件をモデルにしていることは明らか。同国は第2次世界大戦後しばらくして政情が安定、ＮＡＴＯに加盟する。その後中道連合のパパンドレウ首相が内政を発展させるが軍掌握に失敗、1967年に軍事クーデターが勃発し、1968年には軍事独裁政権が誕生した。欧州諸国から批判されたが、ＮＡＴＯの地理的要衝であるとして米国が擁護したため、この政権は続いた。この政権下のことを描いているのが本作と言える。1974年に共和制を迎えるまで、軍事政権の圧政下にギリシアは置かれた。

●1973年・成田空港闘争『三里塚辺田部落』小川紳介監督

小川紳介と言えば、三里塚シリーズのドキュメンタリーで有名。最も有名なのは唯一ＤＶＤのあるシリーズ第1作『日本解放戦線三里塚の夏』（１９６８）で、成田空港建設のための立入調査に反対する農民・学生の闘争を描いて過激だが、『三里塚辺田部落』には武闘的なシーンはなく、建設工事が進む中追い込まれていき、悲痛に団結する農民の苦悩を描いている。

反対運動の中移住する者もいて、集落により温度差も現れ、闘争維持自体がしんどい。農繁期に警察が大挙して集落に乗り込み、過去の公務執行妨害で若者を逮捕していく。事あるごとに寄合が持たれるが、男どもの発言は重苦しく活発でない。それに対して野良仕事中などで女たちが闘争について語る話しぶりは逞しく、土着の行事に活躍する女性の姿も生き生きとしている。上映当時から相当な時間がたった今鑑賞すると、闘争の成り行きという特殊な展開と、土地の風習等の文化的記録といった、様々な意味においての日本の真実の貴重な記録であると感じる。空港反対派農民のリーダーの墓が、建設現場に取り残されているのを移設する現実的な問題も扱われ、敗色のにじみ出る中、最後まで寄り添おうとする映画作りに頭が下がる。

筆者も千葉県出身だが、当時成田の農家の集落と言えば、戦前然とした超保守的な田舎。それだけに、その農民たちが国家権力に立ち向かう姿が痛ましい。それを自主制作自主上映の形で貧しい中長年にわたって撮った側も凄い根性である。子供ながらに、近くの国鉄の踏切で燃料輸送列車がテロで炎上するのを、現実的なものとして想像し恐怖を味わっていたのを思い出した。その後の沖縄等を経て、今度はいつどういう形で国家権力が庶民に覆いかぶさってくるのだろう。

●1974年・日本を恨む女性たち『サンダカン八番娼館　望郷』熊井啓監督

『サンダカン八番娼館　望郷』は、山崎朋子原作の映画化で、大正時代に貧困にあえいで天草地方から南方に出稼ぎに出たいわゆる「からゆきさん」（いわば「じゃぱゆきさん」の逆である）の悲劇を描いた社会派熊井啓監督（『忍ぶ川』『海と毒薬＊』『千利休本學坊遺文』『深い河』『愛する』等で有名）の秀作である。重厚な作りになった。

ある女性史研究家（栗原小巻）が、天草の廃屋のようなあばらやに1人で暮らしている老婆に取材を申し込むが、なかなか口が重く、昔を語ってはくれない。しかし研究家の心からの触れ合いにより、かたくなに重い老婆の口が次第に開かれ、かつて老婆がからゆきさんだった頃を中心に、壮絶な人生が語られていく。一家が赤貧にある中、半ば騙されるようにして南方に連れ去られていく若き日の老婆。北ボルネオのサンダカンにある娼館で働くようになるが、幼くして体を売る身となる。恋愛も決して成就することはない。日本に帰ることも難しく、まわりには異境の地で命を落とす者さえいる。

老婆を演じる田中絹代は一世一代迫真の演技で、打ちひしがれた者だけが持つ崇高な深みと感じられるものを、完璧にスクリーンに映し出してくる。第25回ベルリン国際映画祭女優賞を受賞した。この女性の悲劇は、戦争景気に端を発する物価高騰、地主と小作の分化、恐慌などによって苛まれた庶民の末路であり、最低限の平和な暮らしすら保証されなかった時代の日本の真実であろう。老婆を取材した研究家はサンダカンを訪ねるが、彼の地で亡くなったからゆきさんたちの墓は、日本に背を向けて建てられているのであった。

●1978年・福島を予言した反原発物『原子力戦争』黒木和雄監督

『原子力戦争　Lost Love』は、田原総一朗のドキュメント・ノベルを原作とする、原田芳雄主演の、いわゆる社会派サスペンスである。

やくざが女を連れ戻しに東北の町へやってくるが、女は心中事件で死体で発見されたと知る。女は地元の実力者の娘で、東京で身を持ち崩していた。死んだ男は地元の原発の技術者。地元が原発に依存する暗部が背景にあり、謎解きが、やくざと死んだ女の妹と新聞記者(これが佐藤慶で渋い)によって進められる。死んだ男は、やくざがその未亡人から得た資料によると、隠蔽された所内の出来事を知って消されたらしい。最後は、新聞記者にも上から取材中止の指令が飛び、やくざも度重なる妨害にもかかわらず原発へ侵入するに至り、死体となった。

単純に原発反対を主張する作品ではなく、利権抗争の存在を示唆しながらも、日本の抱える構造的問題を登場する学者に語らせ、原発を抱える地元の現実に迫る内容である。晩年の『ＴＯＭＯＲＲＯＷ明日＊』『美しい夏キリシマ＊』『父と暮せば＊』『紙屋悦子の青春＊』で有名な黒木監督は、最初は大手映画会社の枠にはまらずＡＴＧで活躍、本作でも現実の福島第1原発に無許可で原田芳雄を侵入させ、係員から制止される様子を使っている。大手では無理だったろう。この作品は改めて「２０１１年」にＤＶＤで発売となった。その理由は恐らく御想像のとおりと思う。公開当時にその後の災害のことがわかっていたはずはないのだが、新聞記者が学者に原発が重大事故を起こす可能性について質問をしているシーンが、今となっては興味深い。原発推進に対する疑問を投げかける意義を監督は感じていたのであろう。

●1979年・製糸工女哀史『あゝ野麦峠』山本薩夫監督

『あゝ野麦峠』は、日本アカデミー優秀賞受賞のメジャー作だが、同名のノンフィクション小説をもとに、工女の悲哀に焦点を当てた佳作。さすが社会派山本薩夫作品である。

飛騨の村々から厳しい雪の野麦峠を越えて、諏訪の紡績工場に雇われた若き女工たち。食事等の時間を切り詰められ、脱走防止のため施錠された部屋に寝て、品質が悪いと給金を減らされ、病気になっても休むことを許されず、楽しみの少ない厳しい労働が続く。中には自らの命を絶つ者も出る。今では考えられない粗末な労働環境と、労働者保護の意識の欠落には、見ていてたまらなくなる。本作は、そこに娘を送りこまねばやっていけない貧困、富国強兵の外貨稼ぎのために輸出する品目の品質確保の背後で、無茶な過密労働の犠牲になる工女たち、輸出先の不況を理由に強行される凄まじい労働強化、成績優秀で百円工女と呼ばれた娘の家族が不相応な金に生活を崩していく哀れ、百円工女の引抜きに暗躍するブローカーなどを克明に描く。主人公の工女（大竹しのぶ）は優秀な百円工女になるが、奢らず周囲に気を配る良き娘であった。しかし犠牲になっていく仲間たちの中で、自分も労働強化に耐えかねて病に倒れる。当時は病欠も休職も何もない。実家には病気だから引き取れの一報があったのみである。兄におぶわれ、野麦峠を越えて故郷飛騨を目にしたところで息絶えるのだった。合掌。

純真な大竹しのぶは適役。工場主の三國連太郎のふてぶてしさや、原田美枝子のたくましくも哀しい工女も印象的。因みに、有名な書籍『女工哀史』（１９２５）は、紡績工場の職工によって綴られた工女の生活記録である。

●1979年・貴重な北朝鮮映画『安重根伊藤博文を撃つ』オム・キルソン監督

『安重根伊藤博文を撃つ』は、筆者が初めて鑑賞した北朝鮮作品。筆者の映画の授業に御協力いただいている映画評論家前田秀一郎氏によると、金正日は映画好きで、当時の北朝鮮では結構な制作体制の下、年間数十本は制作されており、外国作品が禁止の中、国民の娯楽の役割を担っていたという。また、日本の映画関係者が招待され、ゴジラを気に入った金正日のため、北朝鮮版ゴジラ『プルガサリ』の制作を手伝ったという。本作を見ると、演出や画像の品質など、全く諸外国の作品に見劣りすることはなく、資金や技術はあるところにはある、ということであろうと思う。

本作では、理性的な若い名家の男性安重根が、日本が日露戦争以降着々とかつ強引に朝鮮半島の支配を強める中で、自国が独立を失い、庶民が困窮し、軍隊が解散させられ、流血の事態を迎えるのを目の当たりにする。師と仰ぐ活動家が世界平和会議で日本の横暴を訴えることを妨害されて憤死する（ハーグ密使事件）に至り、反乱軍に身を投じ、戦況が悪化するや、朝鮮半島支配の指揮を執った後帰日していた伊藤博文が対露交渉のためハルビンにやってきたところを狙撃するまでを描いている。

描き方は当然横暴な日本、それに対抗する朝鮮半島側というものであるが、ドラマとしての見応えや落ち着きがある。ただ、最後のナレーションで、安重根は愛国者だったが、人民の団結という観点にまで至らなかったと述べられたのが北朝鮮らしかった。金日成はそこまで考えたのだろう。もとは同名の戯曲だったのだが、日本では過激と思われたのか、ソフトに『安重根と伊藤博文』というタイトルの版もある。

●1980年・ただならぬ観念的戦争物『地獄の黙示録』フランシス・コッポラ監督

『地獄の黙示録』は、『ゴッドファーザー』で有名なフランシス・コッポラ作品（米国映画）で、ベトナム戦争が舞台（観たのは2001年の特別完全版）。第32回カンヌ国際映画祭パルム・ドール（第1位）・国際批評家賞を受賞。

米軍大尉が、奥地で独立王国を築いた米軍大佐の極秘暗殺指令を受けて、その奥地へと向かい、最終的には任務を果たすストーリー。

本作はただならぬ造りで議論を呼んだ。戦地を描き、米国をはじめ西欧世界への批判（完全版では植民地時代の続きのようなフランス人一家も描かれる）も見て取れるが、反戦というより映画の奥深さを感じさせる。前半では派手でリアルな爆撃の中にも、異様に銃弾を恐れない上官、戦争後半で撤退ムードにある米軍へのお色気慰問のハチャメチャ等、漫画チックな部分があるかと思えば、その中にも死が現れ、大尉が川を遡上し奥地へ向かうにつれ、狂気が妙に美しい世界の中に展開するようになり、最後の王国のシーンでは、大佐が住民に神と崇められてジャングルに暮らす、日常とはかけ離れた世界が描かれ、観客はいつの間にかその中に放り込まれている。それこそが戦争がもたらす狂気の世界と言ってもよいが、筆者にはその世界の異様さのあまり、監督の手から映画が離れて不気味に佇んでいるようにも感じられた。シーンによって全く別の映画を見ているようでもある。各シーンの意味についても様々な解釈を呼び、同業者受けするような出来映え。制作的スケールは大きいが、それでいて監督の個性が米国人の心の闇に入り込んでいく実験作のようでもある。恐らく、映画で戦争を描いたのではなく、戦争で映画を創ったと言った方がいいのではないか。

コラム① 映画とのなれそめ

私は遅れてきた映画ファンです。大学学部生の頃まで、映画館に行くことも、レンタルビデオを借りることもほぼありませんでした。大学院生になって、友人から勧められた『転校生』を見て衝撃を受け、『さびしんぼう』を見てこれぞ最高の映画と思いました。大林宣彦作品に始まる感動作好きの若者になりました。そうなると名作と言われるものが気になり始め、一気に黒澤明全作を見たのに始まって、ものすごいペースで諸作を食い入るように見ました。映画の幸せというものを体験し、自分の人生になくてはならないものになったのです。なぜ高校生や学部生の頃に映画のひとつも見なかったのかと思うと、地団駄を踏みたくなります。今でこそ何と青臭かったことかと思いますが、その後東京のある女子大学で非常勤講師を勤めたときに、毎週ランチを御一緒した先生方が映画に造詣の深い方々で、様々な映画の話についていけない自分がもどかしく、好きな感動作だけ見るのではダメだと思ったところから、シリアスな作品も見るようになったのです。最初はタイトルを目にしたことがあるというだけで選び、いやいやながら見ていたのですが、この手の作品にもはまりこむのにそんなに時間はかかりませんでした。評論家の中には劇場公開作はすべて見るという方もおられますが、私は遅れてきた映画ファンで、鑑賞本数では他の方々と勝負になりません。そのかわり、何か世に自分の映画遍歴の意味を残したいと思うようになり、本書につながったわけです。

●1982年・街壊しに対する街守り『転校生』大林宣彦監督

『転校生』は、大林宣彦監督の尾道3部作の初作で、筆者の映画趣味に火をつけた記念すべき秀作である（第2作は『時をかける少女』、第3作は『さびしんぼう』）。

故大林監督は映画人九条の会の賛同者でもあったが、多くの著作により、優しい日本を守ろうとする反戦の志を秘めた方であった。監督はＴＶコマーシャルや自主制作のビデオでならした方で、1970年代にあって、沈滞した日本映画界に常識人の反発を買うような元気のいいＢ級の作品を投入していた方であったが、1980年代は、日本がその経済的繁栄のために伝統的な日本のよさを失いつつあることに抗して、故郷である尾道を舞台に、観光資源とは関係のない、車の上がれない坂道を中心とした庶民の生活の場をロケ地として、街興しとは無縁の、懐かしい日本を描く作風に変化していった。『ふたり』（尾道）『異人たちとの夏』（浅草）も忘れられない。

『転校生』はあらゆる大手映画会社から見放され、自主撮影作品として、財政的には不自由に精神的には自由に撮った作品である。高校生の男女の心と体が入れ替わってしまうという非現実の設定だが、思春期の異性を思いやる心の芽生えが瑞々しく描かれ、観客はかつて通過した青春の日々に激しくノスタルジーを感じ、それがいかに貴重なものであるかを再認識して、その舞台となる尾道の昔懐かしい光景にも、不便だった昔に人間としての知恵の豊かさが多く見られることを再確認する。監督は街並みの無暗な近代化は街壊しであり、真の豊かさを育まないと考え、この作品をはじめとして、街守りの意味で活動を展開したのだった。結果的に本作は全国の若者の支持を得、尾道のロケ地巡りのブームを巻き起こした（参考：拙著『尾道学と映画フィールドワーク』中川書店）。

●1982年・同胞を犠牲にして防共を図る米国『ミッシング』コスタ・ガブラス監督

『ミッシング』は、第35回カンヌ国際映画祭パルム・ドール（第1位）・男優賞、第55回米国アカデミー脚色賞を得た、米国・メキシコが制作国の、米国を告発する映画である。ギリシアの民主政権の転覆を描く『Z＊』で有名なギリシア生まれのコスタ・ガブラス監督によるもので、チリのクーデターという特殊状況を扱いながらも、大手資本も絡み、広い層の観客の鑑賞に耐えられる仕上がりである。

1973年、チリで社会主義へと向かうアジェンデ政権に対し、後にピノチェト軍事政権となる勢力がクーデターを起こした。この映画は、弾圧の嵐の中を行方不明になった息子を探しにチリへやって来た典型的に保守的な米国人の父親が、義娘と共に自力で息子の行方を追う中で、米国が軍事政権に米国人の殺害を認めたこと、頼りにしていた米国大使館側が幾分左翼的であった息子の処刑を隠蔽していたことに気付く実話である。米国の正義と我が息子を無条件に信じていた父親が、こういうことがあるのかと驚き怒りを持つ様子が手に取るようにわかる。

米国は南米における社会主義の実現が米国系企業の権益を損なうことを見逃さず、クーデターをサポートしたのではないか。そのことを同胞の犠牲によって成立させようとする矛盾を観客に考えさせる。もっとも、広い層の観客の鑑賞に耐えられる仕上がりとは言っても、見方を変えれば迫真性に不満が残るということでもある。ひたすらに非常時の先行きの不明である状況の恐怖を描いた『無防備都市　ベイルートからの脱出＊』のような迫力が加わったら、もっと引き締まった作品になったであろう。

●1983年・人間にとって最も辛い選択『ソフィーの選択』アラン・パクラ監督

我が子を守りたいのは人間の本能で、反戦の思いの源泉である。『ソフィーの選択』は、それを放棄させられた女性の悲劇を描く英米作品。ピュリッツァー賞作家ウィリアム・スタイロンの原作を、社会派サスペンスのパクラ監督（『大統領の陰謀』『推定無罪』『ペリカン文書』）が映画化した。

話は第2次世界大戦終結2年後に始まる。ポーランド人ソフィーは、心の病に苦しむユダヤ人青年とニューヨークで暮らしているが、語り手の作家志望の米国人青年を通して、彼女がアウシュビッツ収容所を生き延びた様が明らかにされていく。ソフィーの父は反ユダヤだが、恋人の姉が反ナチスであることから、幼い息子と娘と共に収容所へ送られる。親子は離れてしまうが、ドイツ語と秘書の能力を買われて収容所長のもとで働き、反ユダヤの父に関する記事を見せて取り入り、息子の助命を頼む。所長はソフィーを犯しかけるが、息子を助けてやると言明する。幸福に酔いしれるソフィーであったが、所長は約束を守らなかった。米国人青年はソフィーに求婚するが、彼女は自分は母親になる資格はないと言い、収容所到着時の出来事を語った。係員に子供のうち1人だけ死の収容施設に渡せ、さもなくば子供は2人とも連れて行くと言われ、押し問答のあげく、娘を連れていけと叫んでしまったのだった。翌日ソフィーはユダヤ人青年と心中したのを発見された。

1人の人間にとって最も残酷な選択を迫られたソフィーの死よ、安らかなれ。選択の意味を知ったとき（原題も邦題と同じ）、筆者は戦慄を覚えた。我が息子たちの顔が浮かんだ。主演のメリル・ストリープは入魂の名演で、第55回米国アカデミー主演女優賞をはじめ、多くの賞を受賞した。彼女のためなら何回でも舌を巻く。

●1985年・ポル・ポト派による大虐殺『キリング・フィールド』ローランド・ジョフィ監督

戦争映画を語るとき、英国作品『キリング・フィールド』を無視できない。ローランド・ジョフィ監督屈指の傑作。原作は実在の主人公シドニー・シャンバーグによるピュリッツァー賞受賞作。舞台はポル・ポト派が支配し始めたカンボジアである。米国ニューヨーク・タイムズのジャーナリストであるシャンバーグは、米国大使館が退去勧告を出した後も残留し、医師でアシスタントの現地人プランは家族を脱出させながらも残留し、パスポート偽造もむなしく現地に取り残される。その後の描写が壮絶極まりない。多くの国では鑑賞に年齢制限があった。ポル・ポト派の再教育キャンプでの過酷な強制労働と生活環境と教員や医師などの知識人の抹殺、米軍の爆撃。それらから必死に逃げる中、1人歯を食いしばって歩く彼の足元に広がる荒野に埋まる、おびただしい数の頭蓋骨。観客は茫然となる。

こうした迫力は当然で、この話は実話であり、プランに扮するのは実際に強制労働を体験した男優（ハイン・ニョール）である。演技力も抜群で、あたかもドキュメンタリーを見ているかのような錯覚に陥る。いまだにこれ以上に戦争の恐怖を直接感じさせる映画を知らない。心臓の弱い向きには薦められない。プランは知識人たる医師だった。その知識を活かすことなく抹殺されようとした恐怖の日々。皮肉なことに、この作品で第57回米国アカデミー助演男優賞を取ったこの俳優は、物盗りに殺害されてしまった。惜しい人材を映画界はなくしたものである。今はプノンペン観光でキリング・フィールドと叫ばれる処刑地に無数の頭蓋骨が収容されている塔を訪問することができる。能天気な平和でも、ないよりはるかにましだ。

●1986年・日本軍の生体解剖事件『海と毒薬』熊井啓監督

『海と毒薬』は、遠藤周作原作、社会派の熊井啓監督による衝撃作。出演は奥田瑛二、田村高廣、渡辺謙など。

第2次世界大戦時、捕虜の米兵に対し、軍の命令によって、帝国大学医学部で、どこまで内臓を取り出しても人間は生きていられるかの生体解剖実験が行われた。現場の大学側の若者が良心の呵責に苛まれる。最初は心を動かさない者が次第に自分に疑いを持つ様子や、医学部内の権力争いなどを絡めて物語は進んでいく。映画や原作では架空の帝国大学が舞台となっているが、明らかに1945年の九州大学生体解剖事件に基づいている。事件では、中央から地元司令部に処理を任された捕虜について、軍医の進言により解剖実験が行われた。戦後関係者がGHQの捜査により軍事裁判で処分された。

実験の目的は、どこまで出血しても生きていられるか、肺はどこまで切除して生きていられるかなど、耳を疑うようなものばかりである。九州大学の組織的関与はなかったとされているが、筆者の勤務先で起こったことであり、恐ろしい。白黒作品で、かえってリアリティを感じさせる。原作は日本人の倫理性というものをえぐった作品とも言えるが、考えさせるところが多い。こうなったらもう止められないという時代に、再び向かうことのないようにとの思いを強くする。映画としては間違いなく名作。1986年『キネマ旬報』日本映画第1位に輝いた。第37回ベルリン国際映画祭審査員グランプリ(事実上の第2位)である。脚本ができてから完成まで17年かかっている。スポンサーがなかなか見つからなかったという。

●1986年・黒人女性の自立『カラー・パープル』スティーヴン・スピルバーグ監督

スピルバーグの『カラー・パープル』は、20世紀初頭の米国南部を舞台に、黒人社会における男尊女卑に縛り付けられながら、やがて人間として自立していく黒人女性を描く米国映画。原作は、アリス・ウォーカーによるピュリッツァー賞受賞作。

セリーは父親の子を生まされ、醜いと罵られ、暴君の夫に嫁ぎ、ただ1人自分を愛してくれる妹と引き離され、妹からの手紙をすべて夫に奪われ長く惨めな暮らしをするが、やがて同居を始めた夫の愛人に心を開き、死んだかもと心配していた妹からの多数の手紙を発見する。妹はセリーが生んだ子供たちを育てながら、アフリカで教育の普及活動に取り組んでいるのだった。妹に触発されてセリーは自立を求め、やがて夫のもとを去る。財を得て、帰国した妹と再会して幸せを得る。これらの姉妹の関係が主な筋ではあるが、他にもいくつかのストーリーが展開する。夫の愛人である酒場の歌手とその父親である牧師との確執と和解が切ない。セリーの息子（先妻の子）は優しい性格だが、気の強い女房を支配しようとして愛想を尽かされ、禁酒法の時代に酒場を経営する。その女房は、ずっと周囲の男たちと闘ってきて、ある日黒人を大事にしているように見えて実は偏見に満ちた白人の市長夫人の言動に怒り、市長を殴って8年も牢獄に収容となり、出獄後は夫人に仕え心の死んだ暮らしをする。

娯楽作のスピルバーグが事実上初めて撮った社会派としてのヒューマンドラマで、なかなかの出来。パープルは、セリーが妹や夫の愛人と晴れやかな気持ちで歩く野に咲く花の色。束縛からの解放、人間の尊厳と自立を象徴しているように思う。

●1987年・リアルなベトナム戦争『プラトーン』オリバー・ストーン監督

『プラトーン』は、英米合作、米国アカデミー作品賞受賞作で、ブームを巻き起こしたメジャー作という印象を持つが、実は低予算で無名俳優を起用した作品。因みにプラトーンとは英語で小隊の意味。ストーン監督は『ＪＦＫ＊』『７月４日に生まれて＊』『スノーデン＊』等でも有名。

主人公の青年は、同世代の貧しい若者が徴兵される義憤から入隊したのだが、前線に配属されると恐怖の毎日であった。彼の所属小隊では、口を割らない地元民を射殺した強者の軍曹とそれを批判した正義漢の軍曹が反目を決定的にした。戦況は、米軍と解放軍との大衝突が近づく。そんな中、強者軍曹は斥候に出た正義漢軍曹を射殺してしまう。やがて両軍の大戦闘が始まると、人間同士がぶつかりあう激しい闘いに。次々と小隊の仲間が倒れていく。恐怖の一夜が明けると、主人公の前に瀕死の強者軍曹が横たわっていた。主人公の青年は彼に向かって引き金を引いた…

監督のオリバー・ストーン自身がベトナム帰還兵で、実体験をもとにしてリアルに描いた。ベトナム戦争をはっきり批判的に描いたため、公開当時政治的議論が活発になった。撮影はフィリピンの密林の中で行われ、軍隊生活に近い厳しい環境だったと言われている。俳優達の地を這うような努力の労作だ。前線では善も悪もなくなり、地獄と化し、まさに阿鼻叫喚、その実態を暴き米国の観客に突きつけるかのような迫力だ。ジャケットやポスターは米兵が天を仰ぐシーンになっており、何を訴える映画かは明らかだ。これを許容する文化は健全。ベトナム戦争後、初めてその狂気を等身大に描いた反戦作として大ブームを起こした。第５９回米国アカデミー作品賞・監督賞と第３７回ベルリン国際映画祭監督賞を受賞した。

●1988年・戦中の移動演劇と原爆『さくら隊散る』新藤兼人監督

『さくら隊散る』は、江津萩江『櫻隊全滅』を原作とした反原爆作品である。櫻隊とは、内閣情報局が戦意高揚のために演劇人を移動演劇隊に組織し、地方を巡回させたもののひとつである。当時は、移動演劇に参加することが、芝居を続けるためのほとんど唯一の道であった。櫻隊隊長の丸山定夫は、昭和20年に同隊を率いて中国地方を巡回、9名が日本移動演劇連盟の中国支部として分駐した広島で被爆した。5名は即死、4名は原爆症によりまもなく死亡した。

本作は、櫻隊の殉難碑を持つ目黒の天恩山五百羅漢寺（近代映画協会とともに本作を制作している）での法要に始まり、宇野重吉、杉村春子、小沢栄太郎などの多数の演劇人による証言、記録映像、再現映像で構成されるドキュメンタリーになっている。即死だけは免れた4名の死に至るまでを追い（仲みどりは、列車で東京まで帰ってきた後、東京大学附属病院に運ばれ、原爆症患者第1号として以後の研究に大きな影響を与えた）、生前の活躍の跡を辿る。

これらの方々の歩んだ演劇人生を見ると、若き才能を奪った戦争の愚を呪いたくなる。『無法松の一生』で坂東妻三郎演じる男が惚れる未亡人を演じた園井恵子は、生きていれば大女優になっただろう。この人たちの損失がいかに大きいかを訴える作品にもなっており、文化を蹴散らして暴走した日本を恨むが、映画としては優秀な出来とまでは言えない。しかし、移動演劇を歴史から掘り起こして観客に提示し、原爆の愚を訴える役割には大きな存在意義を感じる。焼け跡のシーンが、遠景が記録写真で、瓦礫が多数の原爆関連写真のパネルであったように見えたのがとても印象的だった。

●1988年・フランスでユダヤ人の子供たちを連行『さよなら子供たち』ルイ・マル監督

ルイ・マルは『死刑台のエレベータ』（1958年）で切れ味鋭くデビューしたフランスの監督で、ヌーヴェルヴァーグの作風が強かったが（他の有名作は『恋人たち』『地下鉄のザジ』『鬼火』『ルシアンの青春』『五月のミル』等）、『さよなら子供たち』は、しっとりと戦争による悲劇を描いた秀作である。仏・西独・伊合作。

舞台はナチス・ドイツ占領下1944年のフランスで、学童疎開によりパリから田舎にやってきた12歳の少年が、転校して来た別の少年と次第に友情を深めていく。ところがこの転校生はユダヤ人であり、偽名を使用してそのことを秘匿していた。本作は淡々と詩情豊かに2人の関係を描いていく。ルイ・マル監督の普段のエスプリの利いた作風からは一線を画している。この作品にはそれが似合うのだが、反戦物を撮るときには思わず襟を正すものだからと好意的に解釈しておきたい。そしていよいよ疎開先の学校にもゲシュタポがやってくるのだが、転校生が連行されていくシーンでは、悲しそうな顔が痛々しいが、何の抵抗もなくあっさりと事が済んでしまう。

この作品には戦闘も暴力も直接は描かれていない。最後もあっけないと感じる人もいるだろう。しかしこのような描き方だからこそ心にじんわり働きかけてくるものもある。悲劇を予期して観るから、日常の些細な喜びが愛おしく思えてくるのだ。『TOMORROW明日＊』の描き方もまさにそうだった。タイトルの「さよなら子供たち」は、連行される子供たちへ先生が発した最後の「いつもの」別れの挨拶だ。泣ける。本作は、監督の自伝的作品で、第44回ベネチア国際映画祭金獅子賞（第1位）を受賞した。

●1988年・南アのアパルトヘイト『遠い夜明け』リチャード・アッテンボロー監督

『遠い夜明け』は、南アフリカ共和国におけるアパルトヘイト政策の真実を伝えるために、命がけで国外脱出をはかった、白人新聞記者ドナルド・ウッズ本人による原作の映画化で、『遠すぎた橋』『ガンジー』『チャーリー』などで有名な、英国の映画監督であり俳優であるアッテンボローによる英国作品である。

１９７７年、黒人に批判的な新聞記事を書くウッズは、医師である黒人運動家のスティーブ・ピコ（若き日のデンゼル・ワシントン）から接触を求められ、とまどいながらも交流を重ね、少しずつ打ち解けていくにつれてアパルトヘイトの非道に目覚める。しかし、ピコやウッズに対する当局の弾圧は激しさを増し、やがてピコは逮捕され、拷問によって死亡する。不審を抱いたウッズが調査を試みるが、これにも圧力がかかる。一大決心をしたウッズは、ピコの存在とアパルトヘイトの惨状を世界に訴えるため、南ア警察の目をかいくぐり、一家を引き連れて命がけのきわどい逃避行の末に南アを脱出するのであった。

見る者にとっては、ピコの黒人優位主義や、逃避行をスリリングに描く娯楽性などに対して不満を抱くかもしれない。しかしこの作品は、南アのアパルトヘイト政策を告発した数少ない作品のひとつとして貴重な存在である。ピコの死を悼む大群衆のシーンは圧巻であるし、歴史映画としての価値も高く、人種差別に対する怒りが観客の胸の中に沸き起こってくる。その後、長期に投獄されていたマンデラの釈放と大統領就任へと歴史は続いていて、一定の前進が見られるわけだが、明るくなる一方の夜明けを迎えていると言えればよいのだが。

●1988年・原爆投下直前までの幸せが悲しい『TOMORROW明日』黒木和雄監督

『TOMORROW明日』（トモロウあした）は、黒木和雄監督の戦争レクイエム3部作の初作で、桃井かおり、南果歩、仙道敦子が三姉妹を演じ、重要な役として佐野史郎が出演。長崎の原爆投下直前の24時間における家族を描く。原作は井上光晴。ロケも長崎で行われている。

次女と花婿の結婚式が8月8日に行われた。祝う近所の人たち。直後に夫が戦地にいる長女が産気づいた。お守りをほどいて貴重な小豆を取り出し与える母親。三女の恋人である医大生には赤紙が。駆落ちを口にする相手を叱る三女。花婿の友人である医者は、病気の英国人捕虜に与える食糧の入手に奔走するが死なれてしまう。明日はこうしようねという会話が悲しい。翌朝にはそれぞれがそれぞれの明日を迎えた。長女は出産。三女が学校から工場へ向かう途中で空を見上げると飛行機が見え、画面は白黒となりきのこ雲が…。

この作品には戦争と言って思い浮かぶ、戦闘、軍人、死体、瓦礫などの光景は全く描かれていない。庶民の1日の生活を丹念に美しく描写しているのだが、登場している人々は、それぞれにすることを抱え、明日は何もかもが消えてしまうということを全く知らずに、日常を淡々といつものように送っていたのだ。来るはずの明日が「来ない」ということなどは夢にも思わずに。日常の中に喜びや悲しみなどの生き生きとした人間の営みを美しく観客に見せた後にラストの原爆投下。その落差と、その後には全くその後の惨憺たる光景を映すこともない鮮やかな手法に、いたく感心した。突然消えてしまうことへのやりきれなさがそれこそこの手法によってしみ込んでくる。反戦物の作り方として1つの重要な見本であろう。

●1988年・映画の人間賛歌『ニュー・シネマ・パラダイス』ジュゼッペ・トルナトーレ監督

『ニュー・シネマ・パラダイス』は、当時感動作として熱狂的に受け入れられた名作で必見の1本（伊仏合作）。ラストのカタルシスを知らない方には、この先を読むことをお勧めしない。

第2次世界大戦中のシチリア島では映画が唯一の娯楽であり、主人公の少年トトは、映写室に出入りして映写技師アルフレードと交流し、映画に親しんだ。火事でアルフレードはフィルムを救おうとして失明、トトが映写技師となった。若者になったトトは恋をするが、徴兵除隊後に映写室には別の男がいて、恋の相手も音信不通になる。失意のトトにアルフレードは村を去り戻るなと言った。ローマで映画監督として名をなしたトトは、数十年ぶりにアルフレードの葬儀のため村に戻る。そしてアルフレードが彼に残した形見のフィルムを見て泣いた。このフィルムはアルフレードが持っていてトトが大人になったらくれると約束していたものだった。それは名画のキスシーンの断片の集まりだった。当時時代的にキスはカットすることになっていて、アルフレードはカットしたシーンを捨てずに溜めていたのだ。戦争の時代と窮屈な宗教を背景に、人間らしい姿を愛おしむ気持ちと、庶民を喜ばせた映画への愛情があふれ出ている。

ジャンルとしては御涙頂戴かもしれないが、出来が素晴らしく、ラストの意味がわかったときにはっとしてじんと来る体験は一級だった。第62回米国アカデミー外国語映画賞（現在の国際長編映画賞）、第42回カンヌ国際映画祭審査員特別グランプリ。名作でないという議論もあるが、それは世間で名作とされている証拠。そもそも誰でも同じように感服させる作品などというものはないし、感服した人にけちをつけるのも無粋。ぜひお試しを。

●1989年・日本軍の中国侵攻の残虐『紅いコーリャン』チャン・イーモウ監督

『紅いコーリャン』は、『菊豆』『紅夢』『秋菊の物語』『上海ルージュ』『あの子を探して』『初恋のきた道＊』等で有名な、中国の巨匠チャン・イーモウ監督の第1作で、以後の中国映画に絶大な影響を与え、日本における中国映画の評価を決定的に高めた作品であり、これをきっかけに日本でも広く中国映画が見られるようになったとも言える。映画史的に見て重要な作品であろう。

1920年代終わりの中国山東省が舞台。前半は野太い描写の中に人間の愛欲を描き、それだけでも1本の作品とするのに十分な迫力がある。若い娘（コン・リー）が親子ほど年の違う造り酒屋の主人に嫁ぐが、主人が行方不明になり、酒屋の若者や番頭を巻き込んで、因習に満ちた田舎の貧しさの中で、荒々しく話が進む。やがて娘の子供も大きくなり、日本軍が侵攻してきたところからストーリーが一変する。日本軍は、酒造りのコーリャン畑を、道路建設のためにつぶすこととして、抗日運動に身を投じていた番頭を捕らえて吊るし、村の肉屋に生皮を剝がさせる。日本軍の描き方は徹頭徹尾残虐な悪魔である。酒屋の人々は酒をあおって抵抗を誓う。娘が日本軍に殺されると、日本軍を相手にコーリャン畑で大殺戮が繰り広げられる（刃物がこれほど怖い映画もない）。酒屋側の生き残りはわずか。空しさだけが残る。

色彩がかなりきつい。戦場になった畑を染めた血の赤が心にこびりつく。強力に観客を巻き込んでラストまで連れ去る力量は大したもので、逆に抵抗を感じる観客もいると思われるが、筆者としては、それまで中国映画にあまり注目していなかった不明を反省させられた作品であった。本作は第38回ベルリン国際映画祭で金熊賞（第1位）を受賞した。

●1989年・いつまでも追いかけてくる原爆の影響『黒い雨』今村昌平監督

『黒い雨』は、『原爆の子＊』や『TOMORROW明日＊』などと同じ原爆物の1つで、井伏鱒二の同名小説を原作とする白黒作品である。黒い雨とは、原爆が落下した後に降った、放射能を含んだ雨のことである。第13回日本アカデミー作品賞。『にっぽん昆虫記』『赤い殺意』『人間蒸発』『神々の深き欲望』『楢山節考』『うなぎ』『カンゾー先生』等で有名な今村昌平監督の作品。

原爆が落ち、広島は焼け野原になった。物語は舟の上で黒い雨を浴びた若い女性（田中好子）と彼女を心配する叔父（北村和夫）を中心に展開していく。爆発の瞬間や、瓦礫の山と化した市内の悲惨な様子を直接映像で描く部分もあるが、戦後5年目の山村での生活を描く中で、人々がどのように原爆に振り回されたか、戦争の傷跡がいかに人々の心身に染み付いているかを、淡々と映し込んでいる。原爆の後遺症に悩む人々、戦場での戦車に対する恐怖からエンジン音に発作を起こす人、などなど。その女性は次第に体調が悪化し、縁談もうまくいかない。田中好子は好演で、『キネマ旬報』等で主演女優賞に輝いた。櫛を使ってごそりと抜ける髪の毛に薄笑いを浮かべる場面など、鬼気迫るものがある。こうして原爆がいつまでも人々の暮らしに影響を及ぼし、人生を狂わせる様をこの映画は描き出す。

原爆物の中でも映画としての出来が良い。今村昌平監督全作品の中でも出色。コメディアン俳優を配していながら、いつもの泥臭くじんわりとしたおかしみのある作風にやや抑制が感じられたが、いつものとおりの演出なのにテーマの重さでそう感じたのかもしれない。そういえば福山自動車時計博物館に、作品中で焼死体を搬送したトラックが展示されている。

●1990年・日本軍の残虐を描いた香港映画『風の輝く朝に』レオン・ポーチ監督

『風の輝く朝に』は、1984年制作の香港英国合作で、1941年の日本軍による香港侵攻を背景に、若者の三角関係を描いた作品である。

事業家の娘は見合いを断り、ある不良少年と良い仲である。そこへ外国への脱出に失敗した青年が転がり込み、友情と三角関係が芽生える。当時英国軍のいる英国領香港に対して日本軍が侵攻、脱英日本化政策を推し進めた。中国本土へ移動する多くの住民、資本家階級への復讐や略奪を行う庶民、通りの日本語名や日本の慣習を押し付ける日本軍、日本軍にへつらう香港人とそれを苦々しく思う香港人との対立、懐柔されない者には容赦なく死を与える日本軍の狂気、日本軍の配給に頼らざるを得ない人々など、混乱する香港の経済と人々の暮らしを描く。3人の生活も無法状態の中でかろうじて命を繋げる有様であり、青年は少年を救うために、日本軍に寝返った香港人を殺し、娘に邪心を抱く日本軍将校を殺し、娘と少年を海外脱出に導き、それを止めに来た日本軍の舟艇に乗り移って自爆し2人を救った。

見た目は青春映画だが、他人の耳に爆竹を入れて爆発させて楽しむなど、狂気の世界が延々と映し出され、日本軍への抵抗こそが本題ではないかと感じる仕上がりになっている。ところが、映画の授業を協同している映画評論家前田秀一郎氏によると、実は1997年の英国から中国への香港返還を前に、香港が抱える中国返還への不安の思いを込めたいくつもの芸術作品のひとつという。受講者たちの中には、香港にも日本軍が侵攻したということをよく知らない者も多く、『安重根伊藤博文を撃つ＊』での朝鮮半島と同様に、日本化政策にはショックを受けていたようだった。

●1990年・実名の政党大会へ殴り込み『7月4日に生まれて』オリバー・ストーン監督

『7月4日に生まれて』は、社会派オリバー・ストーン監督による米国映画で、トム・クルーズ主演でベトナム戦争を扱った作品。

7月4日は米国の独立記念日であり、主人公はケネディ大統領を信奉して、キューバ危機の後のベトナム戦争に志願した。自由のために戦ったつもりだったが、実際は現地の民間人や味方も誤って殺してしまい、ショックを受ける。自身も銃弾に倒れるのだった。脊髄をやられて帰国し、車椅子の身となり、人々に暖かくは迎えてもらえない。病院も満足できる場所ではなく、戦費がかさんだせいで充分な医療を受けることもできなかった。独立記念日の式典での挨拶も、戦地を思い出してうまくいかない。やがてベトナム戦争での米国の行為を知って驚き、反戦運動が弾圧される様も経験する。間違った戦争だったと悟り、辛い生活を送る。ここからが信じられず羨ましいことでもあるが、主人公は車椅子で戦争を続ける共和党の大会になかば殴り込みをかけ、反戦を訴えるが、返り討ちにあう。最後は原作『7月4日に生まれて』を出版した主人公が、民主党大会で真実を語る演説をするのだった。

日本映画だったら、政党名等は架空のものになるところだろう。まさか自民党大会に殴り込みなどということはできそうにない。それができない日本とできる米国は何が違うのだろうか。しかも主役の俳優の二枚目大スターが、1年かけて車椅子を使う練習を行ったという。この「世間様が許さない」式の日本文化、何とかならないものかと思う。まだ民主主義に至っていないのかもしれない。本作は、第62回米国アカデミー監督賞受賞。

●1991年・真の恐怖　『無防備都市　ベイルートからの証言』マルーン・バグダディ監督

『無防備都市　ベイルートからの証言』は、レバノンのマルーン・バグダディ監督によるドキュメンタリー・タッチの作品で、自分がどうなるかわからない恐怖そのものを描いた。

内戦が続く1987年のベイルートで、フランス人報道カメラマンが正体不明のゲリラグループに突然誘拐された。目隠しされ、もしそれを取って誘拐者の顔を見たら射殺すると言われて、荒れ果てたビルの小部屋に監禁される。本作は、彼がわけもわからず解放されるまでの、10カ月以上にわたる恐怖の監禁生活における命が縮む思いを、余計な脚色なしに、迫真のショッキングなリアリズムで映し出す。レバノンの内戦の情勢や誘拐グループの詳細などは全く描かれず、ひたすら恐怖のみを描き出す。彼が誘拐された理由となる、獄中のレバノン人というのも存在しない。いったい彼はそんな中、どういう運命をたどるのか。戦闘シーンは出てこないが、善悪の論理性も人間性も通用しない、狂気の中における絶命の恐怖だけで、観客の戦乱に対する恐怖のメーターは最大限に振り切れてしまう。各勢力の思惑や戦闘の展開などのドラマ的要素は全く割愛して、人間が持つ根源的恐怖心を徹底的に煽る手法で、平和な世界のありがたさを観客に味わわせることに成功している（筆者にとっては『リング』並みに怖かった）。

監督は2年後にエレベータの事故でこの世を去るのだが、それすらも映画の続きであるかのような錯覚を覚える。恐らくハリウッド映画では考えられない出来栄えだろう。『無防備都市*』と言えば、有名なイタリア映画だが（本作は仏白伊合作）、本作の原題に「無防備都市」はなく、日本での興行上の工夫だったのだろう。

●1992年・真の権力者は大統領をも抹殺する『JFK』オリバー・ストーン監督

『JFK』は、オリバー・ストーン監督入魂の反権力作品（米仏合作）で、実在の検事による原作に描かれる事実を基にしたフィクション。

地方検事が、ケネディ大統領暗殺の実行犯とされるオズワルドの暗殺の経過に疑問を持ったが、ウォーレン委員会は、オズワルドの単独犯行説を採用した。3年後に検事は秘密捜査を始め、実行犯がキューバ侵攻計画に関与していた元FBI捜査官で、首謀者は石油業界の大物とにらむが、捜査が核心に向かうにつれ、妻子が危険にさらされて、検事本人もマスコミの攻撃等、様々な圧力を受ける。やがて匿名の軍人からの情報により、ベトナム戦争終結を目指したケネディ大統領に対してCIA、FBI、軍を巻き込んだクーデターであったことがわかり、検事は大物を起訴する。裁判では銃弾の謎などを解き明かし、米国に正義をもたらすべく、検事は陪審員を相手に大演説を行って、充分に立証したと思われたが、大物は無罪となった。本作は米国を支配する石油業界を中心とした真の支配層が、大統領の地位さえ左右し、軍部やCIAなどを牛耳り、ベトナム戦争で利益をあげる上で、最大の障害になりそうになった大統領を抹殺したという説を採っている。

最後は検事の正義感が報われないのだが、真実は闇の中へ、米国の真の支配層にたてつけば、たとえ大統領といえども排除されるという恐ろしさを、3時間を超える長尺の作品がじっくりと描き上げて見事。もちろんフィクションだが、ありうる話だ。米国はまともで他の国々は危ないなどとは到底言えない。2039年の暗殺に関する極秘報告書公開が楽しみ。2020年のNHKスペシャルも異様に面白かった。しかし政治的立場はともかく暗殺はダメと安倍晋三氏銃撃を見て思う。

●1993年・様々な立場の人々それぞれの悲劇『インドシナ』レジス・ヴァルニエ監督

『インドシナ』は、カトリーヌ・ドヌーヴ主演の歴史大河ロマン（フランス映画）である。

仏領インドシナでゴム園を営むフランス人女性が主人公だが、インドシナで生まれ、祖国を知らない。やがて主人公はフランス人将校と愛し合うようになるが、地方の皇女を養女に迎えており、この養女は独立運動の事件で負傷、それを救ったその将校を愛してしまった。遠い島の勤務となった将校を追って、長旅の末奴隷となった養女だが、現地人親子が理不尽に処刑される姿にフランス人の軍人を撃ち殺し、養女と将校は2人で逃げることとなる。この事件は独立派の中で有名になっていく。主人公は何とか2人を助けようとするがうまくいかない。やがて将校は射殺され、養女は投獄、主人公は養女と将校の間に出来た子を連れてフランスへ行く。養女はジュネーブ会議にベトナム代表として参加したが、自分の子には会えなかった。

ストーリーを追うだけでは伝わらないが、壮大なスケール感のある作品で、歴史の渦の中で様々な立場にあってもがいた人々を、しとやかに包み込んで描いている。映画芸術的に成功した佳作だ。こういう作品を見ると、誰が正しくて誰が悪役であるか白黒つけようとしたり、占領した国を非難する基調が感じられない場合はうかつに褒めてはいけないのか、と構えてしまったりということもあると思うが、描かれている世界を俯瞰するようなより大きな目で素直に見れば、その悲劇性から何事かをくみ取れるものだと思う。人間界を憂う神のような立場を観客が経験して、より志の高い姿勢へと進むことができるのではないだろうか。下手に露骨な反帝スローガン映画よりも、心の奥底に作用する例だ。第65回米国アカデミー外国語映画賞（現在の国際長編映画賞）を受賞。

●1993年・特攻とピアノ『月光の夏』神山征二郎監督

大戦時の特攻出撃直前に音楽学校の学生2人が、鳥栖国民学校に最後の思い出として弾きにきたピアノがあったが、平成のはじめ、廃棄処分になることになった。それを聞いた当時の女性音楽教師が保存を訴えたことが報道されて反響を呼び、それを毛利恒之氏が小説化したものを映画化したのが『月光の夏』。制作費の多くを鳥栖市や知覧町での募金でまかない、地方発の一般募金による当時珍しい作品となった。監督は『ハチ公物語』『遠き落日』等でも有名である。

本作は、2人の特攻兵のうち生き残りの1人（仲代達也）を、この元音楽教師（渡辺美佐子）と作家（山本圭）が探し出す話を追う。しかし探し当てられても、その元特攻兵は何も憶えていないと答える。それは振武寮という、エンジン不調による特攻の途中帰還者が収容された施設の存在と関係していた。特攻中断者の存在が士気に影響するとの判断で、途中帰還者はここに押し込められ、愛する人々のため命を捧げようとした純粋な思いを踏みにじられる残酷な責苦にあった。最後は鳥栖小学校でこのピアノが演奏される会で、元特攻兵と元音楽教師が再会を果たして本作は終わる。

才能を開かせようとしながら散った若者の話は、いつも心を揺さぶる。野球選手や映画監督など失われた才能に、軍国主義の愚を痛切に感じる。話の貴さに溺れず、映画作品としての出来も大変よく、素直に泣く自分に納得する。知覧特攻平和記念館で筆者が実際に見たあのピアノの姿が、今も目に焼き付いている。振武寮のことも特攻物の新しい切口だった。また、特攻前夜に歌われたドイツ民謡「故郷を離るる歌」の「さらばふるさと」の連呼が耳にいつまでも残っている。この万感の思いで我々は日々の人生と向き合っているだろうか。

●1993年・不自由と自由『友だちのうちはどこ?』アッバス・キアロスタミ監督

アッバス・キアロスタミ監督と言えば、イランの大御所的な存在である。日本で言えば小津安二郎、台湾で言えばホウ・シャオシェンに当たるとも言えようか。監督は2002年のニューヨーク映画祭に参加しようとしてビザの発給を拒否された。これに抗議してフィンランドのアキ・カウリスマキ監督は同映画祭をボイコットした。キアロスタミ監督と言えば、宗教的な理由で表現に大きな制約を課せられながらも、誰も映画を創造する喜びを奪うことはできないとでも言うかのように、素朴ながら伸びやかな作風で、映画芸術の素晴らしさを伝えてくれる人である。

『友だちのうちはどこ?』は、あらすじを書けば、自分のせいで先生に叱られたともだちの家に、ある男の子が借りたノートを返しに行くのに道がわからず、心細い道中の末にやっと目的地に着いた、というだけの話である。しかし、俳優でない映画の素人を使ったこの作品には、素朴な中にイランの人々の「ほんとう」の空気があり、ちょっとした出来事の中に心を痛める少年の思いが剥き出しで伝わってくる。これだけの話で観客を感じ入らせる作品は、今の日本でなかなかできるとは思えない。

この主人公を演じた少年が現実に地震にあって、監督が見舞いに行く実話をもとにした『そして人生は続く』、その作品の撮影中に恋に落ちた出演者を描いた『オリーブの林を抜けて』とともに、秀逸な3部作を構成している。イランにも他の国々と同じ人間が様々な思いの中で生きているということを教えてくれる作品。これこそ平和の原点ではないか。監督は反米活動家でも社会派でもない。ビザ発給を拒否した担当者の無知と横暴に厳重に抗議する。

●1994年・戦争で別れた家族『キルソドム』イム・グォンテク監督

『キルソドム』は、1985年韓国の制作で、日本では1994年に公開された。『風の丘を越えて 西便制』や『太白山脈＊』で有名なイム・グォンテク監督の作品で、朝鮮戦争の悲劇を描いた。

1983年、夫と何不自由ない生活をしている女性が、韓国KBSの番組を見ている。それは朝鮮戦争による離散家族を探す番組で、夫とは別の男の息子を生みながら、戦争で生き別れになった過去を持つこの女性は、家族の消息を求めて大勢の人が集まる広場を訪ね、息子らしい男性のことを知り、また戦争当時に愛した男にも偶然再会する。2人は愛を育んだ地キルソドムを訪れ、息子らしき男性を探し当てるが、その男性はある女性と田舎で赤貧の荒れた生活をしていた。探しに来た女性にもそこにいた男性にも、朝鮮戦争後30年を経て、それぞれの生活があった。女性は、血液判定により、その男性が息子であることにほぼ間違いないことが明らかになっても、100%疑いようがないわけではないと告げ、その男性とかつて愛した男を残し、自分の生活に帰っていった。

朝鮮戦争当時中学生だった2人の愛は瑞々しく描かれ、その愛を全うできなかった悲劇を強調している。個人的な悲しみを丁寧に描くことで、戦争がもたらす大きな問題をえぐり出した作品である。日本での公開当時の評価はいまひとつであったが、監督が生涯描いてきた作品世界の中にあって、重要な位置を占める佳作だ。戦争はどちらが勝っても必ず犠牲を伴う。人生を奪われた個人にとって、戦争の規模や結果に関係なく、全面的に悲劇がのしかかってくることになる。1人でもそのような犠牲者が出るならば、戦争を起こした者の責任は重大である。個人を犠牲にしていい大義などあってほしくない。

●1994年・ユダヤ人収容所『シンドラーのリスト』スティーヴン・スピルバーグ監督

『シンドラーのリスト』は、スティーヴン・スピルバーグ監督の米国作品で、第66回米国アカデミー作品賞・監督賞・脚色賞を得た。

実在のドイツ人、オスカー・シンドラーが主人公である。ナチス党員で、ポーランドのドイツ軍向け軍需工場を経営。はじめはユダヤ人を便利な労働力としか見ていなかったが、迫害が激烈を極めるにつれ、同情を抱くようになる。町で見かけたユダヤ人の少女を焼死体の山の中に発見するシーンは、全編白黒の本作で珍しく少女の着衣だけを赤とし（黒澤『天国と地獄』に触発されたパートカラー）、歴史に抹殺される悲劇を鮮烈に訴えていて秀逸である。やがてユダヤ人が収容所に送られるようになると、シンドラーは軍関係者に賄賂を贈り（銃弾の製造に子供の細い指が必要だと熱心に説明する姿が印象的）、労働力確保を名目に、工場に引き留めるユダヤ人のリストを作らせる。自分の地位や命までもが危うくなることを承知の上で、時間との闘いの中、1200人に上るリストが出来た。これがいわゆる命の「シンドラーのリスト」である。終戦を迎え、救われたユダヤ人を前に、身に着けている貴重品をつかんで、これを賄賂に贈ればもっと救えたと泣き崩れるシンドラーに、もうナチス党員の面影はない。映画のラストで、シンドラーに救われた本人達が、彼の墓を訪ね献花するシーンではさすがに胸が熱くなる。

スピルバーグ自身がユダヤ系で、きちんとホロコーストの歴史に向き合い、真摯な反戦の志が感じられる名作である。イスラエルを種にケチをつける必要はあるまい。事実の考証が甘いという指摘もあるが、価値ある1本だ。

●1994年・朝鮮戦争の悲劇『太白山脈』イム・グォンテク監督

『風の丘を越えて　西便制』などで有名な韓国を代表するイム・グォンテク監督にとって、南北問題を描くのは懸案だった。その意味で『太白山脈』は、スピルバーグが『シンドラーのリスト＊』でユダヤ人の歴史を描いたのと似た位置づけのできる作品だろう。原作はチョ・ジュンレの長大な小説である。

日本による支配が終焉した1945年以降、朝鮮半島はふたつのイデオロギーがぶつかる戦乱の舞台となり、全羅南道のポルギョという町を中心に、左翼と右翼がかわるがわる支配する混乱の様子が描かれる。映画のスタンスとしては左翼にも右翼にも肩入れせず、人々が犠牲になる虚しさに焦点を当てながら、当時の歴史の動きをダイナミックに見せてくれる。軍事作戦を詳細に追うよりも、民衆がいかに振り回されたのか、両陣営に属する人々がどのような思いでいたのかを語る。そして、町が占領されたら、裏切りがあったら人間はどうなるのか、力強く観る側に訴えかけてくる。特に両陣営にかわるがわる村が占領され、その度に別の人々が密告され粛清されていく様は凄まじい。また、兄弟でありながら両陣営に分かれてしまう悲劇や、思想のせめぎ合いの中に巫女のエピソードを盛り込むなど、群像劇としての重層性もずっしりと感じられる165分の大作である。

本作は、ポルギョの町をいったん占拠した北側が撤退を余儀なくされ、山へ敗走するまでを描いた。どちらの軍部もそのあくどさが強調されていた。人々が主義のために殺し合うことの悲惨さの中に、左翼でありながらどちらの陣営にもくみせずに初志貫徹した男が、結局無力だったのがやるせなかった。

●1995年・朝鮮への帰国船の謎の爆沈『エイジアン・ブルー』堀川弘道監督

『エイジアン・ブルー　浮島丸サコン』は、戦後50年にあたって制作された反戦映画で、サコンとは朝鮮語で事件のことだ。その事件とは、戦時中に強制労働させられていた朝鮮人たちが、戦争終結にあたり、釜山に向けて出航した帰国船の浮島丸が、舞鶴沖で爆沈した出来事のことである。数千人が乗船していたと言われ、政府発表でも549人が亡くなっている。

本作では、大学の授業で提出されたレポートをきっかけに、謎解き形式でストーリーが展開され、レポートに引用されていた行方不明の詩人（レポートを書いた学生の父親（佐藤慶））の手記から、下北の収容所へと昔を掘り起こす旅が始まり、当時の悲惨な様子が次第に明らかにされる。詩人は、収容所で朝鮮人をかばおうとする稀有な存在であった。そこで深く結びついた朝鮮人たちが、これを逃すと帰れないと言われて帰国船に乗ることになり、その船が沈んだのである。やがて彼は爆沈の地舞鶴で灯台守をしていることが判り、子供たちとの再会が、地元の人々の浄財でできた殉難碑の前で実現した。

本作では事件の真相解明をテーマとしてはおらず、人の思いに焦点を当てている。爆沈は米軍敷設の機雷に触れたという説もあるようだが、謎が多い。出航の経緯も謎だ。事件が市民に明らかにされたのは事件の9年も後だった。見ていて気恥ずかしくなるくらい真面目な反戦物だが、映画的にはあまりよい出来とは言えない。だが、その意義は大である。なお、生存者が起こした裁判は、2001年京都地裁で一部損害賠償が認められたが、2003年大阪高裁控訴審、2004年最高裁上告審では全面敗訴した。

●1995年・自由がすべて『ショーシャンクの空に』フランク・ダラボン監督

『ショーシャンクの空に』は、特に映画好きでない学生でも当時好きな作品に挙げることの多かった米国製の大衆的名作である。

不倫の妻を殺した容疑で銀行員の男（ティム・ロビンズが渋い）が終身刑となり収監される。本人は無実を主張しており、腐敗した刑務官が管理する刑務所でも模範的に振舞い、喧嘩の絶えない囚人達の中にあって決して乱れない。図書室を復活させ、囚人の教育に貢献した。所内では外部からの闇物資の調達係の囚人（モーガン・フリーマンがこれまた渋い）と友情を結ぶ。やがて男は節税方法をアドバイスしたことから刑務所長の信用を得、裏金を扱う会計係を務めることとなる。男に重宝した所長は、彼の再審請求を握りつぶした。男は実は脱走のための工作を長期にわたって続けており、所長の腐敗ぶりの証拠を集めていた。脱獄した男は所長の裏金を引出し、夢だった外国生活を手に入れる。本作は仮釈放された友人の調達係が彼を訪ねるところで終わる。最後は痛快の極みだ。基本は娯楽作だが、冤罪の恐ろしさ、人間としての尊厳のある生活、刑務所の劣悪な環境、刑務官の腐敗、犯罪とは何か、司法とは何かなど、訴えるところの極めて多い作品。

本来ホラーで有名なスティーヴン・キングの原作で、普通の観客から斜に構えた映画好きに至るまで、こぞって推奨する類まれな名作。米国のサイトであるインターネット・ムービー・データベース（www.imdb.com）では、本書執筆時点でも歴代1位をキープしている。この作品は劇場公開では赤字だったようだが、米国アカデミー主演男優賞・脚色賞等を受賞。見る人はちゃんと見ている。駄作という人がいたら教えて欲しい。

●1995年・スターリンによる粛清『太陽に灼かれて』ニキータ・ミハルコフ監督

『太陽に灼かれて』は、ソ連・ロシアのニキータ・ミハルコフによる、スターリン時代の悲劇を描いた作品（露仏合作）である。

革命の英雄である大佐が、娘をはじめ一族と楽しく過ごしていた。そこへかつて一族と親交があった青年が久しぶりに訪ねてきた。彼は昔大佐の妻と愛し合っていた。青年は大佐の娘相手のおとぎ話を借りて、自分が愛する人から離されて戦地にやられたのは大佐の罠と暗示した。妻の尋ねにそれを認めた大佐だったが、妻を我がものとしたい気持ちがあったほか、貴族出身の青年を守るためだったと告げる。だが実は青年は粛清を実行する秘密警察だった。大佐はモスクワへ用務ででかけると家族には言い、実際は車で連行される。途中ガス欠のトラックと遭遇、大佐と気付いた運転手を警察は射殺し、大佐にも暴行を加える。最後は字幕で大佐が処刑で射殺されたことが知らされる。青年は翌朝自殺した。

スターリンの粛清は人気のあったキーロフの暗殺以降、反対勢力への対策として実行されたが、少なくとも数百万単位の様々な人々が犠牲になったと言われている。映画にはスターリンの肖像画を下げた火玉が登場して、１９１７年以降の、人々を犠牲にした政権たちを象徴しているが、楽しい生活を描くことで対照的な真実を暗示する。大佐連行の理由は出てこないが、それは粛清に理由などなかったことを表している。本作は第６７回米国アカデミー外国語映画賞（現在の国際長編映画賞）を受賞。第４７回カンヌ国際映画祭審査員グランプリ。監督自身が大佐を演じ、幼い実の娘も登場。その娘は監督のその後の『戦火のナージャ＊』にも登場する。

●1996年・パブロ・ネルーダとの交流『イル・ポスティーノ』マイケル・ラドフォード監督

『イル・ポスティーノ』（伊仏白合作）は、チリの詩人パブロ・ネルーダと亡命先のイタリア人青年との交流を描いた名作だ。チリの詩人パブロ・ネルーダは、１９４５年にチリ共産党に入党、非合法化されて亡命したが、アジェンデ政権下では駐仏大使を務め、１９７１年にはノーベル文学賞を受賞した。しかし、クーデター後のピノチェト軍事政権は癌の彼を弾圧し、救急車から検問で引きずり出されて亡くなったと言われている。南米ではゲバラ同様の英雄だ。

この詩人の亡命先はイタリアの素朴な漁業の小島。主人公は島を出たいと考えている、子供のように無知な青年で、漁業を避け、膨大な量の手紙が来るネルーダ専属の臨時郵便配達夫になる。ネルーダのことはよく知らないが、興味を示しても彼はなかなか相手にしてくれない。ある日隠喩って何？と質問したことがきっかけで交流が始まった。素朴な小島で詩作の原点を体験する青年。その中で故郷の美しさに気づき、抑圧された者を描く詩に触れ、小島が政治的に軽視されている現実を知り、また地元の娘と恋をする。余計なもののない小島の中での２人の交流の描き方が何とも素敵だ。豊かな人間性に根ざした左翼思想がよく伝わる。やがてネルーダは逮捕状が撤回されて帰国。青年は共産主義に傾倒した。数年後ふらりとこの小島を再訪した詩人は、青年が共産党大会での暴動で亡くなったことを知った。

この内容紹介は最低の出来。ぜひ本作の素朴にして豊かな詩的味わいを体験して欲しい！これぞ映画という出来映え。１９９６年『キネマ旬報』外国映画第1位にして、青年役の喜劇俳優が死期を察しての入魂の一作（クランクアップ後他界）。必見。

●1996年・止まらぬ暴力の連鎖『ビフォア・ザ・レイン』ミルチョ・マンチェフスキー監督

『ビフォア・ザ・レイン』は、マケドニア英仏合作で、ユーゴ紛争の暴力の連鎖を描いた秀作。ラストの仕掛けが素晴らしいので、結末を知らない方には、先に読み進めることをお勧めしない。

マケドニア人を殺したアルバニア人少女を匿った若いマケドニア人修道僧が破門され、少女と共に追手から逃れるが、家族に発見された少女は僧を追い、実兄に射殺された。次に、自分のせいで人質を殺され、ショックで写真家活動をやめたピュリッツァー賞受賞者のマケドニア人アレックスは、仕事の拠点ロンドン（彼が出入りしていたオフィスには、甥である若い僧と上記で射殺された少女の写真がある）から故郷に戻る。自分の生家は動乱で荒れ果て、児童すら銃で遊ぶ始末である。国連軍が介入してはいるが、住民は復讐に燃える鬼と化している。かつてのアルバニア人の恋人に会いに行くと、娘がマケドニア人を殺したので助けて欲しいと頼まれ、アレックスは自分の実家近くの小屋に監禁されている娘を解放し（上記の写真では既に射殺されたはずの娘）、怒った仲間から射殺され、少女は修道院に向かう。

こうして物語は永遠に循環する構造を採っており、ユーゴスラビア分裂後の民族や宗教の違いをもとに、いつまでも暴力が無くならない恐ろしさを描いていて、最後に話が最初に戻るとわかったときはショックである。手塚治虫『火の鳥』の八百比丘尼ばりの恐ろしさだ。ユーゴ紛争では分裂した民族同士が反目して一般人同士が殺し合い、本作は分裂後のマケドニア人と元ユーゴの隣国アルバニア系の住民との対立を舞台としている。監督も主演もマケドニア人で、監督の初長編とは思えない出来。第51回ベネチア国際映画祭金獅子賞（第1位）。

●1996年・バルカンの戦乱『ユリシーズの瞳』テオ・アンゲロポロス監督

『旅芸人の記録』『こうのとり、たちずさんで』『霧の中の風景』などで有名なギリシアの巨匠アンゲロポロスは、長編10本目として集大成的な『ユリシーズの瞳』を世に送り出した。ギリシア西欧バルカン諸国を制作国とする3時間弱の長尺で、重厚を極めた一大叙事詩である。

ストーリーは、米国から久々にギリシアへ帰国した映画監督が、同国初の映画監督の幻のフィルムを求めて情勢不穏な東欧を旅し、遂に未現像のフィルムを探し当てるが、現像にあたった技師一家が兵士に射殺されてしまうというものだ。ギリシアからアルバニア、マケドニア、ブルガリア、ルーマニア、新ユーゴとその行程を追う間に、アンゲロポロス自身と思われるこの監督の過去の苦難が回想として登場し、バルカンの歴史が絡んで来る。この作品では、国家が個人を翻弄することへの悲しみが深く静かに、長回しと寒々とした画面で描かれており、最後に技師一家が戦火のサラエボでフィルムの現像に成功した喜びの直後に、兵士から射殺されてしまうというシーンでは、霧の中に連れ去られて音だけで描かれているのに、奇妙な現実感に震撼とする。

ユリシーズとは、原題にあるオデュッセイア（英雄が戦後の凱旋帰国途中に漂泊）のラテン語読みで、久々に帰国する監督と響き合い、神話と現代を融合させる作風につながっている。また、この作品は映画100年を意識したものでもあり、映画フィルムを題材としている。他のアンゲロポロス作品と同様、本気でこの地域の歴史を調べていない観客の理解を許さず、隠喩等の仕掛けに満ちて難解ではあるが、印象深い秀作であるのは間違いない。第48回カンヌ国際映画祭グランプリ（第2位）。

●1997年・階級を超えて『タイタニック』ジェームズ・キャメロン監督

『タイタニック』は、『ターミネーター』『アバター』等で有名なキャメロン監督による米国製感動スペクタクルである。巨費を投じた実物大の船のセットを縦横無尽に動かして作った迫真の映像のもと、階級の違う男女の短く燃える恋を描く。第70回米国アカデミー作品賞・監督賞を受賞。

主人公の貧しい青年は、米国で一旗揚げるために、賭け事で切符を入手しタイタニック号に乗る。船内は貧しい三等船室の旅客と、上級船室の上流階級とが区別されているのだが、青年は知り合った上流階級の令嬢（その息苦しい世界に辟易している）に物怖じせずに向き合い、いじめのために招待された上級船室でも堂々と振る舞い、やがて2人は激しく船内の倉庫で結ばれる。事故の際には寒い海へ放り出される2人であったが、主人公は木端に娘を乗せ、自らは力尽きて海の藻屑となった。娘は最後の力を振り絞ってホイッスルを吹き、幸運にも救助のボートに助けられた。

本作は、その後人生を全うした娘が、老女になって昔を振り返る形で語られる。キャメロン監督はそもそも深みのある作風ではないが、階級差別の実態という社会背景描写の中に、上流階級の虚飾と自己中心性、貧民の心の誠を描き、恋愛映画としても、ここまで来れば秀逸と褒めざるを得ない力がある。もっとも、主人公は超人的に活躍する典型的なアメリカンヒーローである。もし筆者が監督なら、小心者の主人公が蛮勇を振るって船上の出来事に当たり、一世一代の勇気を示すという作り方で深みを出すかもしれない。いまでも主題歌や主要なシーンが思い浮かぶ名作。ハリウッド大作も、ここまで作ればひれ伏さざるを得ない。妻の出産間際に2人で見に行った想い出の作でもある。

●1997年・チョルノービリの悲しみ『ナージャの村』本橋成一監督

本橋成一氏は映画監督としてよりも、写真家としてはるかに著名である。1986年に起きたチョルノービリの原発事故の被災地を巡り、1997年に写真集『ナージャの村』が土門拳賞を受賞している。映画の方の『ナージャの村』は、本橋氏の初監督作品であり、被災地のドゥヂチ村に残る人々の暮らしを追った日本映画である。

作品では、放射能で立入禁止になり地図から消えた村に残っている6家族の生活を追う。細々農林業を営むぎりぎりの生活だが、生まれ育った村を出ては行かないという。もっとも、少ない収入のもとでは引越しも難しい実情があるようだ。人々の健康はどうかと言えば、墓参先で、永眠している人々の中には亡くなって村に戻ってきた人もいるとわずかに語り、最後に棺が村に戻るシーンがあるのみである。その他の時間は、生活の貧しさを伝える部分の他、多くは素朴な暮らしや、そうであるからこそ村人には大きな喜びである結婚式や祭りや子供の遊びなどの光景に割り当てられている。写真集をめくっていくかのような構成だ。ナージャは8歳の娘で、村の学校はなくなっていて通っていないが、近くの町に父親以外が引越して学校に行けるようになった。屈託のない笑顔の向こうに、ナチス・ドイツによる虐殺で多くの村人が奪われ、今度は村そのものを奪われた、ドゥヂチの悲しみが浮かび上がってくる。

チョルノービリは現在のウクライナの北部にあり、北部国境は現在のベラルーシと接している。ドゥヂチ村はベラルーシの南東部にあり、事故当時風下にあった。それが今度はロシアか。映画版の受賞では、エコメディア（ドイツ・フライブルグ）国際環境映画祭グランプリが輝かしい。

●1998年・奴隷制度の告発『アミスタッド』スティーヴン・スピルバーグ監督

『アミスタッド』は、史実である事件を描いた、奴隷制度告発の歴史物（米国映画）である。

1839年、アフリカから違法に連行された黒人たちがキューバで競りにかかり、奴隷としてスペイン船アミスタッド号で運ばれる途中で反乱を起こし、多数のスペイン人乗組員を殺害した。残った乗組員にだまされ、船はアフリカでなく米国に入港。黒人たちは殺人の罪で米国の裁判にかかる。裁判を巡っては奴隷解放論者、スペインや米国南部からの圧力にあう大統領等が絡んだ展開になる。当時においても、農場出身でない奴隷の売買は禁止されており、アフリカ出身と証明できれば開放されるはずで、弁護側はそこにかけ、アミスタッド号内から証拠を得るが、スペインからの圧力と南部への恐れから、大統領側は判事や陪審員を交代させてひっくり返す手に出る。弁護側は丁寧に黒人たちの経歴を調べて、一旦は勝訴する。しかしスペインからの抗議で、大統領は裁判のやり直しを指示、弁護側は弁護士資格のある元大統領アダムズの腰を上げさせる。アダムズは黒人の代表と対等に話をし、裁判では、人間とは何かという根源的な論陣を張って熱弁をふるい、勝訴した。その後南北戦争が起き、南部が負けて奴隷解放宣言が出たのはご存じのとおり。米国が平等のレベルを1段階上げる結果となった時代を描いた。法的やりとりも面白いが、自由平等を勝ち取る陰にたくさんの苦難があったことに思いをはせる作品。

それにしても、食糧不足のために、アミスタッド号から数十名の黒人が海に捨てられたシーンが頭にこびりついている。ドリームワークス設立後、スピルバーグ最初の監督作品となった意味やいかに。

●1999年・怒涛の収容所物『ライフ・イズ・ビューティフル』ロベルト・ベニーニ監督

ロベルト・ベニーニはイタリアの俳優・監督で、コメディでもならしている人だが、イタリア映画『ライフ・イズ・ビューティフル』では、独自の機関銃掃射のようなしゃべり方など、コメディの味わいを散りばめながらも、ユダヤ人迫害の重いテーマを扱った。２００１年のイタリア総選挙での中道右派政権の批判などに見られるように、政治に対する真摯な目を持った人である。

ユダヤ系イタリア人の主人公（ベニーニ主演）は恋に落ち（相手役は現実にもベニーニ夫人）、息子を授かって幸せな3人の生活を送っていたが、息子が5歳のとき、家族はナチスの強制収容所に送られる。そこでの過酷な生活で、彼は息子にこれはゲームなんだと言い聞かせ、最後までそれを押し通し、解放の時が目前に迫った際、息子に隠れ場所を指示した後、銃弾に倒れてしまう。息子はこれがゲームと信じたまま奇跡的に助かるのだが、そんなことが現実にありうるのか、収容所の重い真実をコメディやお涙頂戴で茶化すのかという批判も一部にあった。彼の作風が合わない観客層もあることは想像に難くないが、あの厳しい環境の中で必死に息子を守ろうとした彼の明るい言葉がかえって悲しい。息子につき続けた嘘は結果的に貴重な命の嘘であった。人生の素晴らしさを次の世代に伝えていかなければいけないのだという思いをそこに見たわけだが、それこそがタイトルの意味だと思う。批判があってもたたみかけるような後半の展開には誰もが圧倒されるだろう。収容所を扱った作品ながら、正直なところ、素敵という言葉が脳裏をよぎる。

この作品は第５１回カンヌ国際映画祭でグランプリ（第2位）、第７１回米国アカデミー外国語映画賞（現在の国際長編映画賞）・主演男優賞を受賞した。

●2000年・精一杯の中国映画『初恋のきた道』チャン・イーモウ監督

『紅いコーリャン＊』で有名な中国のチャン・イーモウ監督の『初恋のきた道』は、今の日本では考えられない、幼気な純情の物語である。

舞台は文革期の中国にある辺境の寒村。そこへ教師にやってきた若者をひと目見て恋するようになった地元の娘。学校の建設に関係する人々へ食事を作る役となった娘は、文盲であるため食事で若者に思いを伝えようと必死に料理を作る。声もかけられない忍ぶ恋。やがて意は通じるが、因習渦巻く村では手も触れることができない。教室から聞こえる声にしばし心を満たすのみ。やがて若者を自宅での食事に誘うことができたが、母親から身分が違うからと諭される。次に食事に誘った日、町から来た男に若者は連れ去られ、食べてもらうはずだった餃子の椀を持って追いかけ、転倒して泣く娘。あざとさの微塵もないシーンに観客は号泣するのみだ。娘は来る日も来る日も若者の帰りを待ちわびて町への道を見つめて過ごす。2人の恋は村人の知るところとなった。帰ると言っていた日にも戻って来ない若者。娘は熱を押して町へ向かって歩き、力尽きて倒れる。

話が息子が父の葬儀に帰省するところから始まるため、観客はやがて結ばれたことがわかっているが、この町への道を古いしきたりに従って、伝統的に丁寧に葬列を出すことにこだわる母。本作は、文革の犠牲になった純粋な恋心を描くことで、時代を批判している。中国本土ではこれが精一杯と思うと、そこに込められた思いが胸を打つ。それを感じた審査員が心を動かしたか、第50回ベルリン国際映画祭審査員グランプリ（事実上第2位）受賞作。慟哭の1本。現代人が忘れた心を描く叱咤の1本でもある。

●2001年・有毒物質環境汚染『エリン・ブロコビッチ』スティーヴン・ソダーバーグ監督

『エリン・ブロコビッチ』は、大企業の環境汚染問題を暴き、勝訴したシングル・マザーの物語で、実話に基づいた米国映画である。

主人公は離婚子持ち、無学で上品さのカケラもない職探し中の女性で、自分に落ち度のないはずのもらい事故でも、自分の見かけや言動で陪審員にひっくり返される始末。その時の弁護士を脅して無理矢理その事務所で働くようになる。ここまではよくある陽気な娯楽映画だが、彼女は弁護士事務所にあるファイルを不審に思い、対象の家庭を訪問したことをきっかけに、大企業が水質汚濁を隠して周辺住民の家の買取を図っていると考え、水道局で六価クロムが問題との証拠をつかんだ（会社は無害な三価クロムを使用していると嘘の説明）。それを企業につきつけてからは、全体の対応コストを下げようとしてごまかす企業と彼女側の戦い。更なる証拠集めと訴訟団形成に奔走する日々。裁判が長引くと亡くなる方が出るかもしれないということで、調停で原告側全員の了解を取りかけるが、決定的な証拠を入手、最後は米国史上最大の和解金を得ることとなった。

六価クロムは発がん性が疑われ、地下水等への浸出が問題になるようだ。映画ではPG&E社の貯水池からの浸出が問題で、会社名も実名、タイトルも実在の女性の実名。カリフォルニア州ヒンクリー地下水汚染と呼ばれ、ガスのパイプライン関係で六価クロムが使用されていた。主演のジュリア・ロバーツは、本作で第73回米国アカデミー主演女優賞を得た好演であった。元気だが不運な女性が大きな活躍を見せ、ロマンス等もふんだんに入った痛快娯楽作品。それを深刻な環境問題で成立させるところが面白い。また実名で成立するのもスゴイ。

●2001年・南北国境の友情と悲劇『JSA』パク・チャヌク監督

日本でも当時、韓国映画が多数入ってくるようになっていたが、ブームの火付け役となった『シュリ』が、南北問題を背景としつつも、刺激を求めたアクション映画だったのに対し、『JSA』は、南北対立と人の心を描いた秀作である。

JSAとは、38度線上の共同警備区域（Joint Security Area）のことで、板門店では、南北それぞれの監視所が向かい合い、緊張した日々が続いている。監視員同士は口をきくことも許されていない。そんな中、JSAで射殺事件が起きた。そして、中立国の委員会が、韓国系スイス人の女性将校を中心に、事件の捜査を行う形で真相に迫っていく。実は、南側監視員が地雷を踏んだのを、北側の監視員が助けたことをきっかけに、密かに南北監視員同士の交流が始まり、北側監視所で南北2人ずつの監視員が、親密な友人として夜を過ごしているところを、北側の将校に発見され、発砲に至ったのである。事件の謎などの中身に関しては詳述しないが、事件後もお互いをかばい合い、悲劇的な結末を迎えることになる。

当事者4人の演技は抜群で、同じ民族でありながら南北が反目する中、人間として友情を抑えることのできない様が見事に描かれている。しかし、事件の中で南北対立がその友情に影を落とし、複雑な様相を見せる。本作は、南北どちらが正しいかにはコミットせず（北側の視点、南側の視点の双方から描いている）、政治的軍事的対立が、人間らしい感情を悲劇的に圧迫することを訴えたものと言える。描き方も『シュリ』の派手さはなく、音楽も少なく、じっくりと見せる手法が成功している。

●２００１年・スペイン内戦での共和派連行『蝶の舌』ホセ・ルイス・クエルダ監督

『蝶の舌』は、内線に突入する１９３６年のスペインの村を舞台に、子供と老教師の交流と別れを描いたスペイン映画。スペインでは、１９３１年の王朝滅亡・共和国政府の樹立の後、１９３６年の総選挙で人民戦線派が勝利する。しかし、労働者階級の台頭に対し、富裕階級が軍部に働きかけ、クーデターが勃発、フランコ将軍が独裁を達成する１９３９年まで、凄惨な内戦が続く。本作では、自由主義の台頭と反動クーデターという大きな時代の転換期が背景になっている。

８歳の喘息持ちの少年が、人より遅れて小学校に入り恐怖に怯えているのを、担当の老教師が優しく接して交流を深めていく。この教師は、机上の知識よりも自然の中で生きた知識を教え、決して児童に体罰を与えず、親からの贈り物も受け取らない、のびやかで理想的な教師として描かれている。しかし政治情勢は不穏で、この教師は引退の挨拶のときに、児童に自由に飛び立てと言葉を残し、共和派であることを隠さなかった。やがてクーデターにより、共和派の取り締まりが始まり、この教師も縛られて連行されることになる。村人は自分たちを守るため、心ならずも罵倒の言葉を浴びせかける。この教師を慕っていた少年は、母親に言われてこの教師を罵倒し、混乱して、教師との暖かな交流を象徴する別の言葉（「蝶の舌」、老教師の話から興味を持ち、少年が観察したいと願っていたもの）を口にしながら、投石する。少年を目にした教師の疲れ切った表情と、８歳では受け止めきれない様々の現実に混乱する少年の表情が印象的。

処刑に次ぐ処刑の暗黒の時代、老教師の魂の叫びに切なくなる。普通の民主主義を志向しただけで命を落とす時代、二度とごめんである。

●2001年・在日コリアンが日本軍の特攻兵に『ホタル』降旗康男監督

『ホタル』は、『駅・STATION』『居酒屋兆治』『あ・うん』『鉄道員（ぽっぽや）』『少年H＊』等で有名な、降旗康男監督の傑作。九州大学にOBの当時の東映社長が講演に来た際、福岡での試写に先がけて見る機会があった。主演の高倉健と監督が講演後のQ＆Aに同席、驚きだった。

昭和から平成に時代が移る時期を舞台に、生き残った特攻兵とその関係者がどんな思いでその後を生きて来たかを丁寧に描き出す。元特攻兵の山岡と妻の知子（高倉健・田中裕子）を主軸に物語は展開、昭和の終わりと共に自殺した別の元特攻兵の孫娘が山岡を訪問、次第にあの時代に散った若者の悲劇を理解していく。当時知覧の母と呼ばれ、特攻兵最後の夜の食事を世話した食堂のおかみが、右の娘の若さに当時の悲劇を痛々しく思い出し、山岡に、体のきかなくなった自分のかわりに、特攻で散った在日コリアン金山の遺品を韓国に届けて欲しいと頼んだ。実は知子は金山の許嫁であった。山岡は肝臓疾患で先行き短い知子を連れ、金山の一家に、金山の遺品を渡し、金山が山岡に残した、知子と故国に対する言葉を伝えた。その日2人は、金山が特攻で散っても蛍になって帰って来ると言ったその蛍を目にしたのだった。

導入部の出来が今ひとつで、蛍のCGも余計な気はしたが、出演者の入魂の演技は迫力がある。特に高倉健の抑制の利いた演技と、食堂のおかみ役の奈良岡朋子の慟哭がよかった。当時のことを語るようになるまでの過程を丹念に描く点では『月光の夏＊』に似ているが、特攻における在日コリアンの犠牲を描いている点が新しく感じた。批判があったことも承知しているが、フィクションとして、特攻の悲劇をもたらした戦争に対する憎悪を、深く静かに訴える佳作である。

●2002年・日本軍による中国寒村での殺戮『鬼が来た！』チアン・ウェン監督

『鬼が来た！』は、『芙蓉鎮』『紅いコーリャン＊』主演のチアン・ウェンの監督第2作で、第53回カンヌ国際映画祭でグランプリ（第2位）を得た、斬新な戦争映画である。

舞台は第2次世界大戦中1945年の中国にある、日本軍の駐留する寒村。夜何者かに日本兵と中国人通訳の2人を預かるように命じられた男が、村人とともに半年も右往左往する。日本兵と村側が次第に打ち解け合っていくまでの過程がコミカルに描かれていく。日本兵の提案で、日本軍に届け出られた贈り物が半年の世話の礼として村に届けられ、村人と日本陸海軍の兵士とで祝宴が始まった。ここまではややまぬけなおかしみのある展開だが、些細なことをきっかけに、ここから狂気の殺戮の嵐が始まる。この作品の予備知識のない観客は、あまりの落差に恐怖を覚えるだろう。しかし、決して不真面目な気持ちで戦争をコミカルに描いたわけではなく、この落差を観客にたたきつけるための演出であったことがわかる。このわけのわからない落差は、そのまま戦争の恐怖を表しているのだ。しかもこの殺戮は玉音放送の後なので、不可解さが極まる。

監督は、綿密な取材で日本軍の描き方も正確を心がけたというが、大掛かりなセットなどとも相まって、映像としての出来も素晴らしい。戦時下の真実を再現することにより、死や危険を前に人間がどうなるかという問題を扱ったという。主人公の男は殺戮を免れ、後日ふとしたきっかけから復讐の行動に出て、新しい中国指導層に極刑になってしまう。新指導部の描き方も批判的で、物事を疑ってかかる姿勢が読み取れる。香川照之が軍曹役で登場しており、撮影日記を出版しているのが興味深い。

●2002年・金大中事件『KT』阪本順治監督

『KT』は、『顔』『闇の子供たち＊』『半世界』等で有名な阪本順治監督の、金大中事件を描いた日韓合作で、原作は中薗英助著『拉致　知られざる金大中事件』。KTは金大中氏のイニシャル。

1971年の韓国大統領選挙で、現職の朴大統領に対して金大中氏は善戦し、民主化勢力が勢いを得た。翌年同氏が支援を求めての外遊中、朴大統領は戒厳令を敷いて、同氏の帰国を困難にした。金大中事件はこの後1973年に発生。東京のホテルで同氏は拉致され、車で大阪へ、大阪からは貨物船で運ばれ、釜山からさらに連れまわされた末、自宅付近で解放された。拉致現場に、在日韓国大使館の書記官の指紋が残っていたため、大きな問題となったが、韓国側は日本の調査要請を拒否、韓国の警察も成果をあげられず、その後日韓のトップ会談で、同氏の生命保証と引き換えに、真相不明なままでの政治的決着が図られた。本作では、一般によく言われているとおり、金大中氏が洋上で海に沈められようとするところを、米国に要請された日本が、自衛隊機を派遣して警告したために、命が助かったとしている。大変謎の多い事件だが、本作は大胆に脚色され、自衛隊の特殊任務も大きな要素となっており、重厚な政治サスペンスになっていて、娯楽映画として一級品である。

阪本監督の作品には、力強く腕力を描いた活きのいい娯楽作品も多く、決して非民主的体制の危険を訴えようとした社会派の作品であるとは言い難いが、このような作風の監督が、一見集客力が弱いと思えるようなテーマに力を発揮したことは、日本映画界にとってよい刺激になったことであろうと思う。

●2002年・アカデミー賞でのメッセージ『戦場のピアニスト』ロマン・ポランスキー監督

『戦場のピアニスト』は、ナチスによる壮絶なユダヤ人迫害を語る、英独仏蘭ポーランド合作である。ポランスキー監督は『ローズマリーの赤ちゃん』『テス』『オリバー・ツイスト』『ゴーストライター＊』等で有名。

第2次世界大戦下のポーランドを舞台に、若きユダヤ人ピアニストが命を賭けて逃避行を続けた。本作はピアニストの実話に基づいており、ドイツ軍に捉えられかけ、ピアノを弾いて助かるという、有名なエピソードが最後に来る。彼は戦後ポーランドの国民的ピアニストになった。

迫害の描写は圧巻で、まさかここまでという暴虐に、観客があっと声を上げる場面もあった。反戦の志において立派な作品であるが、ピアノから離れる不幸は、もう少し丁寧に描いてもよかったかなと感じた。また、ユダヤ人警察の描写が目新しかった。第55回カンヌ国際映画祭でパルム・ドール（第1位）を獲得し、第75回米国アカデミー監督賞・主演男優賞・脚色賞を得た。主演男優は、アカデミー賞の授賞式で、挨拶に続き、非人間的戦争の終結を訴えた。イラク戦争に出兵している友人への思いがにじんだコメントであった。この他、ブッシュ大統領に恥を知れと叫んだマイケル・ムーア監督をはじめとして、司会や受賞者の中からも反戦メッセージを発する人々がいた。会場の警備はものものしく、このときは特別な授賞式だったと思われる。『千と千尋の神隠し』で受賞した宮崎駿監督も、静かに反戦を訴えるメッセージを残した。ポランスキー監督自身がポーランド系ユダヤ人で、収容所の中で母を殺された悲惨な過去を持つが、悲惨過ぎて『シンドラーのリスト＊』の監督を断ったのは有名。

●2002年・米国知識人の米国批判『チョムスキー9・11』ジャン・ユンカーマン監督

『チョムスキー9・11 Power and Terror』は、日本人の企画・制作、日本に留学経験のある監督による、ノーム・チョムスキーへのインタビューと講演を中心に構成された日米合作ドキュメンタリー。チョムスキーは、米国の横暴を告発する知識人として有名だが、本来は言語学者で、筆者も、彼の生成文法理論による現代英語の分析をテーマに、大学院生時代を送った。監督は『映画日本国憲法*』も制作。

話し方は大変温厚だが、誰に遠慮することなく米国批判を展開している。ニューヨークのテロは、抑圧する側の国で多くの犠牲者が出たことが歴史的で、米国人が世界の中での自分を考えるきっかけになると指摘している。世界大戦の戦勝国である米国は勝てば官軍で、敵国の行為を戦争犯罪として裁き、自分の行為は免責した。戦後は、必要なら他国の抑圧政策にも加担した。イスラエル（チョムスキーはユダヤ系）もそうだし、クルド人を抑圧しながらも基地を提供するトルコもそうである。ベトナムや南米、アフガン（支援だけでなく賠償を！）を見ても、米国こそ最大のテロ国家である。米国にイラクを批判する資格はない。米国は他国に課す基準を自分にも適用すべき、と主張。

このように本作は展開するが、米国のメディアや多くの知識人が彼を煙たがる。メディアは米軍の残虐行為を意図的に隠し、知識層もよく躾けられているからだという。チョムスキーの話は、膨大な事実を紹介しながら進行し、強い説得力を持つ。ブッシュもクリントンもブレアもなで斬りだ。日本や北朝鮮、イスラム世界にまで話は及ぶ。食い入るように彼の話を聞き、興奮気味に開眼の弁を述べる聴衆のシーンも印象的だった。

●2003年・大自然は戦争を笑っている『美しい夏キリシマ』黒木和雄監督

『美しい夏キリシマ』は、黒木和雄監督の戦争レクイエム3部作の第2作で、監督の故郷宮崎県えびの市で監督の実家を中心にロケを行った作品で、終戦直前の田舎を舞台に、正気を次第に失っていった少年（監督自身がモデル）の話である。

この15歳の少年は、動員先の工場で空襲に見舞われ、友人を救えず、見殺しにした罪悪感に苛まれて、実家で鬱々としていた。終戦直前の夏、この田舎でも、軍人の横暴、戦争未亡人の悲惨な生活、招集を受けて引き裂かれる恋人同士等、戦争が人々のまともな暮らしを奪っている。少年は死んだ友の妹を訪ねるようになるが、心を許してくれず、祖父がかつて有力な軍人であった裕福な家に暮らしながらも、厳格な祖父や戦争によって狂う日常に、次第に自分自身正気を失い、掘った穴に立てこもるようにすらなってしまう。

監督は、かつての戦争前夜の雰囲気に似た日本の状況に、戦争を描かずにおれないでいると言う。しかしその作風は、山本薩夫や小林正樹のような戦争の愚かさを観客に突き付けてぐいぐい引っ張っていく作品とは対極にあり、直接の戦闘シーンは一切なく、銃後の田舎を力みなく瑞々しく描きながら、最後に観客は知らないうちに戦争の愚かさが身に染み入るようになっている。戦争があろうとなかろうと美しい霧島の大自然があって、愚行や悲劇を繰り広げる人間の世界を軽々と呑み込んで動じない。そういう背景を静かに丁寧に描いているからこそ、戦争がいよいよ馬鹿馬鹿しいものに感じられるのである。2003年『キネマ旬報』日本映画第1位となった。DVD収録の対談に思わず長時間耳を傾けてしまった。

●2003年・夜間中学の人々『こんばんは』森康行監督

『こんばんは』は、東京の夜間中学を描いたドキュメンタリー映画である。

夜間中学とは、公立の中学校の夜間学級のことで、通って来ている方々は様々な背景を持つ。本作でも多くの人々が取り上げられている。戦後家庭の事情で働き、十分学校教育が受けられず、読み書きができない工場経営者、老妻の介護をしながら学ぶ高齢者、高齢の在日コリアンの女性、戦乱を逃れて日本に来た外国人の若者、不登校で人とのコミュニケーションが苦手ないわゆる引きこもりの若い男性などなど、年齢や国籍が様々の方々。それぞれの事情や、夜間中学に来ることになった経緯などが描かれる。山田洋次の『学校』の教師のモデルとなった先生も登場し、学びを求めて集まった生徒たちとの暖かい交流が見られる。

公立の夜間中学校は修了証が出るが、昭和20年代の発足後、30年代には全国で80カ所以上を数えながらも、2022年時点では40にとどまる。公立では2000名近くの生徒がいるが、ボランティア運営の自主夜間中学には、その3倍以上の生徒がおり、公立夜間中学の新設の運動が全国にある。形式的には中学校を卒業しながら、不登校等の理由で学び直しをされる方々もあり、不登校状態にある中学生の居場所にもなるのではないかとも言われ、九州では公立がゼロだったのだが、文科省も各都道府県に1つは欲しいと言っており、福岡市に出来た。夜間中学でボランティア講師もして熱心なのが前川喜平氏。文科省自体は前向きと言えると思うのだが、肝心の地方自治体の反応はにぶい。外国籍の生徒が圧倒的に多いからであれば残念だ。この作品は、2003年『キネマ旬報』文化映画第1位になった。なお、『こんばんはⅡ』の上映が2022年に始まった。

●2003年・米銃社会告発『ボウリング・フォー・コロンバイン』マイケル・ムーア監督

『ボウリング・フォー・コロンバイン』は、マイケル・ムーア監督が『華氏911＊』で世界的に有名になる前に、映画界で注目された米加独によるドキュメンタリーで、切れ味はこちらの方が勝るかもしれない。第55回カンヌ国際映画祭第55回記念賞を受賞。

コロラド州の小さな町であるコロンバインの高校で1999年に起きた、2人の生徒による銃乱射事件（13名射殺）を導入に、米国ではなぜ銃による犠牲者が多いのかという問題を考える形で、米国の社会や政策の歪みを浮き彫りにしている。映画では考えられる理由を次々と排除する。例えば、当時家庭への銃器の普及率が米国並みのカナダでは、銃による殺人が桁違いに少ない（玄関に鍵をかけないのには驚いた）ので、単に銃器が多いからではない。そこで行き着くのは米国の社会の問題だ。カナダと異なり、米国では医療や失業への援助がお寒く、また全米ライフル協会が銃器所有の主張に躍起になり、会員が爆弾事件まで起こしている。この他白人の血塗られた歴史にも触れ、監督は、上記乱射事件で怪我をした生徒とともにスーパー本部に押しかけて銃器販売中止を勝ち取り、全米ライフル協会会長である俳優に突撃取材を敢行するなど、見所もたくさんで、優秀なドキュメンタリーが上質なエンターテイメントたりうることを証明してみせた。コメディ的な味付がしてあり、日本では類作が見られない珍しさだが、諧謔は決して本作の本質ではない。

日本でも『華氏911＊』の影響であろう、本作はドキュメンタリー映画であるにもかかわらず、ゴールデンアワーに地上波で放映された。その意義は大きい。

コラム② 感動作

ひとりいい歳をした大人が暗い部屋で映画を見ながら泣いているのです。ちょっと近づきがたい光景ですが、怠惰な生活に喝を入れてくれた映画たちには感謝しています。左記のラインナップを見て、これは処置なしだと思う方も多いでしょう。なぜこちらが本にならないのだろうと自分でも不思議に思いますが、世の中に送り出す優先順位というところでしょう。

『愛する』『阿弥陀堂だより』『クライマーズ・ハイ』『前科者』『そして、バトンは渡された』『アンジェラの灰』『ゴースト：ニューヨークの幻』『あ・うん』『あん』『おおかみこどもの雨と雪』『この森で、天使はバスを降りた』『青いパパイヤの香り』『朝が来る』『おもひでぽろぽろ』『この世界の片隅に』『赤毛のアン』『かぐや姫の物語』『薄れゆく記憶の中で』『怒りの葡萄』『風の丘を越えて：西便制』『居酒屋』『駅／STATION』『Always 三丁目の夕日』『赤ひげ』『いつか読書する日』『駆込み女と駆出し男』『さくら』『サマーストーリー』『あした』『ウェディング・バンケット』『奇跡の海』『山椒太夫』『静かなる決闘』『あの子を探して』『キネマの天地』『ジョイ・ラック・クラブ』『たそがれ清兵衛』『罪の声』『日日是好日』『野菊の如き君なりき』『八日目の蝉』『半落ち』『陽のあたる教室』『ブルックリン横丁』『蛍川』『マーティ』『マディソン郡の橋』『我が谷は緑なりき』『我が道を往く』ああ、紙面が足りません…

●2004年・ブッシュ大統領告発劇場『華氏911』マイケル・ムーア監督

『華氏911』は、米国の銃社会を批判したドキュメンタリー『ボウリング・フォー・コロンバイン＊』で米国アカデミー賞を受賞したときに、ブッシュ米大統領に対して「恥を知れ」と言ったマイケル・ムーア監督の作品（米国映画）である。

内容はブッシュ大統領の告発で、大統領選での不正、オイルダラーまみれであること、それ故に9・11の際に迅速な対応をとらなかったこと、イラクに戦争を仕掛けたことなどが、風刺のおかしみも織り交ぜながら語られる。またインタビューによって、多くの人々の説得力のあるブッシュ批判が聞ける。白眉はある女性の転向で、従来米国の正義を信じて家族を兵として送り出してきた女性が、息子を大義なきイラク戦争で失い、米国の欺瞞に目覚めて行動を起こす様をカメラで追っている部分だ。思わず落涙するエピソードである。イラク戦争に殺人マシンとして派遣されたのは、スカウトされた貧困層である。ムーア監督は自ら議員に突撃インタビューを敢行、なぜ自分たちの子供をイラクに送らないのかと迫る。この他多くの納得のいかない不正義を本作は暴き出す。思わず快哉したくなる。

ところが、それはそれこそ監督に洗脳されたのであって、民主党が操っているという批判さえあり得る。確かに『チョムスキー9・11＊』の理性的な権力批判に比べると、あまり品のある出来とはいえない。しかし、ブッシュもムーアも情報操作という点で同罪だとは思えない。第57回カンヌ国際映画祭パルム・ドール（第1位）を獲得した。欧州での評価に押される形で、ディズニーが配給を拒否した逆境の中でも世界中でヒットした。

●2004年・外食産業と肥満『スーパーサイズ・ミー』モーガン・スパーロック監督

『スーパーサイズ・ミー』は、監督のデビュー作であり、映画祭に出品されてからあっという間に世界に広がった米国映画。

完全な娯楽ドキュメンタリーだが、背後の問題意識は重要だ。米国で2人の少女が、自らが肥満になったのはマクドナルドのせいだと訴え、同社の食品と肥満との因果関係が立証できずに敗訴したことがあったが、監督は、1カ月口にするものは水を含めてすべてマクドナルド食品、という人体実験を自ら実行した。全てのメニューを一度は食べ、残さず、スーパーサイズ（コーラなど1ℓ以上ある！）のセットを勧められたら断らないという条件を自らに課した。次第に体重が増え、健康を害し、周囲の医者たちを心配させる様をカメラが追う。結果として体重は10キロ増え、脂肪肝状態になり、医者からは続けたら死ぬと宣告された。実験開始数日後から症状が監督を悩ます。実験進行の間に、栄養表が店舗のわかりやすいところに置いてないこと、米国人の肥満に関する統計など、様々のトリビアが紹介されていく。

自虐的お笑い系だが、内容は興味深い。ファーストフードに頼った食生活に問題ありと、誰もが感じているが、それを堂々と実験で明示、40％が外食に頼り、毎日4人に1人がファーストフード店に行く米国食文化の歪みをあぶり出す。子供の4割近くが肥満、成人の6割以上が過体重か肥満という米国社会が、強力なロビイストを持つ巨大食品産業の収益追求の結果であると批判。この映画の反響でマクドナルドがスーパーサイズの取り扱いを中止したが、焼け石に水か。監督は体重をもとに戻すのに14カ月かかったそうだ。日本で上映されていないようだが続編もある。

●2004年・日本にもある子供の貧困『誰も知らない』是枝裕和監督

『誰も知らない』は、『歩いても歩いても』『そして父になる』『海街diary』『万引き家族＊』等で有名な、社会派是枝裕和監督の作品で、日本の子供の貧困を、実在の事件をもとに描いた。第57回カンヌ国際映画祭男優賞を受賞。

描かれる一家は母親と、父親の違う5人の子供たち。子供たちはいわゆる無戸籍状態。母親と主人公である長男の2人暮らしを装い、残る4人の子供たちは外部に存在を知られないようにベランダにも出ない。子供たちは学校にも行っていない。ある日母親は帰宅しなくなり（1度だけ戻った）、長男は母親の行先を突き止めるもどうにも出来ず、不良少年との付き合いを経てお金も減り、母親からの仕送りも滞りがちとなって、滞納で電気が止まり、水道も止まり、公園の水道から水を汲む生活となった。年長の子供たちの努力ではどうにもならず、家は散らかり放題、コンビニの廃棄に回る弁当をこっそりもらって生活する状態に。長男は精神的に追い詰められ、一時外で遊んでいるわずかの間に妹が椅子から落ちて死亡、スーツケースに隠し空港近くに埋めることになった。

身近でも同様の悲劇が起こりうる。自分がもし失職したら、多額の負債を抱えたらと想像し、他人事とは思えなくなる。ラスト近くで妹が埋められた後、上空を文明を象徴する航空機が、轟音をたてて通過していく対照が痛々しかった。監督は、「日本の問題ばかりを取り上げ、反日映画人」などと言われることもあるが、本作が、実話をもとにした作品であることを忘れてはならない。筆者が子供の頃に、極貧の母親が、子供に10円で買ってきたパンの耳を食べさせて自分は衰弱死した、という新聞記事の大きな見出し、「母ちゃんは頑張った」を見て号泣したのを思い出した。

●2004年・広島で自分の幸せを拒む女性と幽霊の父『父と暮せば』黒木和雄監督

黒木和雄監督が、記憶の中で大切にしているものを世に残すべく撮った、戦争レクイエム3部作の第3作である『父と暮せば』は、井上ひさし原作の舞台を翻案したもので、宮沢りえと原田芳雄の演技が光る佳作だ。

昭和23年の広島が舞台で、原爆で1人きりになった若い図書館勤めの女性が、GHQの影響で集めにくい原爆関係資料を探している大学人の青年（浅野忠信）に好意を示されるが、原爆で亡くなった方々に対し、生き残った自分が幸せになるのは申し訳ないと感じて、青年に対して自分も好意を持ったにもかかわらず、頑なにその気持ちに従おうとしない。そこへ原爆で亡くなった父が幽霊として現れ、2人を結びつけるために、何とか娘の心を開かせようとする。このあとは圧巻の2人芝居が続く。父親が娘の恋にやきもきする図式は、下手をすれば喜劇性が勝ってしまうこともあるが、この作品では背後に大きな悲劇を伺わせ、決してバランスを失わない。2人が語り合う中で、女性が父親を見殺しにしたというトラウマが癒され、女性は青年の原爆資料を預かることとし、父は向こうの世界に帰っていった。

戦争の残酷なシーンを中心にした作品ではないが、人心が戦争でどんなに辛い目にあったかがひしひしと伝わってくる。昭和一桁世代で、戦争の真っ只中に育った監督は、日本があの時代に似た状況になってきているため、戦争のことを元気なうちにどうしても撮っておきたいという思いであると言い、矢継ぎ早に『美しい夏キリシマ＊』『父と暮せば』と撮った。当時、その後も戦争に関係したものを撮りそうだということだった。

●2004年・ゲバラの若き日『モーターサイクル・ダイアリーズ』ウォルター・サレス監督

日本ではブラジルの社会派映画『セントラル・ステーション』で有名になった監督の作品で、キューバのゲリラ指導者チェ・ゲバラの青春時代を描くロード・ムービーだ（アルゼンチン・チリ・ペルー英米独仏制作）。制作総指揮は、『モンタナの風に吹かれて』等で監督も務めた俳優ロバート・レッドフォードというメジャー作である。

医学生だった彼は、友人とともにおんぼろバイクで、ブエノスアイレスからベネズエラまで南米大陸縦断を試みる。もちろん貧乏旅行だ。夢を語りながらも、未知の地で騒ぎを起こしたり、バイクから落ちたり、無鉄砲な旅だ。チリでバイクがとうとう壊れ、ヒッチハイクに切り替える。喘息持ちの彼が貴重な薬を土地の人に分けるなど、貧しい人々の困窮が描かれるが、鉱山の厳しい労働、思想を理由に土地を奪われる人など、2人は過酷な世界を見せつけられた。ペルーに入ると、2人は医療施設で働き出し、病人とスタッフを隔絶するやり方を無視して、病人と交流をはかる。さらにいかだでベネズエラ入りしてゴールした2人は、見聞から人生の原動力を得るに至った。1人は科学発展の道へ進み、ゲバラは革命家への道を歩み始めることとなった。

この作品は、ゲバラがどのようにゲバラになったのかを考える上でも興味深い。本人が原作を書いているので、それもそのはずだ。無鉄砲な青春の中に、のちにつながる情熱を見てとることができる作品。ゲバラに同行した友人は、ゲバラの鳩子が演じたそうだ。実は『シッコ*』で、ゲバラの娘がキューバの医師として登場したのだが、それがきっかけで筆者は本作を見ることとなった。父の志を受け継いで医者になったのだろう。

●2005年・護憲のために『映画日本国憲法』ジャン・ユンカーマン監督

『映画日本国憲法』は、『チョムスキー9・11＊』のジャン・ユンカーマン（米国生まれ、日本在住38年）による日本映画だ。ジャーナリストであるが、記録映画も手がけている。

周知の内容が多いが、次々と関係者の発言を追うドキュメンタリーで、護憲運動に勇気を与える。日本国憲法は押しつけによらず、国民が政府権力を制御するための憲法を敢えて変える必要はなく、不戦の9条は諸国の信頼を得る上で貴重である、という考え方を、世界の著名人へのインタビューで展開、憲法改定論議は国際的問題だと思い知らされる。以下、登場する人々。

・ベアテ・シロタ・ゴードン：GHQ民政局スタッフ
・バン・チュンイ：中国の映画監督
・シン・ヘス：韓国挺身隊問題対策協議会共同代表
・カン・マンギル：韓国の歴史学者
・ジョゼーフ・サマーハ：レバノンの新聞編集長
・ダグラス・ラミス：政治学者
・ミシェール・キーロ：シリアの民主活動家
・日高六郎：元東大教授、社会学者
・ジョン・ダワー：GHQ占領関係の著作でピュリッツアー賞
・チャルマーズ・ジョンソン：元CIA顧問、政治学者
・ハン・ホング：韓国聖公会大学人権平和センター所長
・ノーム・チョムスキー：米国言語学者

（以上全くの順不同）

この他、沖縄の反基地闘争、従軍慰安婦問題等も織り交ぜ、小泉氏など歴代内閣の米国追随による無策も批判。全く商業上映に無縁のつくり。ぜひ『映画日本国憲法』を検索し、公式HPを読んで欲しい。

●2005年・大和乗組員の悲劇『男たちの大和』佐藤純彌監督

大手が制作、豪華キャストで、角川春樹氏のプロデュースによる戦争物というと、真摯な反戦物とは全く趣を異にする過去の大作をいくつも思い出すのだが、『男たちの大和／YAMATO』は悪くない。確かに原寸大のセットを公開後の見世物にするなど、商業主義の臭いはかなり強く、時代考証等で疑問視する向きもあるようだが、志はあると思う（そういう判定を行う筆者も不遜であるが…）。原作は辺見じゅん氏による、関係者への徹底取材に基づくドキュメントである。佐藤監督は『君よ憤怒の河を渉れ』『人間の証明』等でも有名。

戦艦大和は終戦の年の4月、米軍の沖縄侵攻を受けて無謀な出撃を命じられ、東シナ海に沈んだのだが、本作は、仲間思いで軍の体質に批判的だった二兵曹が大和から生還し、社会に尽くして生涯を全うし、その娘が、元乗組員で特別少年兵だった枕崎の漁師を訪ね、大和の没した地点へ漁船で出かけ、父の遺灰を海に撒くまでを描きながら、当時の様子が回想形式で語られる。少年兵がいかに痛々しく出撃を迎え、それがいかに狂気の沙汰であったかが描かれる。右傾的な愛国心の文脈では語られず、本来瑞々しい青春を送るはずだった若者たちの、愛する人を守りたい一心で戦争に身を委ねた悲劇を掘り起こした。

上層部ではなく、末端の兵士たちを中心に丹念に人の想いを描いたこともあって、戦争賛美とは考えられないが、かといってがちがちの反戦物とも言えない、微妙なバランスの上に立つ出来だと思う。命を散らした方々への鎮魂歌といった作品だが、大和は、辺見じゅん氏と角川春樹氏らによる「海の墓標委員会」が、深海探査艇で海底に発見したのだった。

コラム③　ＨＰの映画たち

筆者のＨＰには映画の項目があり、「映画の授業（コラム⑤）」「私のベストテン」「大林宣彦監督のこと」「佐々部清監督のこと」「映画関係の著作（コラム⑧）」「過去に見た作品」のコーナーがあります。

大林監督については本書の各所で言及しています。佐々部清監督は、過去の映画関係の著作でお世話になった荒木正見先生の御尽力で、九州大学の授業「映画の世界」にゲスト講師としておいでいただけたのがよい思い出です。

「過去に見た作品」では、これまでに見た二千本程度の作品の記録をつけています。邦題、英語タイトル（これは英語屋らしいですね）、公開年、『キネマ旬報』誌での邦画・外国映画別の年間ベストテン順位、監督、制作国、筆者の評価、筆者の1行コメントを掲載しています。タイトルはほぼ全て収録しているのですが、まだ欠けている情報も多く、追加作業中です。一方で人生の残り時間であと何本見られるのだろうと、引算人生観に苛まれています。

ベストテンや「過去にみた作品」の評価やコメントは全く個人的なものです。ノートにつけていても失くすかもしれませんし、後で修正も利きません。いっそエクセルで作ればよかったと後悔しています。何せＨＰ上で完全な五十音順にソートするのは大変な手間ですから。本書では鑑賞作品の復習が出来たことがとても嬉しかったです。

●2005年・ナチス終焉『ヒトラー　最期の12日間』オリヴァー・ヒルシュビーゲル監督

『ヒトラー　最期の12日間』は、ドイツ降伏間際のヒトラー周辺を描いた独墺伊作品で、ナチス全盛期の横暴ではなく、狂気に満ちた哀れな最期を取り上げて、人間ヒトラーへの切り込みを意図している。ヒトラー秘書のユンゲの回想録に基づくものである。

本作はユンゲを中心に、ベルリンの地下要塞にこもり、圧倒的不利の戦局の中でも抗戦を煽り立てるヒトラーと、周囲の混乱が描かれる。将校たちは、ヒトラーにあくまで忠実な者、見限って逃亡する者、地下要塞で酒に溺れる者など様々だ。お馴染みのヒトラーの絶叫調で非現実的な指令に振り回されて、周囲がおかしくなっていく様子が丁寧に描かれる。やたらに明るく振る舞う愛人エバも秘書たちも、子供らを薬殺し自殺するゲッペルス夫妻も、最後の一兵までの徹底抗戦を主張する一部の将校も、踏み外した人間たちの哀れさにまみれている。ヒトラーも最後に苦しむ1人の人物として描かれているが、ヒトラーへの同情を引き出すことが目的なのではなく、こんな人物たちがとてつもない罪悪を犯したということの悲劇性を強調している。ラストでは、老身のユンゲ自身が登場し、当時ナチスに加担した無知を悔いる弁明をしている。

これはやはり反戦映画だ。数々の惨劇や地下要塞の狂気の描写の中にあって、戦場の異様な空気の中でも市民を守るべく動き回る医者、あまりの惨劇に人間性を回復するヒトラー・ユーゲントの少年、ヒトラーに市民擁護を訴える将校など、良心の存在が随所に散りばめられている。ヒトラーが登場する映画作品は多くあるが、なぜか手塚治虫の『アドルフに告ぐ』を思い出した。本作同様、こんな人物が多くの人々を巻き込んだのかと思わせる点で共通している。

コラム④　積み残しの作品たち

この本に載せるべきでも掲載できなかった作品が多くあります。元々の『反戦情報』誌での連載が月に1回のペースでしたので、そもそも原稿になっていなかった作品も多いですし、一旦入稿した後で鑑賞した作品も多く、そうした作品たちには、ごめんなさいと頭を下げている自分がいます。このページの紙面が許す限り記してお詫びします。

『はりぼて』『ラーゲリから愛を込めて』『夢見る小学校』『ニューヨーク公共図書館エクス・リブリス』『少年の君』『命の停車場』『グリーンブック』『小さいおうち』『護られなかった者たちへ』『悲しみは空の彼方に』『ダンケルク』『異端の鳥』『花戦さ』『おみおくりの作法』『百年と希望』『教育と愛国』『ドンバス』『さらば、我が愛　覇王別姫』『芙蓉鎮』『子どものころ戦争があった』『プラトーン』『不毛地帯』『裸の島』『典子は今』『名もなく貧しく美しく』『トゥルーマン・ショー』『時計仕掛けのオレンジ』『天と地』『父と暮せば』『セントラル・ステーション』『戦争と人間』『切腹』『西部戦線異状なし』『スミス都へ行く』『醜聞』『シチリア！シチリア！』『サウンド・オブ・ミュージック』『この子を残して』『告発』『故郷』『金環蝕』『ディア・ピョンヤン』『朝が来る』『学校』『キューポラのある街』『人間の條件』『典子は今』『ユリシーズの瞳』『米』『ブラス！』『原発をとめた裁判長』紙面が尽きます…

●2006年・終戦後も中国で戦わされた日本兵たち『蟻の兵隊』池谷薫監督

不勉強な筆者は知らなかった（もともと勉強していないが…）。戦後中国に残留させられて、戦争を続けた兵が2600名もいたことを。中国で終戦を迎えた彼らは、上官澄田四郎中将の命令で、国民党系軍閥閻錫山に加わり、共産党軍と戦った。捕虜としての抑留生活の後、兵士たちは1954年までに帰国したのだが、軍籍上は、1946年には現地除隊扱いになっていた。

映画『蟻の兵隊』は、日本軍山西省残留問題を扱ったドキュメンタリーである。この問題は1991年に草の根的に出てきた。現地除隊扱いへの異議申立てが却下され、恩給問題へと発展、2001年に訴訟となった。2005年には、最高裁で上告棄却という結末を迎えている。本作は、当事者の1人である奥村和一氏が、中国へ証拠集め等を目的に出かけるなど、日々の活動の様子を追う。政府・司法の言い分は、当時残留者を除隊とする命令があったのに、兵士たちは自分の意志で勝手に戦っていたのだから、恩給は受けられないという。ところが兵士たちは、上官の軍令に従わされたと主張した。証拠集めの過程で、澄田中将と閻錫山の密談の記録や、現地で発令された軍命（中国での活動は皇軍復活のためだという！）を発見するが、提出しても裁判所は取り上げてくれない。政府も、兵士を置いて逃げ帰った澄田中将らの国会での参考人発言（全員帰国に努力したのだと！）を盾に、軍命の存在を否定する。

当時殺人部隊と化した自らを反省し、元残留兵の方々が侵略戦争をぐいぐい糾弾する迫力は大変なものである。靖国神社に行き、「侵略戦争で死んだ者は神ではない。ごまかしは許しません」ときっぱり言い、また気勢を上げる靖国派の大物にくってかかる姿に鬼気迫るものを感じた。

●2006年・硫黄島の米兵の苦悩『父親たちの星条旗』クリント・イーストウッド監督

『父親たちの星条旗』は、『硫黄島からの手紙＊』と2部作をなす米国の反戦作である。どちらも太平洋戦争における硫黄島の戦いを描いたもので、前者は米国側、後者は日本側を描いた。以前から監督として抜群の作品を手がけてきたイーストウッド監督が、スピルバーグとの共同制作というメジャーな作品でありながら、現実を見つめ、必要以上にべたべたしない反戦の佳作を作り上げた。監督は反戦の意志を明確にしている。

硫黄島の戦いは昭和20年2月、戦局が圧倒的に日本に不利の中で行われた。5日で終わるとの予想を覆し36日間の激戦となった。『父親たちの星条旗』では、硫黄島の山頂に6人の米兵が星条旗を掲げている写真がストーリーのキーとなる。実は戦い初期段階の写真なのだが、本国では戦費調達のため、この写真が全米にばらまかれ、厭戦気分を払拭して国民を戦争に駆り立てなおすために、その6人のうちの生存者3人が、全米での戦時国債キャンペーンに英雄の見せ物として引きずり回された。本人たちの精神的な傷も、遺族たちの思いも、写真に関する真実も、何もかもおかまいなしにである。3人はいずれもその後不遇であった。

原作は、最後の生存者となった元衛生兵の息子によるものである。イーストウッドにとって、『マディソン郡の橋』『ミリオン・ダラー・ベイビー』で深く心を描く作品を手がけた後、よくぞ反戦作にたどり着いてくれたという感じだ。戦闘シーンは凄まじく、同じく凄まじさが話題になったスピルバーグの『プライベート・ライアン』を思い出したが、イーストウッド監督の、戦闘ではなく戦争の影響を描く作品を撮ったとの力点の説明に納得した。

●2006年・日本軍を描く米国映画『硫黄島からの手紙』クリント・イーストウッド監督

『父親たちの星条旗＊』は、米国側から硫黄島の戦いを描いたが、同じ戦いを日本側からの視点で描いた姉妹作（米日合作）が『硫黄島からの手紙』で、忘れられない名作だ。

敗戦必至の情勢の中で、硫黄島の防衛のため着任した主人公の中佐（渡辺謙）を中心に、米軍の上陸後粘りに粘った末に壊滅の日を迎えるまでを克明に描く。日本側は装備も食料も十分でなく、住民を本土に帰して防衛を図るが、米軍上陸後に驚異的な粘りを見せるも、自決の道を辿るばかりであった。硫黄島で散った日本兵には、中佐とバロン西という、米国を知っている者が登場する。西は米兵を捕虜としても人間的な扱いをし、英語で語りかけた。優しさが仇で憲兵になり損ねて硫黄島に送り込まれた者、戦争を憎み生きてこそ素晴らしいと信じている者、そうした紳士的な人々が粉砕される悲劇の戦闘を、圧倒的なリアリティで描き、鑑賞者の心臓をぐいぐいもみしだく。

ほとんど日本映画ではないかと思えるほどの情感を持つ作品であり、とても米国人監督の作品であるとは信じがたい出来映えである。イーストウッド監督の思いは明確な反戦であり、メジャーな彼が反戦作に取り組み、2作の対比による興味深い映画作りをやってのけ、オスカーを手にするかというところまでの質の高さを実現したことに対して、敬意を表したい。同時に、二宮和也ら、出演した日本の俳優たちの名演にも拍手を贈りたい。「手紙」の意味は、実際に鑑賞して知って欲しい。思わず合掌した。2作あわせて、戦争が、軍事的勝敗とは別に、どちらにも深い傷を残すことを、重層的に力強く訴えてくる。本作には、『シンドラーのリスト＊』に続き、ぜひ「10年に1本の名作」の称号を捧げたい。

●2006年・特攻兵を愛した女性の物語『紙屋悦子の青春』黒木和雄監督

有名な戦争レクイエム3部作、『TOMORROW明日*』『美しい夏キリシマ*』『父と暮らせば*』に続いて、黒木和雄監督が撮った『紙屋悦子の青春』もまた戦争物である。反戦のメッセージをどうしても残したかったのだろう。これは遺作となった。

原作は松田正隆の戯曲。本作もほとんど屋内でシーンが展開する。舞台は特攻基地のあった出水。筋としてはよくあるもので、2人の海軍航空隊の若者が娘に恋をし、娘が想いを寄せる方の若者(明石)が特攻で命を失い、生き残った方の若者(永与)と結婚して生涯をともにするというものである。しかし、原田知世扮する清純な乙女悦子と若者との抑制の利いた恋心の演技に、観客は思わず引き込まれてしまう。悦子の兄は、昭和20年春、悦子に明石でなく永与と見合いをさせた。明石は特攻で散る自分でなく、整備担当で死ぬ確率の低い同僚の永与に悦子を託したのであろう。永与は真面目で不器用だが、暖かい人間だ。出撃前夜に挨拶に訪れた明石が帰っていくのを、悦子の心の内を知る兄嫁が追えと言っても追わない悦子。その夜1人で泣き明かした悦子。明石の死の知らせを持ってきた永与に、いつまでも待っていると告げる悦子。

原田知世は、決して存在感が重厚な女優ではないのだが、それがかえってか細い女の身と幼女のようにうちふるえる心を描くのに功を奏した。確かに、名作の誉れ高いといった作風ではないのだが、かといって忘れることのできない作品である。こんな描き方があったかというような、戦地の全く出てこない、それでいて線の細さがなぜか効果的な作品だ。脇役もしっかりしている。『父と暮らせば*』に決して劣らない。

●2006年・放送業界の赤狩り『グッドナイト&グッドラック』ジョージ・クルーニー監督

『グッドナイト&グッドラック』は、冷戦を背景にした赤狩り時代の米国で、それに抗し自由を求めて戦った、CBSのキャスターと仲間たちを描いた米英仏日作品。

1950年代の米国は、マッカーシー上院議員による赤狩りが猛威を振るい、証拠もなく共産主義者のレッテルを貼られて攻撃されるのを恐れ、マスコミを含めて誰も文句が言えない暗い世の中になっていた。実在のキャスターであるエドワード・マローは、自分のTV番組で、家族が共産主義者だと噂されただけで空軍予備役の中尉が審理もなく解雇になったのは不当と主張し、局側の難色にもめげずに、仲間たちとともに抗議する内容を放送した。それは世や業界に賛否両論を巻き起こし、マッカーシー側からの攻撃が激しくなったが、民衆を味方につけた彼は、中尉の雇用継続に成功した。次の事件を取り上げると、今度はマッカーシー自身が乗り込むが、彼は攻撃に耐えながらあくまで理性的に振る舞う。これがきっかけで、マッカーシーは上院から調査を受けるに至った。しかし局は、報道より娯楽だということでスタッフを減らし、放送時間帯を変更した。数年後の放送協会でマローは、報道を重視しない姿勢を批判して讃えられるのだった。彼の主張は全く理性的で、誰も黙ってはいけない、言論の自由を保障できない国が、他国に自由をもたらすことはできない、というものだった。

当時の雰囲気が伝わってくる白黒作品。「グッドナイト&グッドラック」は、マローが番組を終える際の決まり文句で、放送協会での講演もこれで締めくくられた。日本での配給が菅元総理関係の不祥事を抱えた東北新社だったのはよしとしよう。第62回ベネチア国際映画祭脚本賞・男優賞。

●2006年・人間魚雷回天の悲劇『出口のない海』佐々部清監督

『出口のない海』は、横山秀夫原作の、人間魚雷回天の乗組員の物語である。

昭和20年、悪化する戦局の打開をはかるため、海軍では人間が操縦する魚雷による特攻を敢行することとなった。主人公は学生兵士（映画初出演の市川海老蔵）で、甲子園での優勝の後、大学でも野球をしていたが、野球を諦め、恋人と別れ、海軍に志願していた。特攻の志願者募集に迷うが、結局志願を決意し、厳しい訓練を受ける。海軍の技術的にも余裕がなかったのであろう、回天の操縦はかなり難しく、また故障も多かった。そのために若者の生死が左右される様は痛々しい。いよいよ出撃というときも、故障で出撃できなかった者が多かった。主人公も最期を覚悟で出撃するも、故障によって帰還することとなった。

直接戦闘や殺戮を描くシーンはないのだが（潜水艦などのシーンはCGを使った映画とは思えない出来）、命がかかった緊張感がみなぎり、観客に迫ってくる。甲子園で優勝した逸材が、野球を極めることも許されずに、命を奪われる戦争を批判した作品だが、登場人物たちが日本の不利に気がついていながら、誰も止められないといった形で戦争が描かれている。原作を知らないのだが、意外であったのは、主人公の死に方。特攻で死ぬのではなく、回天の悲劇を後生に伝えるためであった。こうした多くの方々に報いる道は、反戦しかない。特攻といえば、『月光の夏＊』や『ホタル＊』のような戦闘機によるものが思い出されるが、人間魚雷によるものも決して忘れてはならない。佐々部監督の次作『夕凪の街　桜の国＊』の原爆物にも当時期待したのを憶えている。監督の62歳での死を残念に思う。

●2006年・朝鮮半島の夢『トンマッコルへようこそ』パク・クァンヒョン監督

『トンマッコルへようこそ』は、反戦作と言うには毛色の変わったファンタジックな韓国映画だ。しかし、だからこそ意が伝わる、ということもあることを証明してくれる「反戦作」の佳作の1つである。

舞台は、太白山脈の奥の、架空のトンマッコルという村。「子供のごとく純粋」の意で、朝鮮戦争のさなかにありながら、村人は戦争が進行していることを知らず、理想郷として描かれる。そこへやってきた3種類のお客があった。墜落した戦闘機から逃れてきた米軍パイロット、そして迷い込んだ韓国軍兵士たちと人民軍兵士たち。村の中で対立する彼らであったが、村人の無垢な生活に癒され、憎しみあうことの無意味さを感じ取った彼らは、次第に仲良く祭りにはじけるようになった。しかし村にも戦争が忍びより、村を象徴する無垢な美少女(神秘的可愛さが絶妙！)が絶命すると、彼らは空爆に向かう友軍を撃退すべく、決死の覚悟で戦闘に向かうのだった。

絵が大変美しく、随所にはっとするような、この世のものとは思えない光景を映し出し、そのユートピアの中に対立の現実を持ち込んだことが、その生々しさを際だたせ、ファンタジー作品があまりなさそうな韓国において、観客に、同じ民族が反目することのない世界をひととき夢見させたのだと思われる。監督は長編初作で、キャストも有名人ではないようだが、抱きしめたくなるような作品だ。韓国で6人に1人が見た大ヒット作で、2005年の最高観客動員数を誇り、大韓民国映画大賞でいくつかの賞を受賞した。因みに音楽は久石譲で、さすがの出来映え。この作品をヒットさせた人の思いは、いつかなえられるだろうか。

●2006年・大手製薬会社の不正実験『ナイロビの蜂』フェルナンド・メイレレス監督

『ナイロビの蜂』は、英国外交官出身の小説家ジョン・ル・カレのフィクションを原作とし、恋愛とサスペンスと社会派を見事にまとめ上げた、英米独仏ケニア・スイス作品。

穏やかな英国外交官の情熱的な若妻は、ケニアで医療改善の活動中に、突然殺される。不審な点に気づいた夫が、妻の死の謎を追いかけるうち、妻への愛に目覚め、やがて、大手製薬会社が問題のある新薬の実験にスラムの人々を利用し、それが外務省の局長につながっていることを知った彼は、ロンドンへ呼び戻されるが、外交官としての立場を失った後も、真実を求めて動き回った。その真実が世に知れるように手配した上で彼は、妻が死んだのと同じ場所で殺し屋の手にかかる。

この妻にはモデルがいるが、ストーリー自体はフィクション。恋愛物としてもサスペンス物としても一級で、その意味では娯楽物なのだが、社会派の部分は、普段アフリカのことに思いをいたすことの少ない筆者にはこたえる。ケニアでは原作が発禁扱い、英国外交筋も批判的という中、協力的な外交官もおり、ケニア政府も撮影に協力したとのことだ。これを映画化したいという制作側の熱意、俳優の熱演、映画撮影環境の整備されていないケニアで敢えてロケを敢行した意地、そういったものがこの作品のスケール感と品質を支えている。陰謀の部分をもっと書くべきかもしれないが、そこはフィクションである。よい作品に出会えたことでよしとしよう。この作品にも、これでアフリカを知った気になる危険性があるからダメ、というような批判もあるが、恐らくそこがこの作品が評されるべき主要ポイントではないのだろうと思う。第78回米国アカデミー助演女優賞を受賞。

●2006年・ルワンダ虐殺とホテルマン『ホテル・ルワンダ』テリー・ジョージ監督

1994年、ルワンダでフツ族とツチ族の争いが、50～100万人とも言われる大虐殺に発展した。『ホテル・ルワンダ』は、人の命が紙よりも軽い異常な中を、命がけで1200名もの人々を救った、アフリカのシンドラーと称されるホテルマンの物語である。英米伊・南ア作品。

フツ族は19世紀から支配的だったが、第1次世界大戦後にやってきたベルギーはツチ族を優遇、後にフツ族を後押しして混乱をもたらした。その後軍事クーデターによってフツ族の独裁となり、1990年、亡命していたツチ族グループが内戦を起こした。本作は、その内戦でフツ族強硬派が政府要人を処刑し、全国で凄惨な殺戮に打って出たところを描いている。フツ族である主人公のホテルマンは、ツチ族である妻を救うことから始めて、賄賂や機転だけで多くの人々をかくまい、命を救った。生活の総てが危険な内戦の中という、極端な緊張感が伝わってくる。結局騒乱はツチ族中心の勢力が首都を制圧して収まったが、国連は大虐殺時、国連平和維持軍を大幅に縮小したので、事態に本格的に反応したのは、大難民対策のときになってからだったと言える。本作では、同軍が小規模にして危険と隣り合わせだったことも克明に描いている。

本来脚本家の監督はこのホテルマンのことを知り、最大の使命感をもって、脚本から監督まで多くの役割をこなし、この作品を撮った。最初は2004年末に米国の数館のみで始まった上映は、評判を呼んで米国全土に拡大し、米国アカデミー賞に一部ノミネートされるに至ったが、日本では買い付けるところがなく、映画ファンらが署名活動を展開してようやく公開された珍しい作品である。その観客たちの期待に応え、見事な出来栄えであった。

●2006年・アイルランド独立闘争『麦の穂をゆらす風』ケン・ローチ監督

『麦の穂をゆらす風』は、アイルランドの独立運動から内戦に至る1920年代を描くアイルランド・英国合作。社会派ケン・ローチによる大作。アイルランドは、12世紀の内乱に英国が介入したところから、英国の支配を受けるようになり、19世紀には飢饉をきっかけに（赤貧に大量の米国移住者が出た）、自治を求める機運が高まった。1910年代には、自治に賛成のカトリックと反対のプロテスタントが対立、1921年にカトリックの南部が自治（アイルランド自由国）を得たが、この南北分裂に南部は治まらなかった。

本作は1920年から始まる。独立運動に参加する若者が次々と英国武装警察に殺害されていく中、主人公の青年は、医師としての就職を蹴って独立運動に身を投じ、密告した仲間の処刑を期に闘士となった。英国は講和を提案するが、その英国寄りの内容に、青年たちも講和派と続闘派に分裂し、主人公は続闘派としてゲリラ活動を継続、その兄は講和派として政府軍に加わって、両派は内戦を引き起こす。兄は主人公を捕らえ、泣きながら銃殺するのだった。

英国による虐殺行為とともに、同じアイルランド人同士で殺し合うはめになった歴史の流れの残酷さに、観客は胸を痛める。その後の歴史としては、1937年に英連邦内独立国としてエールを名乗り、1949年には、連邦を離脱してアイルランド共和国として独立したが、北アイルランドは英国に留まったままである。それがその後アイルランド共和国軍のテロをもたらしたが、現在では和平が成立している。カンヌ国際映画祭パルム・ドール（第1位）に輝いた秀作で、主人公を演じた俳優が好演。

●2007年・新藤兼人執念の戦争告発『陸に上がった軍艦』山本保博監督

『陸に上った軍艦』は、新藤兼人氏の軍隊経験をもとにして、同氏のインタビューと再現映像で構成した反戦作である。新藤兼人のもとでも映画制作に携わっていた山本保博氏の、第1回監督作品であり、新藤兼人95歳の執念の戦争告発だ。

全体に、新藤氏の野太い叙述にかすかなおかしみも加わって、軍隊というものが描かれる。物語は、シナリオ書きを生業としていた新藤氏に招集令状が届くあたりから始まり、延々と理不尽な宝塚での軍隊生活を見せつける。やたらなしごきをしたり、蝿を集めて外出許可を取ったり、哀れなものである。32歳の新藤が、ずっと年下の上級兵にいじめられるのも痛々しい。廃人同様になった仲間のことも描かれている。終戦も近づき、靴を前後反対に履いて、偵察してもばれないための練習や、木製の戦車模型に木をぶつける練習などに至っては、滑稽この上ない。しかし当時の現実は、同期100名中96名死亡という凄まじさだ。やがて米軍から空襲予告のビラが撒かれたが、それが何と8月15日正午である。覚悟を決めて宝塚に残った新藤らであったが、もちろん玉音放送のあった終戦の日であり、空襲は結局なかった。

新藤氏は、個人あっての国家という発想で映画を制作してきたという。本作でも、軍隊からつかの間戻る家庭が、ことさら暖かい人間的なものとして描かれている。反戦映画に共通しているのは、この個の尊重であろう。それを柱にした日本国憲法が危ない昨今、新藤氏はどうしても言い残したかったことを、本作で語ったのであろう。野太いながら地味な作品ではあるが、インタビューと再現ドラマの組合せが功を奏した。

●2007年・ソ連に抵抗：ハンガリー動乱『君の涙ドナウに流れ』クリスティナ・ゴダ監督

『君の涙ドナウに流れ　ハンガリー1956』は、ハンガリー動乱（現地では1956年革命と呼ぶ）を描くハンガリー映画だ。ハンガリー動乱は、ソ連の抑圧に対して人民が蜂起したものの、失敗に帰した事件で、ソ連軍が数千名の市民を虐殺した。

本作では、ノンポリの水球選手が、蜂起の指導者の女学生と出会い、秘密警察や軍のひどさに目覚め、蜂起に関わっていく。蜂起が成功し、ソ連軍が撤退したかに見えたところで、彼はメルボルン・オリンピックへ出掛ける。しかし撤退は作戦で、直後に戦車がブダペストに戻り、市街を蹂躙しまくるのだった。映画の前半では、東側の大会で、露骨にソ連寄りの審判のもとで、八百長まがいの試合が行われて、ハンガリーチームが負けるシーンがあり、当時の共産圏における力関係が如実に描かれていて興味深いが、映画の最後では、オリンピックでの中立の審判のもと、ハンガリーが勝って乱闘が起きる。これはメルボルンの流血戦という実話だ。当時は、ハンガリー動乱でのソ連の行為を蛮行と国際社会がみなし、試合もハンガリーが観衆の応援を得て、最終的には金メダルを獲得した。

映画としての出来は最高とは言い難いが、全体に当時の密告社会の恐怖や、ソ連軍の無慈悲さ、ハンガリー政権側の良心的分子の無力さなどの、寒々とした雰囲気がよく伝わって来る。そしてその後の、プラハの春からチェコ事件に至る流れを思い起こさせる。水球選手と女学生のロマンスはフィクションだが、ハンガリーでは大ヒットだったようだ。また、ハンガリー動乱は、その後のソ連崩壊のはじまりのはじまりになったと言えるのかもしれない。

●2007年・米非道『グアンタナモ、僕達が見た真実』マイケル・ウィンターボトム他監督

『グアンタナモ、僕達が見た真実』は、アフガニスタンで、アルカイダと誤認され米軍に拘束された英国在住パキスタン人たちが、キューバ領内のグアンタナモ米軍基地で虐待を受け、3年後開放されるまでを描く、実話としての英国映画。グアンタナモ基地は、米国が20世紀はじめから永久租借しており、キューバ政府は返還を求めている。同時多発テロ以降は、テロとの戦いで容疑者を収容するグアンタナモ湾収容キャンプを設けた。米国内でないグレーゾーンで、米国憲法に違反と言われる扱いを行うためと言われ、オバマ政権も、このキャンプを閉鎖すると言っても実行できなかった（バイデン大統領は、任期中に閉鎖と発言）。

主人公たちは、英国からパキスタンに戻って結婚式を挙げる青年とその友人たちで、米軍が侵攻したアフガニスタンの様子を見に越境、空襲に遭ってタリバンのトラックで避難したため、やがて米軍に拘束され、アフガン兵の収容所に連行される。そこから最終的に出来たばかりのグアンタナモの収容所へ移動となり、屋外の動物を飼うような檻に押し込められ、炎天下で同じ姿勢を続けさせられ、手錠で床に固定されて大音量のロックを長時間聞かされ、コーランは蹴りつけられ、尋問では、散々軍人から、捏造した証拠でアルカイダと認めろと攻め立てられる。2年以上にわたる責苦に遭い、認めてしまった。しかし英国の警察により、証拠とされる映像の誤りがわかり、米軍は認めたが、拘禁をさらに3カ月続けた後、ようやく開放となった。

米軍の非道を告発する作品だが、作品当時、収容者で有罪確定はゼロだとのこと。第56回ベルリン国際映画祭監督賞。基地シーンのロケ地はイラン。

●2007年・米国の医療制度問題『シッコ』マイケル・ムーア監督

『シッコ』は、マイケル・ムーア監督による、米国の医療体制を告発した、米国制作による迫真のドキュメンタリー・エンターテイメントである。

米国には、先進諸国で唯一、国運営の健康保険がない。国民は民間保険に加入、保険会社が認めた治療にしかお金が出ない。しかも、会社のお抱え医師は、保険金請求を却下するほどに儲かる仕組みで、小さな病気で破産する人が後を絶たない。破産した患者を夜病院が捨てに行く場面はショッキング。3億名中無保険者は5千万名！この制度下、治療を受けられず落命する人は年間1万8千人！なのに米国は、国が国民皆保険を導入するのは社会主義的と攻撃する始末。米国の現制度はニクソン大統領の頃導入され、以来民間保険会社と政治家との癒着が続いているという。本作は続いて他国の制度を紹介する。英国では医療は無料、一定の収入以下の人には国営病院までの交通費も出る。カナダでも医療は無料（財政問題が深刻ではあるそうだが）。フランスは教育・福祉が充実。対照的に米国では、9・11でボランティア活動した救命員たちが、活動が原因の問題でも医療を満足に受けられず、そんな3人を監督は医療費無料のキューバへ連れて行く。米国で数万円する薬がこちらでは6円。米国民の彼らが、米国政府は人を馬鹿にしていると怒る。

米国銃社会批判の『ボウリング・フォー・コロンバイン*』やブッシュ批判の『華氏911*』より突撃インタビュー等の過激さは抑制され、深みが増し、優秀作に仕上がった。ムーア作品で泣かされるとは思わなかった。『シッコ』は英俗語で「変質者・病的」の意。何を指すかは明らか！政府からの妨害が激しく、キューバ渡航に難癖がつき、フィルム没収の危機に原盤を隠したという。

●２００７年・ハンセン病患者への偏見『新・あつい壁』中山節夫監督

『新・あつい壁』は、『あつい壁』（１９７０）と同じ志を持った、ハンセン病患者に対する差別という厚い壁を破る力となることを目指した作品だ。フィクションだが、実際に起きた同様の事件をベースにしている。

若いフリールポライターが、あることから五十年前の事件が冤罪であった可能性があることを知り、熊本へ飛ぶが、そこでハンセン病差別について一から知ることになる。ルポライターが取材したのは国立療養所恵楓園（実在）で、黒川温泉での患者の宿泊拒否事件は記憶に新しい。本作の後半で、その事件で園の入所者に中傷の手紙が殺到していて、彼が怒りを露わにするシーンがある。事件は、警察・司法側から言えば、犯人が、自分をハンセン病と密告した男宅に、逆恨みでダイナマイトを投げ入れて一家に怪我を負わせ、裁判後恵楓園内の拘置所から脱走して、改めて男を刺殺したというものである。しかし、ダイナマイトの事件も刺殺事件も、物的証拠や証言があいまい、本人も刺殺の方の自白以外は一貫して無実を主張、ハンセン病患者への差別意識が、捜査や判決に影響しているのではないかという見方が広がった。だが、最高裁まで有罪判決は変わらず、救出運動が活発に行われ、再審請求中であるのに死刑が執行された。

社会派ドラマとして重厚で、見応えがある。丁寧な展開で緊張の連続、隙のない出来栄えだ。ケーシー高峰、高橋長英、常田富士男らも芸達者である。らい予防法廃止１０周年記念・ハンセン病国家賠償訴訟勝訴５周年記念映画ともなっている。恵楓園のＨＰもぜひ御覧いただきたい。学ぶことが多いはず。

●2007年・米国人監督による特攻『特攻 TOKKO』リサ・モリモト監督

『特攻 TOKKO』は、日系2世の監督が、叔父が特攻時代のことを何も語らず亡くなったことをきっかけに撮った、米国製長編ドキュメンタリーである。特攻を狂気としてしか理解しない風潮のある米国にあって、監督は、特攻の生き残りの方々にインタビューし、特攻とはどのような悲劇であったのかを探る作品を制作した。

本作では、特攻で撃沈された米軍駆逐艦の乗組員の生き残りの方々の証言も盛り込み、日米双方から検証している。日本側は、4人の証言によって、特攻を敢行した若者についての真実を浮き彫りにしていく。欧米での狂信者との見方とはほど遠く、純粋に国を守るために散った美しき英雄という日本の一部での見方とも異なり、機の不調で引き返して、生きようともがいた方々もおられたなど、やはり死にたくはなかった方が多いということだ。そして、この方々からは、生き残った罪悪感に苛まれた人生も、切々と伝わって来る。どの方からも伝わって来るのは、戦争だけは二度と御免だという思いであり、かけがえのない青春を奪われた怒りである。

監督らはかなりの資料にあたって綿密に取材したが、中には、特攻の瞬間などの珍しい米側の映像も使われている。この作品は、北米での上映での好評から、日本での上映も決まった。日米両国で特攻を経験した方々も高齢化し、結果的に、その時撮っておかなければならなかった作品だと言える。いろいろ調べてみたが、米国人女性監督の見方であり、証言も少年兵だけのものだから偏っているという批判や、反戦メッセージがしつこくていやだった等の意見が見受けられた。こういう人からすると、筆者も偏向しているのだろう。九州で3館にしかかからず広島へ行った位だから。

●2007年・米国人監督による原爆物『ヒロシマナガサキ』スティーヴン・オカザキ監督

『ヒロシマナガサキ』は、社会問題を中心に制作を続ける、日系3世のスティーヴン・オカザキ監督が作り上げた骨太のドキュメンタリーで、原爆を落とした米国の監督が、未だに原爆の現実を知らない世界へ発信する力作である（米国制作）。米国など多くの国々では、日本への原爆投下が政治の枠組みで語られ、反戦平和の為に語られることは少ない。

本作で証言に立った被爆者は14名。広島や長崎で被爆した人々が、阿鼻叫喚の現場を語り、闘病の苦痛を語り、生き残った罪悪感に苛まれる心情を語り、冷たい日本政府に悲痛の声をあげる。その証言者には、『はだしのゲン』で有名な中沢啓治氏も含まれている。あくの強い感じが全くない客観的な出来映えで、それだからこそ、証言者の叫びがいっそう胸に響く、そんな力のある作品になっている。米国側からも4人の証言を得た。こちらは米国の立場に立った証言内容が多いが、極めてまともなことを述べる、エノラ・ゲイ（原爆投下機）の元航空士もいた。制作当時の大統領ブッシュ氏（ブッシュ2世）にも聞かせてやりたい。

本作には、米軍が撮影した当時の貴重な映像も盛り込まれている。投下後の街の様子や原爆症の映像が痛々しい。その他、日本の戦争の歴史なども振り返り、8月6日が何の日か知らない日本の若者がいる現実まで描き、図表も駆使して、質の高い分析的な側面も見せ、必見の作品だ。この作品全体に流れている基調はまさに反戦平和で、憲法9条を守る重要さが主張されている。監督の原爆への関心は、『はだしのゲン』を読んだのがきっかけだったという。この作品は2007年8月6日、ケーブルテレビで全国放映された。核の惨禍が伝わったろうか。

●2007年・アル・ゴアの環境問題啓発『不都合な真実』デイビス・グッゲンハイム監督

クリントン政権で副大統領を務め、ブッシュに大統領選で惜敗したゴア氏は、地球温暖化の啓発活動で有名。ここでは監督より主演のゴア氏に注目しよう。息子を事故で失いかけて、地球という大切なものを、温暖化による危機から守りたいと痛切に感じて、啓発映画『不都合な真実』まで制作することになったという（米国制作）。不都合な真実とは、経済を優先して京都議定書を批准しない米国にとって、地球温暖化による危機の存在は認められない、という意味である。

温暖化を問題視するポイントとして、北極や氷河の氷の減少と海面上昇、ハリケーンの大型化、虫類が媒介する病気の高地への拡大、動物の生息地の移動、干魃や豪雨の増加等を挙げ、直ちに人々が行動を起こすように、危機を訴えていた。

ゴア氏は、二酸化炭素の排出減を訴えて世界中で講演。もちろん講演場所の提供拒否など、政権側から妨害を受けていたが、凄まじい言論の反撃も受けていた。温暖化により暑さで死ぬ人は増えても、寒さで死ぬ人がそれ以上に減少するからいいとか、京都議定書に沿って温暖化ガス排出減にお金を使うくらいなら、海面上昇用対策の堤防に回した方がいいといった反論は、温暖化対策は優先度が低いとするもので、到底受け入れられないが、北半球では海氷が減っているものの、南では増大しているとか、カトリーナによる被害が甚大だったのは、温暖化のためではなく、人口密集という時代のなせる業だ、といった反論については、正直なところ筆者には判断がつかない。本作は、米国アカデミー長編ドキュメンタリー賞を受賞。また文科省特選。面白さ抜群。なぜ大統領になれなかったのだろう。

●2007年・米国日系人の収容措置『ミリキタニの猫』リンダ・ハッテンドーフ監督

『ミリキタニの猫』は、ニューヨークでホームレスとして絵を描く日系の老人を描いた、米国製ドキュメンタリーである。

その名はミリキタニ（三力谷）。監督は偶然興味を持った彼の取材を続けるが、9・11の事件をきっかけに自宅に住まわせ、交流が続く。彼は米国加州生まれの日系米国人で、広島で育つが、軍への入隊を嫌って渡米する。しかし日本の真珠湾攻撃の後、ツールレイクの日本人収容所に送られ、ひどい生活をさせられた（当時の米国政府の措置は、現在の米国人にあまり知られていないという）。この収容所では、多くの日本人等が命を落とした。彼は監督に勧められても、米国の社会保障は受けないと最初は拒否していた。そして9・11後の米国の反応は、自分の時と何も変わっていないと怒る。彼は福祉施設で絵を教えるようになり、高齢者用住宅にも入居し、やがてツールレイクを再訪して、収容所で生き別れになった姉にも再会を果たすところで本作は終わる。

DVDのボーナストラックには、彼が開く個展の様子、広島を監督とともに訪れ、平和祈念式典に出席する様子などが含まれていて、興味深い。彼は芸術家として反骨精神を発揮して絵を描き続けることにより、戦争だけはごめんだということを訴えている。猫は彼の好んで描く題材だが、映画のタイトル内の「猫」は、収容所で彼によく猫の絵をねだった少年との想い出や、監督の家に住んでいる猫にも関係している。少数の映画館だけでの上映だったが、長編監督デビュー作にしてなかなかの出来映え。地味だが幾つも賞を受賞している。こういう佳作はもっと注目されてほしいものだ。

●2007年・盗聴員の目覚め『善き人のためのソナタ』F・H・フォン・ドナースマルク監督

『善き人のためのソナタ』は、東独の監視社会を描いて、その体制を批判した独仏映画である。4年にわたる徹底したリサーチと壮絶な緊迫感のもとに、苦悩した芸術家たちを描き、ヒューマンドラマとしても、恐ろしい完成度を見せてくれる傑作だ。とても監督初長編作品とは思えない。

舞台は1984年、壁崩壊直前のベルリン。腕利きの国家保安省局員が、劇作家とその恋人の舞台女優を盗聴する。実は大臣が彼女を我がものとしたくて、劇作家を反体制活動で摘発するためのあら探しだったのだが、冷徹な局員は粛々と盗聴する。劇作家と女優は自由を語り、愛を語り、芸術を語り、ずっと聞き続けた局員は、今まで知らなかった人間らしい世界にとうとう心を動かす。それ以来秘密裏に2人が摘発されないよう工作を続けたが、やがて追い込まれた女優が死んだ後、手紙の検閲作業へと左遷されてしまう。壁の崩壊後、自分たちを助けた局員の存在を知った劇作家は、必死に探し回るが果たせず、新著に局員のコードネームで呼びかける謝辞を掲載した。元局員は書店でふとこの本を手にして昔に思いをはせるのだった。

2人が互いに誰と知らずにすれ違うシーンでは、観客の方が心を動かしてしまう。また表情を崩さないまま人間性に目覚めていく主人公の演技は絶品である。それもそのはず、彼自身が現実に東独で監視対象だった俳優なのだ。残念ながら日本公開の年、胃ガンで亡くなった。原題は「他の人の人生」。芸術が他の人の人生観を変えるのである。邦題は映画中のオリジナルピアノ曲で、局員が心を奪われたもの。第79回米国アカデミー外国語映画賞（現在の国際長編映画賞）をはじめ、数々の映画祭で受賞。必見の傑作！

●2007年・深く静かに原爆の影響を『夕凪の街　桜の国』佐々部清監督

佐々部清監督は『半落ち』で有名だが、人の心を描く伝統的日本映画の旗手で、『出口のない海＊』で人間魚雷回天を描く反戦映画を撮ったが、次には原爆物を手掛けた。第9回手塚治虫文化賞新生賞を受賞したこうの史代の漫画を原作に、『夕凪の街　桜の国』は、幾世代にもわたって原爆に翻弄された一家を情緒豊かに描く。

前後編に分かれ、前半は1958年を舞台に、被爆者の若い女性（麻生久美子）が、妹を原爆で亡くしながら自分は生きていることに負い目を感じ、恋人が出来かけながら他界するまでを描く。後半は2007年が舞台。その亡くなった女性の弟（堺正章）の娘（田中麗奈）が、不振な行動をする父の後をつけて広島へ行く。父は被爆者と結婚し、東京へ移ったが、祖母と妻を亡くしていた。退職を機に、死んだ姉の知合いを訪ね、墓参し、姉の死んだ場所へ姉のかつての恋人に会いに来たのだ。後をつけた娘も、原爆に翻弄された一家の歴史を知り、前向きに生きることを誓うのだった。

全体に原爆許すまじをスローガンとして絶叫する作品ではなく、決して声高にならず、原作の軽やかさを活かした作風で、心を描く中で、観客は原爆が持つ影響の大きさに涙する。それでも時折どきっとする台詞がある。女性が亡くなるシーンでの、「13年たったけど、原爆を落とした人はわたしを見て、やった、また1人殺せたとちゃんと思うてくれとる？」に込められた皮肉。福岡での公開予定が筆者の短期渡英中なため、先行公開された広島へ出向いて鑑賞した。出色の出来で、久々に号泣した。費用はかかったが、帰りに原爆ドームにお参りできたのはよかった。とある筋の妨害があったやに聞いているが、よく頑張って撮った作品で、ぜひ鑑賞をお勧めする。

●2007年・ルワンダでの虐殺『ルワンダの涙』マイケル・ケイトン＝ジョーンズ監督

『ルワンダの涙』は、1994年に起きたフツ族によるツチ族虐殺事件を描いた英独映画で、BBC関係者の経験に基づいている。『ホテル・ルワンダ＊』も同じ事件を描いているが、本作は、海外青年協力隊で英語教師として赴任した英国人青年と、現地の学校を運営する英国人神父を中心に据え、国連治安維持軍の動きを伏線にしている。

両部族の停戦協定締結に向かったフツ族出身の大統領を乗せた飛行機が撃墜され、部族間闘争が激化、その学校に虐殺を免れた人々が保護されたが、戦闘は激化、国連軍にはフツ族への発砲が禁止されていて、難民を保護しきれず、撤収の命令が下る。青年と神父はそれでも人々を救おうとし、神父は命を落とす。『ホテル・ルワンダ＊』はロケが南アフリカで行われたが、本作は虐殺のあった学校でロケを敢行、虐殺の生存者たちがスタッフに加わるという、真実の映画だ。見ていて恐怖を感じ、このような狂気の中に自分がいないことについてありがたい思いをする。

簡単に歴史を振り返ろう。少数派ツチ族がルワンダを19世紀に統一し、王の死去後ドイツ保護領となって、20世紀にベルギーが占領、国連委任統治領となるが、事実上ツチ族に統治させ、多数派のフツ族がその統治を拒否して衝突が始まる。ツチ族虐殺が起き、ベルギーはフツ族支持に回る。1973年ルワンダ独立、フツ族が支配しツチ族を冷遇。ツチ族はルワンダ愛国戦線を結成しルワンダに侵攻、内戦が勃発し、フツ族は民兵を組織。1993年国連軍が派兵される。翌年撃墜事件が起きて、合計数十万と言われる人々が虐殺され、国連軍は縮小。現在はツチ族のルワンダ愛国戦線が議会の多数派であるとのこと。

コラム⑤　映画の授業

勤務校の九州大学では、一般教育の枠内で教員の自主開講が審査の上で可能で、１９９６年度から現在まで、私は毎年「映画の世界」という授業を開講しています。専門家ではないですが、若い学生さんたちに、映画の喜びを届けたくて続けています。かつては映画に行くのは不良だと言われ、歴史教科書に文学作品はあっても映画作品はあまりない日本。その中で、人生に映画をと思って取り組んできました。取り上げた作品を記します。

『転校生』『時をかける少女』『さびしんぼう』『ふたり』『あした』『生きる』『七人の侍』『二十四の瞳』『お引越し』『家族ゲーム』『台風クラブ』『２００１年宇宙の旅』『異人たちとの夏』『北京的西瓜』『浮雲』『喜びも悲しみも幾歳月』『家族』『晩春』『東京物語』『ここに泉あり』『サンダカン八番娼館　望郷』『若者たち』『がんばっていきまっしょい』『陽はまた昇る』『四日間の奇蹟』『名もなく貧しく美しく』『月光の夏』『裸の島』『隠し砦の三悪人』『赤ひげ』『天国と地獄』『静かなる決闘』『羅生門』『父親たちの星条旗』『硫黄島からの手紙』『シンドラーのリスト』『フライド・グリーン・トマト』『夕凪の街　桜の国』『さらば我が愛　覇王別姫』『カラー・パープル』『ビフォア・ザ・レイン』『サラの鍵』『冬冬の夏休み』『キリング・フィールド』『ＪＦＫ』『おみおくりの作法』『マディソン郡の橋』『母と暮せば』『黒い雨』以上。

●2008年・究極の人権擁護『おくりびと』滝田洋二郎監督

『おくりびと』は、第81回米国アカデミー外国語映画賞（現在の国際長編映画賞）受賞作。楽器奏者として挫折し妻と故郷に戻った青年（本木雅弘）が、職探しをして偶然心ならずも納棺師を手伝うことになる。最初は不満であったが、人生の最後に、亡き人の化粧と装束を整え、遺族の前で美しい儀式のもとに送り出す専門職に次第に魅入られ、様々な人の別れに立ち会っていく。人の死によって生計を立てる卑しい職業と蔑まれ、妻には家出され、腐敗した遺体も扱い、苦しいことも多い。しかし、それぞれに大切な人生の最後を、最高の演出で送り出すこの職業に、青年は誇りすら持ち、やがて彼を理解した妻と、今度は自分の身の回りの大切な人々との別れを迎えていく。最後は、長く失踪していた自分の父親を納棺することになる。自分にとってよい父ではなかったのだが、青年は見る人もない中、心を込めて儀を執り行うのだった。

次々と別の人の納棺を行うが、どれもすぐに観客に感情移入させる力を持ち、様々なエピソードのひとつひとつが秀逸で、最初に鑑賞した時から、その年の日本映画のベストを確信したのだが、2008年『キネマ旬報』で見事日本映画第1位となり、米国アカデミー賞に至った。本書では珍しい作品選択かと思うが、1人1人の人生を尊重する（個を尊重する）という思いは同じである。同期のアカデミー賞の作品賞『スラムドッグ$ミリオネア＊』が社会派作品だったことと考え合わせると、不穏な世界情勢に人々の心が命への祈りに向かっているのかもしれない。主人公を演じた本木雅弘に対し、彼に送ってもらいたいというコメントが各界から続出。日本の文化と死の普遍の融合が見事。ある納棺師によると死は究極の平等。ベストを尽くして迎えよう。

●2008年・治安維持法と特高『母べえ』山田洋次監督

『母べえ』は、山田洋次監督の渾身作。黒澤明監督のスクリプターだった野上照代の自伝を原作とした、治安維持法の犠牲になった学者の家族の物語である。

昭和15年、文学者の夫が中国に対する侵略に対し平和を唱えたため、治安維持法で検挙される。残された妻は、2人の娘とともに、夫と生活のために奔走する。夫の若い弟子が何かと手助けをしてくれるのだが、夫は獄死し、弟子も招集されて海に消えた。

生活の隅々までが次第に戦争一色に染まっていく恐怖の時代の中に、この家族が見せる飾らない互いの愛情、弟子が恩師の妻に寄せる思い、人間臭い叔父などが、人間にとって貴重な輝きとして描かれ、それを押しつぶす戦争を糾弾する。吉永さゆりが最高だ。普段から平和のための活動をしていることは有名で、平素からの思いがにじみ出てくるような迫真の演技だ。平和を唱えることは何も悪くない、その信念をあの時代に貫き通した。脇役の中村梅之助や鈴木瑞穂らも、反戦の思いを強く持つ俳優たちだ。浅野忠信も新境地のおかしみのある役柄で、山田作品の証のようなものか。山田洋次作品はここのところ洗練されてきているように思う。研ぎ澄まされてきている凄みが増し、黒澤明の晩年の作品とは違うようだ。

戦後子供達もすっかりいい年になった頃、母べえは息を引き取る。かけつけた娘に天国で父に会えるねと言われて、天国なんかで会いたくない、この世で会いたかったと言った最後のことばは、ここまでの本作の美しさとは裏腹に、一生歯を食いしばって生きてきた母の恨みの叫びのように、筆者の心に突き刺さった。

●2008年・鉄道民営化と失業の悲劇『今夜、列車は走る』ニコラス・トゥオッツォ監督

アルゼンチン映画『今夜、列車は走る』は、1990年代の社会を背景に、失職した鉄道員たちのその後を追う社会派である。

民営化で貧富の差と失業者が増大し（どこかの国に似ている）、民営化された鉄道路線が大量に廃止されて、大勢の鉄道員が、わずかの補償金をもらうために、自主退職という名の解雇を受け、その後の日々で大変な目にあう。本作では5人と家族の行方を追うが、怪しかったり危険だったりする仕事に再就職する者しない者、最後まで抵抗するため修理工場に立てこもる者、早々補償金をもらって何とか職を見つけたものの組合幹部の裏切りを知り後悔する者など、様々なその後を迎える。形式上解雇でないからと、医療保険切れをカバーできなかったり、家の立ち退きを迫られたり、それぞれに辛い状況が克明に描き出される。終盤では、食うに困った仲間が強盗人質事件を起こす。人質の1人も鉄道員仲間だ。TVでは「鉄道員がこんなことを起こすなんて理解できない」とのコメント。しかし出演した元鉄道員も、「他に方法があるなら私も知りたい」と反撃。修理工場で死んだ仲間も、「何で誰も動かないんだ、いつも譲るのは俺達ばかりだ」と叫んでいた。事件をTVが中継している最中、鉄道員の子供たちが、もう列車の通るはずのない現場近くの鉄路に、機関庫にあった機関車を引き出して通りかかった。唖然とする関係者。最後に希望を残して本作は終わる。作品のキーワードは「出口は、きっとある」だ。

アルゼンチン映画界が逆境の中、独自撮影で初監督作品を撮りあげた監督の心意気に拍手を送りたい。

●2008年・連合赤軍の道程『実録・連合赤軍』若松孝二監督

『実録・連合赤軍　あさま山荘への道程』は、1972年のあさま山荘事件に至るまでの連合赤軍の軌跡を描いている。連合赤軍とは、日共に不満を持つ学生を中心に結成された共産主義者同盟（ブント）の中の最左翼である赤軍派と、日共から離れた左派からさらに分派した革命左派が、赤軍派の資金と革命左派の銃器を合わせる形で、1971年に合同したもの。武力闘争によって革命をもたらそうとしていた。監督は『寝取られ宗介』『キャタピラー』等でも有名。

拠点基地をつくり、武闘訓練を積むために山岳地帯へ入り込むが、メンバーに総括と呼ばれる政治的反省を求め、そのやり方が次第にエスカレートして、集団リンチが加えられるようになり、同志が10名以上死んだ。総括が期待できない者は事実上殺された。そして警察に追い詰められた彼らはあさま山荘に到着し、9日間にわたるたてこもり事件を起こした。TV中継もあり、日本中がこれに注目したが、学生運動は支持を失うことになっていった。

本作は、わかりやすく彼らが次第に先鋭化していった過程をたどる。当時の新左翼は、外部から見れば細かい互いの差異を許容できずに、凄絶に攻撃しあい、分派が次々に生まれ、そのように先鋭化することによって、政治的力を保とうとしたように見える（中核派と革マル派の内ゲバも同様）。映画の出来としては最高とは言い難いが、筆者を含め、当時をリアルタイムで知らない観客にはよい入門となるだろう。世の中を良くするための行動は、やはり人々の支持を得ながら進める以外にないと思う。関係者が学生運動時代の総括を試みる年齢になってきているのだが、この先日本における政治運動はどのような形で展開していくのだろうか。「言いなり」がまずいのは確かだ。

●2008年・現代の孤独と希望『トウキョウソナタ』黒沢清監督

『トウキョウソナタ』は、様々な現代社会の問題を包含し、映画としての出来映えもしっかりした作品で、2008年『キネマ旬報』日本映画4位に入っている（この年はベストテンに『おくりびと＊』『実録・連合赤軍＊』『母べえ＊』『闇の子供たち＊』もあってにぎやかだった）。

会社をリストラされたのを家族に言えない父（香川照之）は、家族に虚勢をはりながら再就職に苦闘してぼろぼろになり、作ったドーナツを食べてもらえない寂しい母（小泉今日子）は、失職して押し入ってきた強盗（役所広司）と逃避行して、辛酸なめ会いの一夜を過ごし、何事もうまくいかない大学生の長男は、ろくに調べもせず米軍に外国兵として加入して派兵され、小学生の次男は、父から禁止されたピアノ教室に密かに通う。ばらばらの家族と孤立ゆえの苦しみ。

ハローワークの事務的な扱い、米軍のなりふり構わぬ兵士集めなどの社会的事象を描くと同時に、地位のあったサラリーマンが再就職で屈辱を味わう悲哀や、主婦の孤独などの描写が秀逸。再就職活動仲間の自殺、強盗の自殺と、深刻な事態が描かれるも、最後は、ピアノ教室で才能を見いだされた次男の、音大附属中受験の演奏に両親が出席するシーンで希望を残す。父はかつて自分が禁じたピアノに癒されるのであった。否定・絶望の中からも、希望が生まれる人生の寓意であろう。

黒沢清監督は、もともと斬新で潜在意識をかき乱すような作風だったが（『CUREキュア』『カリスマ』『回路』『ドッペルゲンガー』など）、家族を題材に伝統的に作るとこういう出来映えになるのかと感心する出来。俳優陣も的確な演技。次男役は『キネマ旬報』新人男優賞受賞。その後の監督は『岸辺の旅』『散歩する侵略者』『スパイの妻』等で活躍。

●2008年・ナチスの贋札造り『ヒトラーの贋札』ステファン・ルツォヴィッキー監督

『ヒトラーの贋札』は、史実に基づき、ナチス・ドイツの強制収容所で行われた贋札製造に焦点をあてた墺独合作である。

主人公のユダヤ人は贋札作りのプロで、ドイツ当局に逮捕されるが、収容所ではその技能が買われて、他のユダヤ人と比べて破格の扱いを受け、英国ポンドや米ドルの贋造にかかわる。最初は生き延びるための保身のすべとして手を貸したのだが、やがてそれは多くのユダヤ人の贋造スタッフの命を守る意味を持つようになった。前半は露骨でない虐殺も、後半になるとドイツの戦況不利とともに狂気を帯びていく。彼はやがて、1人1人を救うために粉骨砕身することになり、金のために生きていた戦前の仮面の下にある人間らしさが描かれる。暴動を示唆する仲間をさえ、術策を駆使して守ろうとする。しかし、特にかわいがった弟分的な仲間を殺されると、爆発するのだった。やがてドイツ軍は敗走、贋作スタッフの多くは命を失わずに済んだ。

これは英国経済の混乱を狙ったベルンハルト作戦（任務を遂行した少佐の名前）で、実際に収容所内で作業に携わったアドルフ・ブルガー氏の原作に、フィクションを加味した作品となっている。紙幣贋造が明るみに出たのは、元ナチス親衛隊員の情報で、1959年にオーストリアの湖から、道具や贋札の入った箱が発見されたことによる。この作品は、第80回米国アカデミー外国語映画賞（現在の国際長編映画賞）を受賞した。反戦映画の範疇に入りながらも、テンポが軽快、ユダヤ人の視点で紙幣贋造を描いたのも、同じユダヤ人でもダークな人物を中心に据えたことも、この作品を新鮮なものにしている。観客をうならせる力を持った佳作。

●2008年・マンデラ氏受難の日々『マンデラの名もなき看守』ビレ・オーガスト監督

『マンデラの名もなき看守』は、ネルソン・マンデラを収監中に担当した看守が、次第に共感を持つに至る過程を追い、世界世論による釈放の実現までを描く。ネルソン・マンデラが初めて映画化を許可した生誕90周年記念作。独仏白伊英ルクセンブルグ・南ア作品。

白人の政権に対する反体制運動の指導者たちは、島の監獄に収監されていた。マンデラの故郷近くに育ち、土地のコーサ語がわかる白人の看守が、彼の担当になる。はじめはアパルトヘイトのもと、黒人を蔑視していた彼であるが、やがてマンデラらに興味を持ち、禁書扱いになっている彼らの自由憲章を危険を冒して読み、その平等思想に密かに共鳴する。マンデラの高潔な人柄にも惹かれ、獄中から指揮を執る彼らに協力するようになる。薄々怪しまれた彼は、周囲から睨まれたが、それでも屈しない。やがてマンデラの息子の死、釈放された連絡員の死を受け、権力側の実力行使だと思いながらも、1人ではどうすることもできなかった。マンデラへの協力が疑われ、彼も彼の家族も窮地に陥るが、彼は気高き思想の前に、逃げるわけにはいかなかった。「傍観者にはなりたくない。歴史のひとこまになりたい。」20年にわたる2人の友情の後、マンデラはやがて世界世論と経済制裁に押された政権により、釈放の日を迎えた。その後大統領になり、ノーベル平和賞を得た輝かしい歴史は周知のとおりである。

実話で、マンデラの収監時代を描いた貴重な作品である。映画的には、同じ南アを描いた『遠い夜明け*』などに比べ、出来映えは決して優秀とは言えないが、この手のテーマを一部関係者のみならず、広く一般の人々が見る作品として仕立てた功績を買いたい。

●2008年・児童売春と児童からの臓器移植『闇の子供たち』阪本順治監督

『闇の子供たち』は、タイでの児童問題を扱った作品。阪本監督は男の世界を野太く撮ってきた人で、決して社会派ではないが、この作品は衝撃的である。

タイでの児童問題をかぎつけた日本の新聞記者（江口陽介）と、児童問題に関わる地元NPOに研修に来た若い日本人女性（宮崎あおい）が、それぞれに児童売春と児童からの臓器提供を行う闇の組織に迫る。本作では、村から買い取られた児童が、日本人を含む外国人を中心とした児童性愛者に売春させられる。監禁状態の生活で、エイズになれば生ゴミとして捨てられる。児童の受ける苦痛と客の淫らさと組織の凄まじさ、警察内の協力者が描かれ、NPO関係者が抹殺される事態にもなる。最大の問題として描かれるのは、日本人の少年への生きた少女からの心臓移植（提供者を殺すことを意味する）である。それを告発しようとしても、事態の進行を止められない記者とNPOにもやがて悲劇が…

日本で安穏としているのが申し訳なくなる映画。NPOにやってきた日本人女性は、助けたい思いが直情的過ぎて失敗をおかすが、それを批判する新聞側も、冷静に書くだけで犯罪を直接止める行動には出ない。ではどうしたらいいかと観客である筆者も考え始めるが、安全な所にいながらそれについて考えを巡らせること自体が不遜、とも思われてきて、収拾がつかなくなる。映画の力。但し、現実とフィクションが混在している可能性はわきまえておかねばならない。医療関係者によれば、心臓移植は闇の商売として成立しにくく、日本人がタイで心臓移植手術を受けた例もないという。残念ながら筆者には真偽がわからない。

●2009年・ソ連のポーランド侵攻での虐殺『カティンの森』アンジェイ・ワイダ監督

『カティンの森』は、『灰とダイヤモンド』で有名な、ポーランド人のアンジェイ・ワイダ監督によるポーランド映画で、第2次世界大戦中の、有名なカティンの森事件を描いた反戦作である。

ソ連は1939年ポーランドに侵攻、大勢のポーランド人将校を捕虜とするが、その多くが行方不明となった。ドイツは、4千名を越える将校が1940年に、カティンの森でソ連に殺害されたと1943年に発表し、一方ソ連は、1941年にドイツがポーランドに侵攻した際に、これらの将校達がドイツの手に渡ったと発表した。ソ連は1990年になって罪を認め、ポーランドに謝罪した。

この作品では、この歴史のうち、第2次世界大戦当時に起きた出来事が、ある将校を中心に描かれる。この将校はソ連軍によって収容所送りとなるが、その妻が執拗に夫の消息を尋ね歩く。その日々の中に、ソ連とドイツに蹂躙されたポーランド人たちの様子が、丹念に描出される。その時の侵攻者にたてつけば命を失う現実がある。ささやかな抵抗を組織して絶命する者、人格を曲げてまでこびを売らねば生きることすらできない実態。将校達はと言えば、数カ月の収容所暮らしの末に、かなりの人数がカティンの森に移送され、流れ作業で1人1人射殺された。全員射殺とわかっているのに、形式的になされる尋問の何と虚ろなことか。カティンに送られずに解放された将校も、他国による蹂躙と遺族の目に耐えきれずに自決する。

ソ連とドイツは互いに相手が悪いとして宣伝合戦に終始する。プロパガンダはすべて怪しい。戦乱は真実を隠す最大の敵だ。日本が戦争を選択する時が来たら、筆者は猛反対したい。

●2009年・米資本主義の告発『キャピタリズム　マネーは踊る』マイケル・ムーア監督

『キャピタリズム　マネーは踊る』は、『シッコ＊』に続く、マイケル・ムーアの病んだ米国告発エンターテイメントだ（米国作品）。

1％の富裕層が99％の庶民から吸い上げる資本主義を告発、レーガン大統領以降露骨にウォール街が牙をむき、庶民が資本主義を謳歌できなくなったと主張する。幾つか取り上げられているビヨーキを見ておこう。まずGMのリストラ。監督のデビュー作で、GMの人間が、会社のためにはリストラは仕方ないと豪語、その会社が破綻する情けなさ。少年院を民間委託した町で、次々少年少女をそこに送り込む判事と業者の癒着。社員が死ぬと保険金を会社が受け取れる「くたばった農民保険」。サブプライムローンのせいで、長年住んだ我が家を保安官に立ち退かされる家族。そうやって差し押さえられた家の転売で儲け、資本主義に同情はいらないと笑う不動産業者。航空運賃競争のあおりでパイロットが年収200万円しかなく、アルバイトなしでやっていけない現実。いい職業に就こうと思っても、大学の学費ローンに苦しみ、のっけから借金を背負わされる庶民。これらは、貧富の差をアメリカン・ドリームの原動力と言ってごまかす支配層のせい。政治家も一蓮托生、リーマン・ブラザーズ破綻後の不良債権救済法案は、政治工作で議会を通過、予算が何に使われたかは議会監視委員会にもわからないというずさんさ。どさくさのふんだくりか。

反面、社員が全員役員という方式でうまくいっている会社や、立ち退きを地域ぐるみで拒否し成功した例など、いい話も折り込み、最後は、儲けた会社に乗り込み、金返せとどなりこむ監督のいつものパフォーマンス。必見の溜飲下げ過激娯楽大作だ。

●2009年・米国社会の多面的問題『グラン・トリノ』クリント・イーストウッド監督

『グラン・トリノ』は、枯淡の芸域に達したと目されるイーストウッド監督の会心作で、数々の賞を得ている米独作品。

監督自身が演じるのは、朝鮮戦争で若者を多数殺害した苦しみの中に、自動車工として働き、引退後最愛の妻に死なれ、子供達との仲もうまくいかずに独居する老人である。頑固一徹、国産車を愛し（愛車は72年型グラン・トリノ）、隣人のモン族（中国・ラオス・タイ等にまたがる民族）の家族（戦乱を避けて米国へ移住）をイエローと呼んで毛嫌いする彼であったが、チンピラにつきまとわれる同家族の娘を守ったことをきっかけに、交遊が始まる。同家族の息子はまじめでおとなしい性格だが、チンピラに強要されてグラン・トリノの窃盗を試みた詫びに、老人のために働くようになり、実用的諸事や、「強い男」としての作法を教え込まれる。チンピラたちのじゃまを防ぐため、老人は脅かしをかけるが、同家族の家が銃撃にあい、娘は凄絶な強姦を受ける。復讐を誓った息子と老人の行動は…　渋いので、明かさずにおこう。

老人の渋さが目立つ粋な作品ではあるが、彼の作品に多い、ハードボイルドなヒューマニズムが伝わってくる佳作で、人種間の問題、居住地区の安全の問題、配偶者を失った老人の問題、生死とは何かという問題、神と信仰の問題など、多面的な課題が盛り込まれ、見る者に味わい深さを与える。深読みしようとすればそれも可能という、懐の深さも実はあるという出来。監督最後の俳優出演作と当時は言われた。車のグラン・トリノもこの老人自身も、良くも悪くも米国そのもの。米国を撮り続けるイーストウッド監督のこの先の手は何だろう。

●2009年・重大事故と安全『沈まぬ太陽』若松節朗監督

『沈まぬ太陽』は、山崎豊子原作による3部作で、日本の航空会社の、ある社員の過酷な運命を通して、労働争議から大規模事故を中心に、会社組織と世の非情を描いたものである。

本作では国民航空であるが、明らかにJALを念頭に置いている。主人公は東大卒で正義漢のエリートだが、組合活動華やかなりし時代、安全運航のための待遇改善をめざして組合活動をして、あからさまな報復人事により海外の僻地を歴任、家族とも離ればなれとなった。志を曲げない者は干され、転向した者は厚遇されて、中には重役になった者もいた。そこへ御巣鷹山の事故である。主人公は遺族担当となり奔走する。組合を捨てて転向した重役は、それを尻目に政界工作にうつつを抜かす。それは会社の体質を体現しており、命を預かる航空会社の倫理観はどこにもない。裏の世界、政治の世界を巻き込み、国民航空の再建は大揺れとなった。そうした動きのきな臭さとは対照的に、主人公の1人1人と大切に接する誠実さが描かれる。筋を曲げないことが家族に大変な負担をかけるという、激烈な悩みを抱えていることも、しっかりと描かれている。最後は1人奮闘する新社長が、会社の膿を一部出して去っていく。1人の力は巨悪に対して十分ではない。

御巣鷹山の悲劇の関係者も多数おられ、JALの抵抗もあり、制作は大変であったろうと思うが、随一の素材だけに、さらなる完成度を期待するのは酷であろうか。主人公を演じた渡辺謙はさすが。同じ御巣鷹山事故を報道の観点から描いた秀作、『クライマーズ・ハイ』の堤真一の名演と重ね合わせた。重厚な1作。第33回日本アカデミー作品賞。若松監督は『ホワイトアウト』『FUKUSHIMA 50*』等でも有名。

●2009年・スラム出身者への差別『スラムドッグ$ミリオネア』ダニー・ボイル他監督

ダニー・ボイル監督（正確にはラブリーン・タンダン氏と共同監督）作の『スラムドッグ$ミリオネア』は、第81回米国アカデミー作品賞・監督賞・脚色賞に輝く英国映画である。

インドのスラムの劣悪極まる環境で育った少年の、兄や少女と一緒の少年時代からの足跡を挿話しつつ、大人になって出演したTVクイズ番組での成功に不正の疑いがかけられて、警察で拷問を受けながら、最後は巨額の賞金を得、さらに行方不明だった少女と再会するという話である。全体としては娯楽作の仕上がりであるが、スラムのひどさや、浮浪児を集めて押売団を組織する大人、外国人観光客相手の犯罪行為、宗教対立による暴動などの社会問題が描写され、子供たちがそのまま、ただ中に生きる様子に、観客としては痛々しい思いをする。しかし主人公が会社勤めをするようになっても、依然その地位は低く、TV番組の司会者からも影で憎しみをぶつけられ、挙げ句の果ては、クイズでの快進撃をねたまれて不正のレッテルをはられ、警察の拷問を受けるに至る。いつまでたってもたたかれる存在だということだ。

クイズでの快進撃がなぜかということがミステリーだとして、この映画の宣伝がなされたが、実はそれぞれのクイズの答えは、辛い生い立ちの中で自然と身についていた知識だった、という描き方になっており、財政的に成功した者や高学歴の者と主人公とに大きな差はなく、その差別意識の何と意味のないことか、ということを考えさせる仕掛けになっているように感じられた。米国アカデミー賞作だとあら探しされることが多いが、素直に見れば、娯楽作でこの題材ということに効能もあり、見る所も多い作品だと思う。

●2009年・レバノン内戦とイスラエル兵『戦場でワルツを』アリ・フォルマン監督

『戦場でワルツを』は、イスラエルによるレバノンのベイルート占拠時に発生した住民虐殺を描いた、イスラエル人監督によるイスラエル映画である。

宗派対立を本質とするレバノン内戦で、イスラエルは軍事介入を繰り返していたが、この作品では1982年の介入を扱っている。監督自身がその当時の記憶がないために、それを取り戻す旅に出る様子が、斬新なアニメーションで描かれる。戦闘地域から海を泳いでイスラエルに戻ったり、年端もいかない少年たちが銃を持つ様子などを織り交ぜながら、旅が進む。全体に淡々と進む戦闘関連シーンが、無機質な不気味さで人間の命を究極に軽んじる。表題のワルツは、廃墟からの銃撃の中で、自殺行為的に道路へ踊り出て、銃撃の中に身を翻す兵士の狂気を指している。戦闘が日常化して、感覚の狂った人間の恐ろしさを描出しようとしたものと思われる。

世界の映画評では、アニメ自体が妙なリアルさを持つという評判なのだが、筆者には必ずしもそうは感じられなかった。映画の最後では、監督が思い出した虐殺のシーンとなって、そこでアニメから実写に移行して、ショックを増幅する意図をもった演出なのであるが、これも筆者にはぴんと来なかった。しかし世界の評価は高く、米国アカデミー外国語映画賞も『おくりびと＊』と争った。日本でも高評価を得ている。イスラエルでこうした映画が撮られること自体は、評価すべきことだと思われる。それにしても、中東の現代史が中々頭に入らないのが歯がゆい。もちろん筆者の怠惰以外の何物でもないのだが、一種の平和ボケでもあるだろう。キリスト教、ユダヤ教、イスラム教の勉強も必要だ（と思いながらなかなか進まない）。

●2009年・加害者の家族の人権『誰も守ってくれない』君塚良一監督

『誰も守ってくれない』は、犯罪容疑者の家族がさらしものになる悲劇を描いた社会派ドラマである。君塚監督は『踊る大捜査線 THE MOVIE』『遺体 明日への十日間＊』等でも有名。

長男が受験の重圧から幼姉妹殺人事件を起こし、家族が警察や自宅前に集まるマスコミに威圧され、母親は耐えきれずトイレで自殺する。刑事（佐藤浩市）が容疑者の15歳の妹の保護を命ぜられるが、新聞記者の追及や、悪質なブログ利用者らからの執拗な追跡にあい、追い詰められる。妹と刑事は海沿いのペンションに逃れるが、ここの経営者の子供は、3年前にその刑事の目の前で刺殺されているのだった。よって経営者にとっては、犯罪者の家族をかくまうことに複雑な心境である。刑事の方も苦しんでおり、尾行中の犯人を逮捕するのが命令によって遅れたことが、この子が死んだ原因とも言えたのだ。もちろん保護の対象となった娘も、自分は何もしていないのに、一気に家族から引き離され、母親を失って、動転している。追い打ちをかけるように、この娘は、信用していたボーイフレンドから悪質ブログの盗撮に売られ、たたきのめされる。ただ1人守り続けてくれた刑事に、娘は、黙秘を続ける兄の事件当日の様子について語り出した。

被害者の家族も加害者の家族も、被害にあうという意味では同じだ、という立場から描かれた作品で、現代社会で頻発する、容疑者やその家族のプライバシーを暴く遊びを非難している。警察上層部も、保護は証言を得るためのもので、人権配慮感覚は皆無。基本は娯楽作品だが、苦しむ人々のそれぞれの立場を丁寧に描いて深みがある。但し、逃避行中の少女が健康な顔つきで、演出不足を感じる部分もあった。2010年の米国アカデミー外国映画賞に日本代表で出品された作品。

●２００９年・かつてのロス警察の腐敗『チェンジリング』クリント・イーストウッド監督

『チェンジリング』は、『父親たちの星条旗＊』『硫黄島からの手紙＊』のクリント・イーストウッド監督による、社会派と言える堂々とした米国作品である。

１９２０年代のロサンゼルスが舞台。主人公は母子家庭の母親で、ある日仕事の代役を頼まれ、やむなく小学生の子供を1人で家に残す。帰宅してみると、いつもは暗くなって外にいることがない子供がいない。警察に電話するが、２４時間以内は捜査を開始しないという。しばらくたった後で、見つかった子供が警察に連れられて戻ってくるが、母親は自分の子供ではないと感じながら、警察は取り合ってくれない。警察に何度も足を運び、運動家の社会派牧師と知り合ううちに、警察からは錯乱と称して施設に収容されてしまう。本当は別の子供を警察が無理矢理連れてきて解決を装ったのだが、良心的な刑事が別件で小児の大量誘拐殺人を発見し、問題の子供がその事件に関係していることがわかってもなお、担当警部も上司もあげくは市長まで、替玉のままで押し通そうとする。最後は、母親の強固な意志と牧師や弁護士などの活動家の告発により、真実が明るみに出て、施設から多くの人々が解放されたが、子供は殺人犯のもとから逃げようとしたことがわかっただけで、結局帰ってくることはなかった。

当時のロス市警は腐敗し、闇取引の口止め料をたかるなど、およそ市民に寄り添った活動内容ではなかった。本作ではかなり激しい言葉で警察が批判されている。イーストウッドの真骨頂だが、冒頭に映画会社が、作品内での主張は会社の主張ではないと断っているほどである。映画としての出来も堂々たるもの。こういう作品が撮れる環境はぜひ続いて欲しい。

●2010年・アパルトヘイトと平等『インビクタス』クリント・イーストウッド監督

『インビクタス　負けざる者たち』は、実話に基づき、南アフリカのマンデラ大統領とラグビーワールドカップを描いた米国作品である。1994年に釈放されたマンデラは、同年大統領に選出された。しかし彼は、白人冷遇の政策はとらない。南アフリカの未来のためには、アパルトヘイトを実行した白人も含めた平等な社会が必要だと力説した。米国のキング牧師と同じ発想だ。

当時の南アフリカのラグビー代表チームは、トップの国々の中ではかなりの弱小で、黒人も1名しかおらず、黒人差別の象徴である白人富裕層のスポーツとして、黒人の間では嫌われていた。大統領は、このチームが国民の団結の象徴になるものと考え、黒人地区への指導活動をさせるなどの方策をとり、チームをアパルトヘイトの象徴だとして、愛称等の変更を決議しようとするスポーツ協会に釘を刺し、白人のキャプテンを励まして、盛り上げを図った。そしてついに、1995年に自国で開催されたワールドカップで、下馬評を覆し、ニュージーランドのオールブラックスを破って、奇跡の優勝を成し遂げた。うまく行き過ぎの感はあるが、事実なのだから仕方ない。

『マンデラの名もなき看守＊』が釈放までを描いたので、あたかもその続きを見ているかのようだった。映画化するならということで本人が御指名だったモーガン・フリーマンははまり役。彼は指名されてマンデラ氏の自伝の映画化権を買い付け、自らプロデューサーとなって、イーストウッド監督に監督を依頼した作品である。それにしても、イーストウッド監督の反戦人権路線は、『父親たちの星条旗＊』『硫黄島からの手紙＊』『グラン・トリノ＊』、そして本作と、止まるところを知らない。

●2010年・ボリショイでのユダヤ人排斥『オーケストラ！』ラデュ・ミヘイレアニュ監督

『オーケストラ！』は、ユダヤ人の監督による、露仏を舞台にした仏伊ルーマニア・白露作品だ。未見の方には読み進めないことを推奨する。

旧ソ連で1980年に、ボリショイ劇場の管弦楽団から、ユダヤ人とその支持者が排除された。支持者の元指揮者は、偶然パリのシャトレ座からボリショイ楽団への緊急出演依頼を目にし、ボリショイ側にそれを隠して、排斥された仲間を連れての公演を画策する。思いつきのアイデアを完遂する上で巻き起こる騒動をユーモラスに描く一方、元指揮者が、ソリストにフランスのある若手実力者の女性を指名した理由が次第に明らかになっていく伏線が、緊張感をもたらす。パリ公演は、メンバーがまとまらず、不安な中に期日を迎えるが、それに嫌気がさして一旦は降板を決めたソリストが、自分がかつてボリショイから追われ収容所で絶命したソリストの子であり、元指揮者たちによって排斥を免れ、赤子のときにフランスへ脱出したという出自がわかり、その母が持っていた譜面を入手して、万感の思いを胸に、公演を大成功に導く。

音楽が裏の主人公だが、旧党幹部が、公演に協力するため芝居を打ちながらも、共産党の復活を願ったりして、風刺もふんだんに盛り込まれた。ブレジネフ時代にボリショイでユダヤ人排斥があったのは事実で、それをもとに、本作はユーモラスな中に感動のフィナーレへと突き進む。最後のチャイコフスキーは鳥肌の出来栄え。それはそうだ、編曲で12分の演奏でも、撮影には3カ月もかかったのだ。鑑賞して思うことは、人間らしい感動は、反戦の志と同じことではないかということ。資本主義も共産主義も、それを忘れれば倒れる。必見。

●2010年・イラクでの爆発物処理『ハート・ロッカー』キャスリン・ビグロー監督

『ハート・ロッカー』は、2004年夏のイラクを舞台に、米軍爆発物処理班の任務を描いた米国作品である。

新しく任務についた軍曹が、爆発物処理の任務にあたる際、同僚との連携を無視し、危険を次々冒す。そうした年月の中に、テロで吹き飛ばされる場面、砂漠での銃撃などの、イラク戦争の「戦後」の恐怖が描かれる。非日常が日常と化した異常な毎日である。処理班のメンバーは特殊な心理状態にある。戦場の兵士よりも死亡率が高く(5倍高いそうである)、静止した爆弾を相手にした、死と隣合せの中にも冷静さが必要な、孤独な闘いだ。それも連日である。仲間同士で喧嘩にもなれば、時に奇行にも走る。軍曹は感情を表に出さず、機械のように大胆に任務をこなすが、怪しげな海賊版DVD売りの少年にふと心を許す。現地で唯一の、潤いのある時間だ。しかしこの少年は、人間爆弾とさせられて命を落とす。軍曹がただ一度、感情を見せるシーンだ。

この作品は、反戦の志あふれる佳作という評価はできず、淡々と命の危険の関門をくぐりぬける作業や、当時のイラクの日常の危うさを映し出すのみ。しかし、反戦にも米軍賛美にもくみせず、迫真の現場を描き出す力に圧倒される。第82回米国アカデミー作品賞・監督賞・脚本賞受賞作だが、鳴り物入りのメジャー作の臭いはない。メッセージ性が、意図的に排除された演出であろう。どう受け止めるかは、観客次第だ。筆者はこれも立派な反戦映画だと思う。しかし映画としては低予算で、志で撮った作品だろう。多くの映画祭での栄誉に快哉を送る。但し帰還兵から、描く内容が不正確と指摘されてはいる。

●2010年・米国への「不法」移民『闇の列車、光の旅』キャリー・フクナガ監督

『闇の列車、光の旅』は、日系米国人キャリー・ジョージ・フクナガ監督の初長編監督作品で、いきなり2009年のサンダンス映画祭で監督賞・撮影監督賞を受賞した、メキシコ・米国合作映画である。

ホンジュラスの少女が、米国から強制送還された父に連れられて、気が進まない中、家族のいる米国を目指す違法な旅に出る。メキシコからは、米国行きの貨物列車の屋根に、他の大勢の違法移民と共に乗る。メキシコの少年が、所属する少年ギャング団のボスに追われ、その列車の屋根に乗る。ボスは屋根上で強盗におよび、その少女に暴行しようとし、少年は思わずボスを殺してしまう。少女は少年にほのかな恋心を抱いて、少年の後を追って列車を降りるが、組織に追跡されて殺される運命の少年は、少女とともに逃避行をすることになる。少女は途中で父が列車から転落死したことを知り、後がない2人となるのだった。少年に説かれた少女は、一緒に米国へ渡り、家族を探すことにする。国境の川を渡し屋の導きで渡る途中、少年は追跡してきた組織の一味に射殺されてしまう。少女は絶望しつつも米国潜入に成功し、家族に連絡がついたのだった。

不法移民の背景と実態、少年ギャング団の恐ろしくも哀しい実態、逃げても逃げても逃げ切れないぎりぎりの生活、そうした痛々しい現実が、少女の打ち震える心を通して描かれる。綺麗事では済まされない世の中が観客に突き付けられるが、最後に一筋の光を見せる。社会派としても、人間ドラマとしても、瑞々しい淡い恋の物語としても優秀。監督が、不法移民の取材を丹念に行った結果だという。

●2011年・戦争の残した怒り『一枚のハガキ』新藤兼人監督

『一枚のハガキ』は、新藤監督99歳の遺作となった作品で、野太い反戦作である。

気丈な友子（大竹しのぶ）は、夫を戦争で失い、夫の弟と結婚させられ、その弟も戦争で失い、実家も戦争で全滅、舅は失意のうちに死に、姑は貧乏を気遣い自殺、1人残された彼女は、水道も電気もない、貧しい農家暮らしを続ける。夫は戦時、くじでフィリピンへ赴いたのであったが、戦友の男（豊川悦司）は、くじで国内に留まった。男は戦後故郷に帰ると、家はからっぽ、出征中に実父と妻ができてしまい、逃げていたのだ。しばらくしてブラジル行きを思い立った男は、友子の夫からフィリピン行きの直前に預かった葉書を見つける。友子が夫に送ったものだ。男は友子に葉書を届けに行き、互いに礼を尽くしながらも、友子はくじで生死を分けた理不尽さに我を失う。2人はやがて惹かれあい、家が焼けながらも、農家として行きていく中に希望を見せて、本作は終わる。

いかにも新藤監督らしい、実直にして力強い作風で、2人の俳優も熱演。乾いたユーモアも織り交ぜ、技法的にも円熟の極致。さすが2011年『キネマ旬報』日本映画第1位である。戦争のせいでこんなにも酷いことになる理不尽さを訴えて、圧倒的だ。新藤監督が自ら映画人生最後の作品として撮った。この作品に出てくる男と同様に、戦争に生き残った監督の、一貫した執念の反戦作である。集大成にして、最高傑作の風格あり。新藤監督にはお疲れ様の言葉をかけたい。本書でも多数の作品を取り上げさせていただいた。また、台詞一切なしで小島での労働生活を描いた『裸の島』の衝撃は、今でも忘れられない。合掌。

●2011年・北朝鮮を外から映すドキュメンタリー『愛しきソナ』ヤン・ヨンヒ監督

『愛しきソナ』は、在日コリアン2世のヤン・ヨンヒ監督が、北に渡った兄の娘のソナを主にして、平壌の家族の様子、監督の実家の両親の様子を撮った日韓製ドキュメンタリー。

監督の父は、済州島出身（母は大阪生まれの在日コリアン）で「朝鮮籍」だが、日本での差別から北を楽園と思い、息子3人を帰国事業で北に移住させた。監督はたびたび平壌の家族を訪問する。最初に描くのは1995年で、姪のソナは3歳。次の2001年は両親も同行、生活苦が描かれ、父と息子の散歩は寡黙だ。拉致問題が注目された2003年の大阪では、衝撃を受ける父が描かれる。2005年の平壌は、『ディア・ピョンヤン』（2005）で入国禁止となったため、監督最後の訪朝となった。その後の大阪では、父の死去までを描く。晩年促されても、北の歌を歌わなかった父のシーンが印象的。また本作は、貴重な平壌市民の暮らし向きも映す。水道や電気の制限、庶民に手の出ない外貨レストラン、無許可の仕出業などが登場する。

上映後の監督の講話を拝聴したが、家族を描いただけで反北作品ではないとのこと。しかし、家族が幸せに暮らすことを妨げるものに対する態度の表明となってしまうのは仕方ない。1990年代に北への入国と「ガイド」の同行が厳しくなったこと、フィルムの持ち出しが厳しいこと、正式の許可を取っての撮影はしたくなかったこと、その他平壌のことなど、貴重な話を聞くことができた。本作は英題が「ソナ：もう1人の自分」で、選択が与えられないソナと、それが許される場所で育った監督との関係に思いを寄せたい。『ディア・ピョンヤン』で父を、本作で姪を描いた監督は、母を描く『スープとイデオロギー＊』を2022年に公開した。『かぞくのくに＊』でも有名。

●2011年・米国の財界政界の狙い『インサイド・ジョブ』チャールズ・ファーガソン監督

『インサイド・ジョブ　世界不況の知られざる真実』は、2011年米国アカデミー長編ドキュメンタリー映画賞を得た力作（米国映画）である。

サブプライムローン問題からリーマンショックを経て、2008年に米国を中心に発生した金融危機が、実は米国の経済支配層の強欲が原因で、誰も責任を取らず、制作当時でも支配を続けている様を告発したドキュメンタリーである。まず、アイスランドが銀行の過剰投資による借入で金融危機に陥ったことを紹介して、世界規模の問題であることを確認する。歴代の米国政権は、利潤追求の財界の大物ばかりに経済行政を任せ、彼らは金融上の仕掛けを次々に編み出しては暴利を得、その結果の惨状にはほおかむりをする。その悪行をあぶり出すようにインタビューが進んでいくが、作品に登場する経済人や大学人らが、いらついて責任逃れの恫喝をする場面を見ると、ふつふつと怒りが湧き上がる。

こうした新自由主義の暴走が、世界的に不安定な経済状況を作り出している今、どうして米財界人たちが今でも甘い汁を吸う仕組みを温存し続けていられるのか、理解に苦しむ。政権財界ぐるみですれば犯罪ではないということか。金融機関の適切な規制が必要だろう。インタビューという、要人たちとの切り結びそのものが、こんなにスリリングだとは思わなかった。登場するのは投資家、ＩＭＦ理事、元米国政府委員、元米国経済顧問、仏外相、シンガポール首相等々。マイケル・ムーア作品のようなインパクトを持ち、突くべきところを突きながら、こういう、支配層に都合の悪い作品が、堂々とアカデミー賞を取る映画界であることは好ましい。

●2011年・戦乱と学び『おじいさんと草原の小学校』ジャスティン・チャドウィック監督

監督の劇場用映画第2作『おじいさんと草原の小学校』は、英米ケニア合作で、英題は「1年生」、実話に基づく作品である。ケニアは英国の植民地だったが、1952年にマウマウ団による反乱が始まり、1963年に独立した。2003年には、政府が無償教育を導入した。

本作のもとになったのは、84歳の文盲の老人（元マウマウ団兵士）が、始まった小学校の無償教育に応募してきたという出来事である。応募者が多いため、老人の入学は当局が当初は認めなかったが、文字を読みたい一心で、門前払いをくらってはまた押しかける老人の熱意に負けた校長は、入学を認めた。市民の冷ややかな目や当局の横やりの中、兵士時代に英国に妻子を殺され、自らも拷問を受けたトラウマに苦しめられながらも、子どもたちと机を並べる生活に挑戦する。市民の襲撃に遭遇しもするが、世界中からマスコミが集まって、有名にもなる。当局が校長を問責して左遷した時には、子どもたちがピケをはって、新規着任者を拒否し、老人も首都ナイロビに乗り込み、政治家に直接左遷の取り消しを迫る。世界最高齢の小学生ということで、ギネスブックにも登録された。高齢になっても勉学したい者の熱意には敬服する。老人のもとには、かなり以前に政府から手紙がいろいろと届いていたのだが、それもようやく読むことができることになった。その内容は、独立戦争で兵士として働いたことによって被った損害の賠償を、政府に請求できるというものだった。また本作は、独立戦争時代の様子もあわせて描いている。

映画としては、正直なところ、出色の出来栄えというわけでもないのだが、鑑賞の価値のある作品だ。

●2011年・フランス警察のユダヤ人連行『黄色い星の子供たち』ローズ・ボッシュ監督

『黄色い星の子供たち』は、ナチスによるユダヤ人迫害に、フランスが加担していた事実を、子供の運命を通して描いた、仏独ハンガリー作品である。1995年に、当時のシラク大統領が、フランス政府の責任を認めた。本作は、その迫害の全容を初めて描いた。

ナチスによる占領下、1942年のパリで、フランス警察による、史上最大のユダヤ人一斉検挙が行われた。ドイツは子供以外と要求したのに、時のフランスの首相は孤児が面倒になるとして、子供も含めての検挙となった。屋内競技場に1万3千名のユダヤ人が、子供や赤ん坊も含めて押しこめられ、5日間飲まず食わずで放置された。医療にあたる医師は、自らも検挙されたユダヤ人医師1名のみ。施設の点検に来た消防士が、危険を冒してホースから水を振る舞い、ユダヤ人からの手紙を預かるなど、良心的なフランス人の存在も描く。しかし、結局屋内競技場からは、子供たちも収容所へ送られた。本作は収容所を脱出した子供たちがいたことも描くが、脱出しなかった子供たちは、結局命を奪われた。

監督は元ジャーナリストで、収容所を脱出して生き残った子供たちなどへの、綿密な取材に基づいた作品。『オーケストラ！＊』で主演したメラニー・ロランが、ユダヤ人に寄り添ったフランス人看護婦役で主演しているが、脚本を読んだだけで泣き崩れ、この映画作りを大切な義務と考えたという。準主演の医師役ジャン・レノは、教訓的な作品は怖いという心情の持ち主ながら、この作品は彼をして、出演したことを誇りに思うと言わしめた。なお邦題に関して言えば、ユダヤ人には、衣服に黄色い星のマークをつけることが義務付けられていた。

●２０１１年・米国が英国を支配？『ゴーストライター』ロマン・ポランスキー監督

２０１１年『キネマ旬報』外国映画第1位に輝く『ゴーストライター』は、『戦場のピアニスト＊』で有名なポランスキー監督の、しっかりとした娯楽サスペンス大作（制作国は仏独英）だが、現実だったらと思うと戦慄を覚える。

極秘かつ高報酬ということで、元英国首相の自伝のゴーストライターを引き受けた青年が、米国にある島に渡って、元首相の滞在先で作業を始める。しかし、元首相がイスラム過激派を敵視した上での戦争犯罪のスキャンダルが持ち上がり、事故死したはずのゴーストライターとしての前任者が実は殺されたという状況証拠が出てきたり、前任者が隠していた元外相の携帯番号が出てきたり、謎の鍵を握る大学教授が青年の命を狙ったり、ミステリーはどんどん深まる。実は、米国ＣＩＡが、その大学教授を通じてある女性を操り、彼女がノンポリであった元首相に近づいて結婚し、政治の世界に巻き込み、首相へと歩ませたという話である。元首相は、彼女の助言のとおりに英国を動かしたわけで、米国が英国を乗っ取ったということである。それで元首相は、米国のかわりに英国の部隊を動かして、イスラム圏に工作を続けたというわけだ。元首相は、報道陣の囲む中で銃殺され、青年も、自伝の出版パーティにいた元首相の未亡人に真実を突き付け、颯爽と建物を出たところで「交通事故死」する。

全くのフィクションで、「現実だったらと思うと」とは言ってみたものの、類似のことが実際に起きているかもしれない。『ＪＦＫ＊』で米国石油産業が大統領の首すら握り、危険と思えばケネディすら暗殺する、としたストーリーと同様の現実感があるのはどうしてであろう？

●2011年・フランスによるユダヤ人強制連行『サラの鍵』ジル・パケ=ブレネール監督

『サラの鍵』は、『黄色い星の子供たち*』同様、1995年に当時のシラク大統領が認めた、フランス当局による、ユダヤ人強制連行を描いたフランス作品である。

1942年に、ナチス支配下のパリで、多くのユダヤ人たちが、屋内競輪場に連行され、トイレもない状態で押しこめられて、やがて強制収容所へと送られていった。連行の時に、幼い弟を家の押入れに隠して施錠した幼女サラが、収容所から脱走し(それをこっそり手助けした仏人警官もいた)、危険を冒して、かくまってくれた見ず知らずの夫婦に連れられて家へ戻ると、別の家族が住んでおり、鍵を開け、腐敗した弟の遺体に絶叫するのだった。その「別の家族」の親類で、ジャーナリストの女性が、自分の家庭問題にも悩む中で、自分の叔父、サラをかくまった夫婦の娘、サラの夫の後妻、サラの実子を次々に見つけて、真実を突き止めていく。自分の叔父の父(サラの家の次の住人)が、サラをかくまった夫婦に、毎月やりくりして、サラのために送金していたのだった。サラの「実子」は、自分がユダヤの血を引くことも知らず、会いにきたジャーナリストを追い返すのだったが、死期近い父親からすべてを打ち明けられて、母の過去と、彼女が鬱で壮絶な自殺を遂げたことも知り、ジャーナリストと和解し、涙を流す。

『黄色い星の子供たち*』に比べて、連行や収容の描写は少なめだが、そのひどさは充分伝わる。本作の多くの場面は、サラの行く末をたどる一級のサスペンスとして語っている。フィクションではあるが、1人の少女の悲しい生涯を扱いながら、周囲の人々の温かさに胸を打たれる感動作で、きわめて構成の優れた良心作であり、ぜひ御覧いただきたい。

●2011年・核廃棄物処分と10万年『100，000年後の安全』マイケル・マドセン監督

『100，000年後の安全』は、フィンランドに建設中の、世界初の高レベル放射性廃棄物の永久処分場をめぐるドキュメンタリーだ。

放射性廃棄物が安全になるまで10万年かかると言われ、フィンランドでは固い岩盤の地下500mに巨大な処分場を建設中で、カメラはその巨大施設の中を映し出す。地下への入口は何とも重たい雰囲気だ。この施設の完成（2020年代と言われる）後は、廃棄物がコンクリート詰めになって次々と埋められ、満杯になれば封鎖される。この作品のテーマは明確で、10万年も人類がこの施設を管理していけるか、という根本的疑問である。その間に大地震がないと、戦乱による核ミサイル攻撃がないと、誰が保証できるのか。また数万年後の住人が、この施設の扉を開けないと誰が言えるのか。世界中に少なくとも25万トンの放射性廃棄物があるという。早く処分しないと、福島第1のように廃棄物をプールしておく危険を冒すことになるが、地中深く埋めても、安全とは言い切れないのではないかということだ。本作を見ていると、原発とは縁を切りたくなる。しかし本作は、反原発で塗り固められたプロパガンダではなく、価値観を持ち込まずに事実を暴くことに徹するがゆえ、哲学的問いを観客に投げかけ、観覧後に深い印象を残すことに成功している。

制作国はデンマーク、フィンランド、スウェーデン、イタリア。79分とやや短いが、見応えは十分。この処分場には本作で初めてカメラが入った。また東日本大震災のため日本公開が早まり、パンフレットもプレスシートも間に合わず、入場料から200円が震災義援金に回るなど、異例ずくめだった。

●2011年・反戦作でなくても見て欲しい『戦火の馬』スティーヴン・スピルバーグ監督

『戦火の馬』は、巨匠スピルバーグ監督による大作で、初めて第1次世界大戦を舞台に、飼主の青年と馬との絆を描いた。制作国は米印。

英国のある村でサラブレッドが競売に出て、青年の父が無理をして買い、青年が躾に当たるが、豪雨で作物がやられ、泣く泣く軍に手放す。青年もやがて参戦する年齢となり、塹壕を奪い合う壮烈な戦いを生き延びていく。馬は戦地で敵方に渡って以降、少年兵が連れ出して風車小屋に匿い、風車小屋の老人と孫娘が愛情を注いだが、食糧共々独軍による略奪にあい、独軍の行軍で働かされる。やがて馬ははぐれて、英独両軍が塹壕同士でにらみ合う中間地帯に迷い込み、有刺鉄線がからんで動けなくなった。戦闘を中断して、両軍から出てきた兵士が協働して馬を救い出し、馬はコイン投げで勝った英兵に連れられて、英国側の野戦病院へ行き、そこで毒ガスで目をやられた青年と再会する。終戦を迎え、馬が競売にかけられることになると、営利業者を相手に、あの風車小屋の老人が競り落とし、晴れて青年のもとに帰った。

ロケ地の、美しい英国デヴォンのダートムアとコッツウォルズのカッスルクームの田舎、リアルな戦闘シーン、さすがにスピルバーグ監督である。塹壕戦の膠着、戦車の登場、大量の死者を出したソンム川の戦いなど、第1次世界大戦の特徴もよく盛り込まれている。反戦作品ではないが、英国だけで90万近い兵士と100万頭の軍馬が死んだとされる戦争に、思いをはせる。メディア等での評判は両極端に分かれ、筆者は感動し損なった1人で出来は今一つとみるが、戦争物というだけでレンタル状況が振るわないのに閉口し、取り上げるに至った。

●2011年・ソ連の対独戦で描く悲劇『戦火のナージャ』ニキータ・ミハルコフ監督

『戦火のナージャ』は、スターリン時代の粛清を描いた『太陽に灼かれて＊』（1995年）の続編と言うべき大作。制作国はロシア。

前作は、革命の勇士の元大佐（監督自らが演じる）が、妻をかつて愛し、秘密警察となった男に、スターリンによる粛清にかこつけて連行される悲劇を、避暑地での楽しげな生活との対比の中に描いた。本作では、前作に大佐の幼い娘役（役名ナージャ）で登場した監督の実娘が、年頃となって登場する。舞台は、第2次世界大戦下でドイツ軍に攻めたてられているソ連。大佐は処刑されたことになっているはずだが、生きているとにらんだスターリンは、捜索を命じる。その捜索を担当するのは、前作で死んだと思われる、粛清で大佐を連行した男であり、つながりの悪い部分もある。強制収容所をドイツ軍が爆撃して大佐は脱出し、一兵卒として対独戦の要塞作りに加わるが、結局ドイツ軍に蹴散らされ、大佐と一部の仲間以外はやられてしまう。ナージャは、父を連行した男と会って、行方不明の父が生きていると気づき、従軍看護師となって、父を探す。赤十字の船に乗るが、これもドイツ軍に爆撃され、かろうじて生き延びた。最後のシーンでは、まだ女性を知らない若い兵士の死にあたり、請われて胸をはだけた彼女のうつろな姿が印象的である。

ドイツ軍の蛮行があちこちに散りばめられているが、滑稽とも思える場面などを背景に、蛮行とのコントラストを演出する手法は前作と同じ。愚かな連中が武器を手にする悲劇を感じる。本作の後には『遥かなる勝利へ』が続き、3部作となった。

●2011年・戦時下の理性とサイパン島『太平洋の奇跡』平山秀幸監督

『太平洋の奇跡　フォックスと呼ばれた男』は、太平洋戦争末期に、サイパン島で米軍に追い込まれた、日本軍と日本人の民間人の行方を描く、実話をもとにした作品である。

サイパン島には日本人集落があり、民間人が居留していたが、日本は劣勢で、上陸した米軍に追い込まれた。将校たちは玉砕を命じて自決、主人公大場は玉砕すべき攻撃で偶然助かり、生を志向し、兵士や民間人を率いて、山にこもって米軍に抵抗する。なかなか彼らを掃討できない米軍は、大場をフォックスと呼んで、尊敬の念さえ抱くようになる。本作は、大場が無駄死にを避け、民間人を守りながら、理知的に抵抗をはかる様を描いている。やがて終戦を迎えても抵抗は続いたのだが、投降命令に従って、彼らは山を下りるのだった。

『硫黄島からの手紙*』は、栗林忠道に焦点を当てたが、本作では、大場栄を中心にした。いずれも軍人としての使命を全うしながらも、闇雲な玉砕を避けて、合理的に行動しようとした点で共通している。また本作は、日米双方の視点から描いたことでも、『硫黄島からの手紙*』と類似している。原作が当時を知る米国人によるものである点が興味深い。大場が、当時ある種尊敬の目で見られていた証拠だろう。米軍側に、日本にいたことのある兵士が登場するのも、『硫黄島からの手紙*』で、米国にいたことのある兵士が日本側にいたのと呼応している。戦争を、一方への思い入れで描くのをことさら避けたことを示唆している。また、両親を失った赤子を助け、米軍に救わせるシーンや、日本に好意的な米兵のふるまいが印象的だった。但し若干美談度が目立つ。監督の個性からであろうか。平山監督は『必死剣　鳥刺し』『閉鎖病棟』等でも有名。

●2011年・戦争による少女たちの犠牲『日輪の遺産』佐々部清監督

『日輪の遺産』は、浅田次郎が、初めて書きたいものを書いたというフィクションが原作の戦争物である。フィクションなのに、見事に感情移入させられ、立派な反戦作になっている。

終戦の5日前、敗戦を悟った軍上層部から、3人の軍人に対して密命が下った。日本軍がアジアで奪ったマッカーサーの財宝を、祖国復興を期して、山中に隠せというものだった。作業に動員されたのは、女学校のローティーン20名で、純真な生徒なら、疑うことなく作業に従事するだろうからということだ。新型兵器だと偽られて、女学生たちは極秘の作業にあたるが、作業が終了し、軍部は全員を、玉音放送直後に毒殺するよう指示する。戦争の愚を悟った3人の軍人は、命に背くことを決心し、司令員を殺害するが、ふとしたことで事情を知った1人の女学生が、毒物を持ち出して、ものを運び入れた洞窟の中で、集団で毒をあおって果てた。自分達の死が、日本の復活を確かにするのだと信じて。熱が出て、1人服毒自殺に結果として加わらなかった女生徒が生き残った。彼女は3人の軍人の1人と結婚し、死別後家族に真実を明かした。本作は、現代に生きる彼女の回想の形で進む。

御涙頂戴ものとする向きもあるであろうが、出来は悪くない。女学生の引率教員が、左翼的思想の持ち主で彼女たちから慕われているなど、なぜこの子たちが死なねばならなかったのか、その理不尽さを際立たせる演出が巧みである。各種の感想文を見ると、感情移入できなかった方々も多いようで、後世に残る名画だとは言わないが、映画人に、この種の作品を作る心意気があるのは嬉しい。さすが佐々部清。

●2011年・過激派と報道『マイ・バック・ページ』山下敦弘監督

『マイ・バック・ページ』は、川本三郎の若き日のジャーナリスト時代（妻夫木聡）を自ら描いた作品が原作で、過激派青年（松山ケンイチ）との係わりを、自衛官刺殺事件を通して語る。

全共闘による東大安田講堂の闘争の後、様々な過激派が組織され、赤軍派によるよど号ハイジャック事件や、連合赤軍によるあさま山荘事件などが続いた。その流れの中で、1971年に起きた朝霞駐屯地における自衛官刺殺事件を本作は描く。この事件を起こした過激派の核である青年と、その取材を担当した青年は、奇妙に共鳴するところがあった。フィクションの装いがあるが、赤邦軍は赤衛軍、東都ジャーナルは朝日ジャーナル、取材側の青年が川本三郎であることは明らかである。赤邦軍は、武器奪取のため自衛官に化け、駐屯地に潜入するが果たせず、自衛官を1人刺殺しただけだった。この事件に至るまでの赤邦軍の動きと、核になる青年と取材する青年との交わりを、前半で拾い上げる。いつのまにか互いが気になる存在となる2人であったが、赤邦軍の青年は、記事がきっかけで逮捕され、取材する青年は、事件の証拠隠滅により、逮捕されて免職となった。

そのストーリーの中で、新聞社上層部がいかに体制寄りの態度を取るか、警察自体がいかに暴力を振るうかも描かれるが、過激派はゲリラごっこ、取材側も安易な加担として、映画の中では扱われている。熱に浮かされた騒動という演出だが、もっと長尺の作品なら、当時の過激派がそこにたどり着くステップが、丁寧に描けただろうに、惜しい。映画評論家としても活躍中の川本氏が、いかに映画が好きだったかも描かれている。社会派作品ではないかもしれないが、よいテーマだ。山下監督は『リンダリンダリンダ』『松ヶ根乱射事件』『天然コケッコー』『苦役列車』等でも有名。

●2012年・北朝鮮の帰国事業の悲劇『かぞくのくに』ヤン・ヨンヒ監督

『かぞくのくに』は、在日コリアン2世の監督による自伝的フィクションで、北朝鮮に住む家族を思って撮った作品である（制作国は日本）。

日本で暮す在日コリアンの家族。主人公の女性の兄は、朝鮮総連の重役である父の勧めで、本国の帰国事業に参加し、北朝鮮で結婚し子供もできるが、日本に残る家族との再会はできていなかった。当時「地上の楽園」と称して進められた事業だったが、楽園ではなかったことは周知のとおり。その兄が25年ぶりに日本へ戻った。脳の悪性腫瘍の治療のためである。歓迎する妹をはじめとする家族だったが、兄の顔は浮かない。監視者がつきまとい、本国での状況を話すことも許されず、自分を送り出した父にも、恨みをぶつけることができない。黙っている姿に、観客の心は張り裂けそうである。父も複雑な心境だ。妹は、やるせない気持ちを監視役にぶつけるのだが、その監視役も、兄同様もの言えぬ立場であり、強がってはいるが、翻弄されている身の上に変わりはない。本作は、日本滞在中のもどかしい日々を、兄同様観客に察してくれというスタンスで描く。1人の人間の人生を、国家が決めてしまう体制の悲劇だ。兄は、許された滞在期間では手術を引き受けられないと病院で言われ、そこへ、日本への帰国後わずかな日数で、本国から帰国命令が下り、治療をしないまま、恐らくは二度と会えない家族と別れて行った。

米国の宣伝になっているという批判があるかもしれないが、不幸しか産まないような状況であり、家族の悲劇がそこにあることは確かだ。2012年『キネマ旬報』日本映画第1位。主演の安藤サクラが好演した。

●2012年・剥き出しの反原発『希望の国』園子温監督

『希望の国』は、東日本大震災の際の福島原発事故を初めて取り上げた劇場用映画で、過激で衝撃的な作風の監督が、映画が臆病にも事故を取り上げないでどうするのだ、自分がやるという思いでメガホンを撮った作品である。

舞台は架空だが、東日本大震災の数年後に、また別の場所で地震と原発事故が起きたとの設定。自分の家の前から先が立入禁止区域となり、主人公は息子夫婦を避難させ、妻がアルツハイマーのため、生活環境保持目的で家に残る。息子の妊娠中の嫁は、度重なる事故に放射能に対する恐怖症となり、防護服を着て日常を過ごす。主人公の隣家の息子は、家族が津波で流され行方不明となっている恋人とともに、被災地へその家族を探しに行く。やがて原発の状況が悪化、主人公宅も避難地域に指定されるが、息子や自治体職員の説得に耳を貸さず、不便な老夫婦だけの暮らしにこだわる。最後は自衛隊による強制退去を前に、主人公は飼っている牛たちを射殺、妻と心中した。

政府やマスコミによる情報操作、危険の度合が不明な不安、避難する人と残る人の分断、風評被害、差別と偏見、自由と束縛、アルツハイマーといった様々な問題を散りばめ、非現実を織り交ぜ、ある意味剥き出しの描き方で問題をたぐり寄せる。全体に行儀がいいとは言えない出来で、映画雑誌でワーストワンに選ばれたりもしているのだが、この作風の監督がいの一番に、現在進行形で問題が続出している中を、東北ロケも含めて原発事故を描き、力技で震災翌年には公開にこぎつけたエネルギーに、意義があると思う。主演夏八木勲は公開翌年に癌で逝去。私生活でも信念を曲げない方のようで、演技に執念を感じた。

●2012年・戦争を止めるのに間に合う『この空の花　長岡花火物語』大林宣彦監督

『この空の花　長岡花火物語』は、大林宣彦入魂の反戦メッセージのひとつである。長岡の花火大会は8月1日に始まるのだが、空爆につながりがある。昭和20年8月1日に、長岡は空爆を受けて市街の8割が焼け、1500名近くが犠牲になった。これを受けて、翌年の8月1日に長岡復興祭が始まった。現在の長岡まつりは、この復興祭を引継ぎ、犠牲者の慰霊、復興に尽力した方々への感謝、恒久平和への願いをこめて行われている。

本作では、新潟県中越地震を乗り越え、東日本大震災でいち早く救援の手を差し伸べた長岡市の取材に、女性記者が赴く。そこで記者は、「まだ戦争に間に合う」という舞台の脚本を書いた女子高生に出会う。その舞台の上演の準備、長岡の歴史の紐解き、そして花火の意味を明かしていく取材が描かれる。フィナーレとして、その劇が屋外で上演され、空襲が画面に再現される。作者の女子高生は、当時犠牲になった若き女性の化身だったように思う。

この作品は、あの戦争の惨禍に対する思いが描かれてはいるのだが、東日本大震災の直後に制作されたことを思えば、あらゆる人災に対するメッセージに昇華されていることは明らかだ。作風としては安っぽくも見えて、好き嫌いの分かれるような特撮を絡めた、大林独特のファンタジックな芸術性が炸裂しているが、「まだ戦争に間に合う」という言葉の意味が、今迫り来る戦争を止めるのに間に合うという意味だと悟った観客にとって、その炸裂の様が、かえってもの狂おしい平和への思いを伝えるように感じられる。空に炸裂する火花は、空襲でなく、花火なら良いのにというのがタイトルの意味だろう。

●2012年・外国映画で基地問題『誰も知らない基地のこと』エンリコ・パレンティ他監督

『誰も知らない基地のこと』は、日本や外国にある米軍基地の問題を描いた、イタリアのドキュメンタリーである。

制作のきっかけは、2007年に起きた、イタリアでの米軍基地反対運動で、本作にも登場する。住民の95％が反対なのに強行される基地建設。そのイタリアのビチェンツァ、インド洋のディエゴ・ガルシア、日本の普天間が主に取り上げられ、米国の産軍協働体制による戦争遂行の道具としての基地を暴露する。ビチェンツァでは、住民投票派が市長に当選したが、投票直前に最高裁から待ったがかかる始末。インド洋に浮かぶ英国属領のディエゴ・ガルシアでは、英米の協定により、1960年代に住民が強制的にモーリシャスと英国へ移住させられ、帰還と補償を求めて法廷闘争が繰り広げられた（最高裁で住民側部分勝訴）が、2004年に枢密院と王室特権で覆されたとのこと。また本作では、かなりの部分が沖縄に割かれている。反戦地主を中心に、座り込みや抗議や人間の鎖の様子等が取り上げられ、民主党政権が普天間基地返還を果たせずにいるところまで言及する。その他、コソボの基地と資源開発との関係、楽しそうに軍隊生活を話す米兵、その他いろいろな映像が登場する。インタビューを受けるのは、米国のおかしさに気づいている元ＣＩＡ関係者、元兵士、元宜野湾市長の伊波洋一氏等。

旧東欧をはじめ、ソ連無き後も、次々敵を発掘しては基地を増強する米国の、何とひどいことか。上映に続いた伊波氏の講演で、米国産軍体制の次の戦争ターゲットは、日本を戦場にした中国、との話に戦慄を覚えた。

●2012年・欧州の不法移民問題『ル・アーヴルの靴みがき』アキ・カウリスマキ監督

『ル・アーヴルの靴みがき』は、不法移民問題を扱った芸術作である（フィンランド仏独制作）。

舞台はパリから北西にある港町であり、老いて靴みがきをして生計を立てている主人公の他、町の中で貧しく寄り添いながら暮らしている底辺の人々が描かれる。ある日、不法移民を多数乗せた船荷のコンテナが摘発されたが、アフリカから来た少年が追う警察から逃れて、主人公の家に匿われる。主人公も妻が入院して大変な時だったが、難民キャンプにいる少年の知り合いを訪ね当てて、少年の母親がロンドンに不法滞在していることを知り、貧しい仲間たちの協力を得ながら、警察の追及をかわし、なけなしの蓄えをはたいて密航の手配を整え、沖合で待つ密航業者のもとへ送り届けるために、少年を港から漁船で送り出してやるのだった。登場する刑事は、表面上は不法移民を摘発して、強制送還する役目柄であり、市長からも取締りの強化を要請されるが、最後は漁船の中に隠れた少年を発見しても、見て見ぬふりをして見逃した。

ヨーロッパでは、すでに不法移民だらけの社会となっていると言っても過言ではない。この港町に暮らす弱い立場の住民たちは、自分たちよりもさらに困窮して移動してくる者たちに対し、願いをかなえてやることしか考えられない。しかも、かなりの危険と経済的負担を負いながら、自分たちの立場と重ね合わせ、まるで、この少年を救うことに自分たちの将来がかかっている、とでも感じているかの如き、人情ドラマである。カウリスマキ監督は、『マッチ工場の少女』『浮き雲』など、つましい庶民の生活をよく描く。今回は、拠り所を失いかけている者が、失った者を助ける温もりの世界が美しい。

●2012年・民間軍事会社の実態『ルート・アイリッシュ』ケン・ローチ監督

『ルート・アイリッシュ』は、左翼を標榜し、労働者や移民を意欲的に描くケン・ローチ監督による、イラクで暗躍した民間軍事会社の実態を描いた作品である。ルート・アイリッシュとは、米軍管理下の首都中心部グリーンゾーンと、バグダッド国際空港とを結ぶ、世界で最も危険と言われた道路に、米軍が勝手につけた呼称である。英仏伊白西制作。

舞台は2007年の英国。自分の誘いで、民間軍事会社の契約スタッフとして、危険なイラクで働いていた親友を、その任務中に亡くした男が、その親友の恋人とともに、彼が亡くなる前に送ってきた携帯をもとに、真実を探りあてていく。サスペンスフルな展開の中で、次第に明らかになるが、ルート・アイリッシュで、異様な緊張の中、民間軍事会社のスタッフ数名が、後続のタクシーを狙撃して車内の一家を殺し、現場近くにいた無実の少年たちも射殺したことに対し、会社が他国に業務展開する上での汚点とならぬよう、もみ消しをはかり、事件に憤激して、外部に漏らす可能性の出てきた「親友」を、密かにテロを装って爆殺していたのだった。

紛争地域での護衛等の危険な任務を、金に困った契約スタッフにさせることで莫大な利益をあげ、紛争地域を次々に食い物にする非情な民間会社があり、それを摘発する作品だが、主人公の男も、いわば私的復讐で、在英イラク人を危険に晒し（重傷を負う）、関係する会社の人間のみならず、怒りに任せ、誤って友人の暗殺に直接手を下していない人間をもなぶり殺す。こうして血が血を呼ぶやりきれなさを描く。『麦の穂を揺らす風＊』で、英国のアイルランドに対する残虐を描いた監督の会心作。その後の『わたしは、ダニエル・ブレイク＊』『家族を想うとき＊』も秀逸。

●2013年・東日本大震災直後の現場『遺体　明日への十日間』君塚良一監督

『遺体　明日への十日間』は、TV出身でエンタメ系の君塚良一監督が、『誰も守ってくれない*』以来4年ぶりに撮ったシリアス作品で、東日本大震災の遺体安置所を描いた。原作『遺体─震災、津波の果てに』の作者石井光太氏は、実際に遺体安置所を震災直後から取材した。

本作は、津波直後の釜石市の体育館を使った遺体安置所を舞台とし、民生委員（西田敏行）が、葬祭業の経験を活かして、遺体に礼を尽くす姿を中心に、医師、歯科医、市職員、警察、自衛隊等の活動を追い、遺体への各種処置、遺族との対面、棺の手配、火葬の手配などの詳細を描く。確かに、本物を映像で報道するわけにはいかない内容だ。遺体の身元確認作業、作業に従事した方々の食事等の劣悪な環境、何もかもが不足した中での遺体の腐敗との闘い、いろいろと中々知ることのできない様子が描かれる。

原作者の歴代の作品の表現方法には批判もあるようだが、この作品は大震災を受け、各関係者の想いが込められて、重要な意味を持ち、真実を後世に伝える役割を担った作品であると言える。西田の他、大物俳優陣に支えられ、制作のフジテレビも収益は寄附に回すとのこと。但し、こうした意味や役割を横において、映画の出来だけを見た場合は、名作という類では決してない。しかしながら、筆者はほっとした。大震災当時筆者宅にはTVがなく、TV報道を見ておらず、これまで1本も震災関係の作品を鑑賞していなかったことに良心の呵責を感じていたからである。僧侶が、遺体安置所で読経中に声を詰まらせてしまうシーンが印象的だった。行政や原発への批判といった社会的側面を切り出すことも、本作のような作品も、どちらも重要だ。

●2013年・微妙な反戦作？『永遠の0』山崎貴監督

『永遠の０』は、フィクションを原作に持つが、原作抜きに映画だけ見れば、筆者の目には見事な反戦作である。第３８回日本アカデミー作品賞。

自分の祖父は別にいたと知った若者が、太平洋戦争当時を知る者を丹念に訪ね歩き、その本当の祖父を調べるうちに、真実が明らかになっていくストーリーで、現代と太平洋戦争とが交互に描かれていく。その祖父とは、凄腕の戦闘機乗りだったが、戦争の中、生きて帰りたいと言い、臆病者と揶揄される身だった。だが、本当は残してきた家族を愛し、当時の狂った軍の中で、搭乗修練の教え子たちの命を惜しみ、上官に逆らって彼らの誇りを守り、戦闘を合理的に冷静に考え、およそ戦後の日本を担うべき器の人物だった。その人物がなぜ特攻を志願して戦死したのか、若者の今の祖父とはどういう関係なのか、次第に観客は事実を知ることとなる。

監督は、高度経済成長をこれから迎える東京の下町をしみじみと描いた名作、『ＡＬＷＡＹＳ三丁目の夕日』で有名な山崎貴。さすがに、「夕日」で鍛えた特撮による海戦のシーンはよくできている。多くの観客を泣かせ、戦争だけはしてはならないと誓わせるような、映画の力というものを発揮した佳作。俳優陣も入魂の演技で、その心意気を感じる。公開以来一定期間連続で日本映画興行収入ランキング1位を持続、こういう映画がメジャーのトップとは珍らしい。但し、原作の百田尚樹という人は、日本軍創設や改憲を主張しており、それが腹に据えかねる方々の中には、映画の中からも、そうした危ない臭いを嗅ぎ取る方がおられるかもしれないのだが、個人的感想ということで御勘弁を。皆様はどうお感じだろうか。

●2013年・個人の思いを尊重することの大切さ『かぐや姫の物語』高畑勲監督

『かぐや姫の物語』は、米国アカデミー長編アニメーション賞にノミネートされたスタジオジブリの作品で、名匠高畑勲の最後の長編となった。昔話としての竹取物語に対して、姫が月の世界から、何の罪を犯して地球に降ろされたか、という疑問から監督は筋を膨らませ、求婚者への難題などの、オリジナルのエピソードは踏まえながら、原作では描かれていない、姫の心の内面に焦点を当てて、見事に芸術として結晶させたことは興味深い。言わずもがなだが、高畑監督は『火垂るの墓』『おもひでぽろぽろ』『平成狸合戦ぽんぽこ』等でも有名。

翁が姫を高貴の人物として、田舎の友達から強引に引き離し、貴族の世界へ閉じ込めることから、次第に募っていく姫の悲しみ、時々見せる媼をはじめとした温かい人々とのふれあいの喜びが描かれる。やがてこれが、月以外の世界に憧れた姫へ、地球に生きる幸せを一旦与えた後に奪う刑罰だと観客がわかったときから、それらの姫の感情のひとつひとつが、一期一会として観客の心の琴線に響く。好きな幼馴染の男の子から引き離され、その子の極貧の流転を背景に翁に振り回される姫の心が、絵柄としての背景を抑制した、印象的でシンプルな描画で描かれて、秀逸を通り越してひとつの境地を感じさせる。残された日々を懸命に生きる姫の姿に、不覚にも落涙してしまった。宮崎駿の「この世は生きるに値する」という結語めいた言葉は、この作品からも読み取れる。

米国アカデミー長編アニメーション賞では、ハリウッド作品に敗れた。しかしこの芸術性と素晴らしい描画は、後世に語り継がれる絶品。自分は何と些末な日々を生きているのかと、地団駄を踏みたくなる。２０１３年『キネマ旬報』日本映画堂々の第4位。

●2013年・戦時にも夢『風たちぬ』宮崎駿監督

『風たちぬ』は、宮崎駿監督の長編引退作と言われた。

零戦の設計者堀越二郎の半生をもとに、フィクションを加えて描くのだが、関東大震災に始まり、戦争の時代を中心に話が進む。本作での主人公は、飛行機開発の夢に魅せられて、まっすぐに進む若者として描かれている。いつもの細密でノスタルジックな絵柄に加え、主人公の、結核を患う少女との結婚に至るロマンス（フィクション）は、題名の由来となった堀辰雄の小説と関係する。

監督はこの作品を、戦争批判でも零戦で若者を鼓舞しようとしているものでもない、と言っている。確かに戦争の時代を背景に、軍人や特高などが登場し、空爆の場面があったりはするが、反戦映画然とはしていない。また主人公は、軍部により軍用機の設計を言い渡されるのではあるが、無批判な軍用機マニア向けや、日本にも誇れるものがある式の作品でもない。たまたま時代が戦争だったわけで、夢を追う若者を描いたのである。宮崎監督自身が反戦の志を持った方であるのは周知の事実なので、この時代を描くからにはかくあるべしと、観客の方が気負っている部分もあるだろう。この作品は、宮崎監督の作品であることを意識して見たとき、黒澤では「夢」に当たるような、余計な力の抜けた、成熟した落着きを感じさせる。確かに絶頂期の力あふれる作品群とは異なるが、これはこれでいとおしい作品だ。

喫煙のシーン等もやり玉に挙がっているようであり、他にも作品単独としての出来栄えに不満がないことはないのだが、それらを超えてひとつの境地が伝わってくる作品だ。反戦作品ではないとして紹介するのは、本書では珍しい。

●2013年・中国奥地の苛烈な生活『三姉妹　雲南の子』ワン・ビン監督

『三姉妹　雲南の子』は、10歳を頭の3人姉妹が、中国の山奥で、両親のいない厳しい暮らしをする様子を追った、香港・仏合作のドキュメンタリー。

標高3千mを超える80戸の小村で、母は離婚し、父は遠くへ出稼ぎで不在の家に暮らす3人姉妹。藁の布団で寝て、10歳の長女が、親戚の農耕畜養を手伝って手にするわずかの芋類等で2人の妹を養い、食いつなぐぎりぎりの生活。煮炊きは家の土の床に置いた薪で。着たきり雀で、蚤や虱を取り合う3人。セロハン紙の切れ端でいつまでも遊ぶ4歳の三女。寒さに耐えながら、親戚から歓迎されない中を、表情をなくしながら、毎日同じ作業を繰り返す原始的生活。長女は学校に時々来る駄菓子商人から、1人だけ何も買うことができない。家で寒さに震えながら宿題をする姿が痛々しい。出稼ぎから父が戻ったわずかの時間だけが、緊張がかすかに緩む時間だ。父の買ってきてくれた靴下も、いつまでもつのだろうか。父は、子連れの女性とともに、妹2人を町へ連れていくこととし、自活できる長女が1人、寒村の家で暮らすことになる結末は、あまりに苛烈。

それでも過酷な自然の中、生命維持ぎりぎりレベルで生きていく子供のエネルギーに、その種の厳しさを忘れがちの観客は（特に筆者）、感じ入るばかりだ。経済繁栄に沸き立つ中国で、これほどの経済格差がある現実には驚く。雲南省の高地の村々は、低地への一斉移住（コンクリの家と農地を付与）となるそうだが、時期や場所は全く知らされていないとのこと（当時の話）。監督は公式ページで、この作品を、経済等で語られる中国のイメージによって見えなくなりつつある人々の世界の証言である、としている。

●2013年・戦争時代と少年『少年H』降旗康男監督

『少年H』は、妹尾河童の自伝的小説の映画化であり、神戸の仕立屋一家が辿る開戦前から戦争後までの時代を描く。

神戸はもともと外国人と共存した街で、「少年」はその街で、キリスト教徒の両親に育てられる。仕立屋の父が服を修繕した相手には、ナチスの手を逃れ、日本に一時滞在したユダヤ人たちもいた。戦争が近づき開戦するにつれ、米製の絵葉書を持っていただけで、敵国の宗教信奉者として一家にスパイの嫌疑がかけられ、少年もいじめにあう。そのいじめは、父が仕立てをやめて消防団に入り、少年が中学で軍事教練を受けるようになっても続いた。父は少年に自分の目で見て考え、相手を受け入れることを教え、家族の無事をはかって、時代をすり抜けようと懸命に努力した。本作は赤色青年の逮捕、出征の日に自殺した女形の青年、神戸から去る外国人、父親の憲兵隊による連行などのエピソードを重ね、善意の一家がとうとう空襲に遭い、焼き出されることになる。

戦後は、闇市や、元軍事教官や軍国おじさんたちの変わり様や、苦しい生活の様子が描かれるが、荒れたという原作者の少年時代の様子まで取り込むのは、少し詰め込み気味かもしれない。全体としては、一家を通して時代を描いた作品。事実誤認が多いという批判もあるが、父親は戦争に困った優しい人間として描かれ、母親は人道に生きる人物として描かれ、少年がいかに戦争を巡る不合理な世界に反発したかが丁寧に描かれる。Hは少年が着たセーターに大きく刺繍されたイニシャル（妹尾氏の旧名の下の名前は「はじめ」である）で、アルファベットはあの時代にあっての無意識の反抗の象徴にすら思える。精巧なセットと空襲後の火災のシーンは迫力。

●2013年・台湾部族による日本統治への反乱『セデック・バレ』ウェイ・ダーション監督

『セデック・バレ』は、日本統治下、台湾の原住民族が起こした対日蜂起（霧社事変）を描いた、前後編合わせて約4時間半の、台湾映画超大作である。

セデック族は狩猟民で、部族同士の争いで首狩りも行うが、山奥で自由に暮らしていた。日清戦争の結果、台湾統治を始めた日本であるが、セデック族を攻め、「文明生活」を強制して、資源開発等に安い賃金で酷使、セデック族は様々な非人間的扱いに恨みを募らせる。1930年、我慢を重ねた末、とうとう蜂起が発生、日本人が多く住む村が襲撃されて、女子供の区別なく虐殺される。始めは山岳での行動に慣れたセデック族が優位で、日本兵も多数絶命するが、武力に勝る日本軍が次第に形勢を逆転、セデック族の女子供たちは、食糧を戦士に残すため集団自殺、男たちも子供を含めて勝てない闘いに散った。

この作品、台湾映画史上最高の制作費を投入して撮影されたそうだが、それだけに娯楽作として見ても超一級の出来栄えで、首はねのシーンも、映像的ごまかしなしで本当に生首が飛ぶように見える。この迫力で事件を追体験するのだが、セデック族の狩猟や祭りや生活の細々とした習俗を学ぶこともできる作品であり、部族長役が部族出身で、素人ながら迫真の演技。派閥同士の争いなども含め、恥ずかしながら知らないことばかりの作品だった。セデック族出身で、日本側の警官になっている者がいたり、日本側にも原住民に優しくあたる者がいるなど、複雑な様相を丁寧に描いた。福岡市総合図書館映像ホールシネラがなかったら、筆者がこの佳作を、スクリーンで見ることはなかったであろう。隣国で日本を扱った大作ができても、日本で大きな話題にならない現実を憂う。

●2013年・アイヒマンの平凡『ハンナ・アーレント』マルガレーテ・フォン・トロッタ監督

ハンナ・アーレントと言えば、ドイツ出身のユダヤ人哲学者で、大戦中は強制収容所を脱出して亡命、ユダヤ人を助ける活動を行い、戦後は、いかに大衆社会が全体主義を生み出すかを研究した。『ハンナ・アーレント』は、1963年にニューヨーカー誌に発表された『イエルサレムのアイヒマン　悪の陳腐さについての報告』が巻き起こした波紋を扱った伝記映画（独ルクセンブルグ仏イスラエル制作）である。

戦犯アイヒマンは逃亡先で逮捕され、イスラエルで裁判に臨む。ハンナはこの裁判の報告を新聞に書くことになったのだが、傍聴を重ねるにつれ、アイヒマンが、上官からの命令に忠実に動いたに過ぎない、1人の凡庸な人物であることを見抜き、それだからこそ、全体主義の発生については研究すべきことが多いと考え、報告では、死刑になったアイヒマンが実は小役人であり、思考放棄した普通の人間として、自分ではそれと知らずに、悪に加担してしまったわけであって、悪は狂信者から生まれるわけではないと主張した。だが、寄稿先の文芸週刊誌は、当初掲載をためらった。ハンナは真実は譲れないとしたが、文芸界、ユダヤ社会、イスラエルの友人などから攻撃され、脅迫も受ける。最後には、勤務先の大学からも辞職を強要される。本作の最後で、学生を相手に、真実が最優先とする8分間の印象的な講義で教壇を去る。

信念を持ち強く生きること（それは時に冷酷に見える）、マスメディアと真実について考えさせる。自分の結論が、周囲の期待や自分の出自と相反するものだったとき、人はその信念のために、世論を相手にして自説を曲げずに生きていけるか。多くの政治家や報道関係者に問うてみたい。

●2013年・介護と希望『ペコロスの母に会いに行く』森﨑東監督

『ペコロスの母に会いに行く』は、長崎を舞台に、アルツハイマーになった母とバツイチのおじさん息子の暮らしを描く。原作は長崎発のマンガで、自費出版から地元書店でのベストセラーになった、介護をユーモラスにも描く、ほのぼのとした作品。

次第に症状が進む母を家に1人で残し、外へ働きに出る息子。仕事も不安定で、決して楽な暮らし向きではなく、介護も大変。母が汚れた下着をそのままタンスにしまうなど、家庭での介護も限界になり、息子は断腸の思いで母を介護施設に入れる。そして母は、息子のこともわからなくなっていく。そうした中で、母は昔を思い出す。まるで走馬灯のように、戦争で苦労した少女時代のことから自分の人生を思い出す。本作は、その時代の母も丹念に描く。戦争時代を含めた女性の一代記としても秀逸だが、現在のシーンは、『男はつらいよ』『釣りバカ日誌』も監督したことがあり、喜劇でならした監督の手にかかり、原作のほのぼのとしたユーモアが、きっちりと活かされている。介護を壮烈に苦しいものとしてのみ描くのではなく、人間らしさをテーマに、おおらかに描く姿勢が、多くの人々に希望と感動を与えている。息子役（岩松了）ははまり役だ。舞台の長崎もとても美しく撮られている。

ペコロスとは、小さな玉ねぎのことで、息子の禿げ頭を称しての表現。89歳にして映画初主演のギネス記録となった、好演の赤木春江が、息子の禿げ頭をなでるシーンが、原作でも映画でもポスターでもこの作品を象徴するものとして存在している。2013年『キネマ旬報』日本映画第1位。いつか行く道を、このように描かれたら何だかほっとする。

●2013年・イスラエルとパレスチナの赤子『もうひとりの息子』ロレーヌ・レヴィ監督

フランス映画『もうひとりの息子』は、イスラエルとパレスチナの問題を描いた第25回東京国際映画祭グランプリ・優秀監督賞作品。

病院で、イスラエル人とパレスチナ人の赤ん坊が取り違えられたことに、互いの家族が気づかず、テルアビブに住むイスラエル人に育てられた、ヨルダン川西岸地区のパレスチナ人の子が、18歳で兵役検査を受け、本当の親子でないことがわかり、イスラエル人を育てたパレスチナ人夫婦にも知れるところとなる。育てたのは敵対する民族を生みの親に持つ子供だったと知り、生みの親と育ての親、イスラエルとパレスチナの問題に直面して悩む互いの家族。母親たちは、それを乗り越えようと気持ちを切り替えるのが早いが、血が繋がっていても、これまで育てていない、しかも敵対する民族の子を受入れるのは容易でない。父親たちに至っては、いつまでも全く状況を受入れることができない。子供達本人同士がやがて仲良くなるのが皮肉であるが、彼らも、信じていたユダヤ教から締め出されたり、今まで優しかった兄に突然お前は弟でないと突き放されるなど、苦悩する。

最後には、何とか理解し合う両家族であり、希望が本作のメッセージであろう。赤ん坊が取り違えられたのに全く気付かないのは、見た目に両民族が変わらない証拠であり、争いの愚を観客に訴えかける。また、取り違えは、湾岸戦争の混乱で起きたことであり、不幸が不幸を産む連鎖をどこかで断ち切らねばならない。映画の出来としては今ひとつの面もあるが、本作のイスラエル人とパレスチナ人のスタッフが、映画撮影の過程で互いに固まっていた状況から歩み寄り、議論を行うようになったというのは、ほっとするエピソードだ。

●2013年・名張毒ぶどう酒事件で再審を求める死刑囚『約束』齋藤潤一監督

『約束　名張毒ぶどう酒事件　死刑囚の生涯』は、1961年に起きた毒殺事件の、再審を求めて果たせぬ死刑囚の話である。死刑制度の廃止、自白に依拠した裁判の問題が提起された。毒殺事件では5名が亡くなったのだが、警察にだまされるような形で、自白とそれに基づく記者会見をしてしまった男性が、日本の裁判史で唯一、一審無罪から最高裁は死刑と、逆転判決を受けた。裁判では一貫して無実を主張するも、再審すら認めてもらえない。本作は、仲代達矢（死刑囚）と樹木希林により死刑囚親子を描き、実在の人物のドキュメンタリーと交互に話が進む。再審で、弁護側や人権団体がどんなに冤罪の新証拠を示しても、裁判官は取り合わない。日々死刑執行の恐怖の中にある死刑囚を仲代が好演。

この作品は、福岡県弁護士会館である年に数回予定された、映画とトークのイベントの初回で観た。実際に再審問題に関与している、愛知県の弁護士によるトークを聞かせていただいた。本事件の再審を決定した裁判官（その後別の裁判官により棄却）が辞職し、大学教員の採用も見送られ、封じ込めた側の裁判官は栄転した話には震撼した。このイベントでは、死刑廃止の立場からの話を聞いたが、本事件について衝撃的な話も聞いた。この種のイベントは歓迎。本作は、東海テレビのドキュメンタリーだが、あえてＤＶＤにせず、劇場等での上映でないと観られない。このテレビ局、この種の社会派ドキュメンタリーで有名。死刑囚の若き日は、国会で活躍中の山本太郎が演じており、観ていて力が入った。実は映画の後、死刑囚は拘置所で2015年に死亡したのだが、今でも弁護団による再審請求の試みは続いている（2022年現在第10次申し立てが進行中）。

●2013年・パレスチナ・キャンプ『我々のものではない世界』マハディ・フレフェル監督

『我々のものではない世界』は、佳作がよく紹介されて注目の山形国際ドキュメンタリーで上映され、国際コンペの部門で大賞を得た、日本では商業上映されていない作品で、パレスチナ・キャンプの様子を描いたパレスチナ・UAE・英国合作のドキュメンタリーである。

監督はデンマーク在住で、育ちの地であるパレスチナ難民キャンプのアイン・ヘルワ（レバノン南部）を、長年にわたって撮った。仮住まいの狭い区画に、大勢が押し込められており、若者にもろくな働き口がなく、周囲の兵士とのトラブルや事件も絶えない。住民にとっては、内部のファタハすら信用できない（ファタハの地区支部の様子が映し出される）。その中で無為に過ぎる日々。カメラは数名の暮らしを追う。地区内を車で暴走しても、喧嘩をしても、憂さの晴れない毎日。かつて反イスラエル闘争に活躍した者も、今は何をしているか、自分でもわからない日々。老人たちの、必ずパレスチナの地に帰るという夢も、いつ実現するかわからない。地区からの出入りも自由ではない。八方塞がりの中、ある若者がファタハを見限り、オスロ合意のアラファトを呪い、かつて唯一の楽しみだったサッカーの国際試合にも興味が無くなり、脱出を試みて、苦闘の末ギリシアに至るが、当局に捕まり、地区へ強制送還されることに。その虚ろな目が、パレスチナ人の運命をすべて背負っている。

このような難民キャンプが、各地にあわせて数十もあるのは、何ともやるせない。しかも当時は、それらがＩＳに襲撃されていたのだから、目もあてられない。題名は、１９７２年に爆殺された、パレスチナ人作家ガッサーン・カナファーニの小説によるとのこと。

●2014年・インドネシア虐殺『アクト・オブ・キリング』ジョシュア・オッペンハイマー監督

『アクト・オブ・キリング』は、1965年のインドネシアで、スカルノがスハルトのクーデターで失脚した後に起きた、共産党員狩りの虐殺に関わったヤクザを取材したドキュメンタリー（英デンマーク・ノルウェー制作）。このクーデターとその後の虐殺は、九月三十日事件と呼ばれる。建国の父スカルノが、右派国軍とインドネシア共産党とのバランスを図る中、国軍により失脚させられた。この後右派による赤狩りで共産党は壊滅し、100万名が犠牲になったとも言われている。この事件の真相は不明なままで、米国の陰謀説等がある。この作品のエンドクレジットでは、スタッフの多くが匿名であり、インドネシア国内でこの作品を撮ることが、今でも危険であることを物語っている。被害者を取材することが禁じられ、実際加害者側からの報復を恐れて、真実が明らかになっていない面があるという。本作は、その加害者に取材して真実に迫ろうとするものだ。

作品に登場するのは、当時虐殺に手を染めたならず者たちとその仲間だ。当時どのように殺戮が行われたのか再現するということで、自らに演じさせている。彼らは、地元の政治家たちと仲がよく、今でも一般庶民から恐れられており、民兵組織に関係する者もいる。彼らから当時の殺戮の様子がこと細かに描写されるが、当人たちは極めて楽しそうだ。いかに当時がでたらめだったかがよくわかる。かつて殺戮があった場所で、一時だけ見せる、加害者が殺人を思い出して嘔吐し苦しむシーンが、せめてもの救いか。

被害者側から描き、なぜ加害者に今も取り囲まれて生活するのかに迫った姉妹編『ルック・オブ・サイレンス』も見るべき作品だろう。

●2014年・留学生の愛『口笛彼方』藤崎淳監督

『口笛彼方』は、長崎在住の映像作家である藤崎淳氏が監督、長崎大学の留学生を中心としたサークルの長崎大留学生協会が制作した非商業作品。

ホンジュラスからの留学生の男性は、何となく日本に来て貧乏な生活を送っている。同じ研究室の日本人女性の院生は、故郷に残した母が入院中。家庭教師をしながら厳しく寂しい生活に鬱々としながらも、勉強するしかない彼女は、周囲でいい加減な生活を送る学生に嫌気がさしており、特に、へらへらしているように見えるこの男性のことが気に食わない。だが、ラテン系の陽気さの仮面があるだけで、相手も寂しいと気づき、また母の余命が短いと、はるばる訪ねて来た弟に知らされた彼女は、男性と海に向かい、涙で彼の胸に顔を埋めるのだった。等身大の学生生活が、静かにそして時にほのかなユーモアと共に描かれて、淡くも味わい深い作品に仕上がっている。ともすれば猥雑さが売りになりそうな、異文化接触の描き方として秀逸。俳優でなく本物の学生が出演していることが成功している。

本作は、各地での上映活動によって観客を増やすタイプの作品で、いわゆるインデペンデント。こうした一般流通ルートからはずれた作品の中に、佳作を見出すことは楽しい。筆者も勤務先の九州大学で、同僚がオーガナイザーを務める映画科目の上映会で拝見した。授業の関係で、上映後の監督と、福岡アジア映画祭の前田秀一郎氏が参加した、意見交換の場に出席できなかったことは、極めて残念。舞台は長崎大学で、大学のプロモーションの意図があったようだが、良い所を見せる式の撮り方でないところが、尾道の観光名所を映さなかった大林3部作を思い起こさせた。

●2014年・済州島四・三事件『チスル』オ・ミヨル監督

『チスル』は、済州島四・三事件での虐殺を描いた、韓国の白黒作品。大戦後の米ソによる南北分割占領下、南単独の選挙に反対する住民の武装蜂起が済州島で1948年4月3日に発生、その後7年にわたり、米軍がバックの韓国軍と警察等が、一定の地域に留まる住民3万名を虐殺したと言われる。

済州島がアカの巣窟と見なされたのだが、殺された住民の多くは無関係だった。抵抗しなくても殺戮され、家に火を放たれ、逃げる住民は必死だが、老若男女関係なく、次々と殺された。本作は、食べるものにも困りながら逃げる島民と、それを追う兵士の様子を交互に描く。兵士も無感情に殺す者、女性を犯すなど非道を行う者、同じ民族への殺戮のひどさに上官を殺す者など、様々である。硬質な描画の中、混乱の様子が手に取るようにわかる。

済州島は、歴史的に流刑地にもなっていて差別を受け、日本に渡ってきた方々も多かったようである。またこの事件の真相解明は不十分で、北朝鮮への対抗からタブー視されていたが、金大中政権以来見直しが行われ、2019年に軍・警察が公式謝罪した（政権レベルでは盧武鉉大統領が2003年に謝罪）。監督、スタッフ、俳優などは済州島出身で、取材を重ね、実際の場所でもロケが行われた。それに賭ける思いが伝わってくる。国際的にも評価されたが、韓国内でもインデペンデント系としては異例のヒットだったとのこと。チスルとは、済州島方言でじゃがいものこと。本作で描かれる一団の島民が、逃亡中に口にしたのがじゃがいもだった。今夜はジャケット・ポテトで済まそうかな…

●2014年・日本でホームレスに『東京難民』佐々部清監督

『東京難民』は、どこにでもいる遊び人の大学生が、父親の失踪から大学を除籍され、あっと言う間にホームレスへ転落する様子を描き、日本の現実を描いた衝撃作である。

主人公は父親が失踪、学費が滞納となり大学を除籍になった。あとはホームレスとなるまで、社会問題のひとつひとつを映像で描き出しながら、転落の顛末を描く。滞納となれば学生に冷たい大学、住む側の権利がないも同然の契約内容のアパート、ティッシュ配りで食いつなぐ若者、ネットカフェや終夜営業のファーストフード店で夜を明かす人々、社会への不満で爆弾を作る若者、薬品の治験で稼ぐつかの間の安楽、弱者への偏見だらけの警官、新宿のぼったくりホストクラブへ呼び込む少女、ラーメン店を夢見ながらその店で危ない世渡りから逃れられない青年、豊かでもないのにホスト目当てにお金を搾り取られソープランドに行くしかない女性、派遣切りでホストになる青年、どこまでも追ってくるヤクザ、見つかったら死刑覚悟の中国での麻薬運び屋、劣悪な環境で働く日雇い労務者、アルミ缶を集めゴミ箱の雑誌を集めては売るホームレス、東日本大震災で息子を失い東京でホームレスとなっている老人など、この作品は、現代日本の闇の問題のカタログといった具合である。

しかし佐々部流の綺麗な作りが感じられ、リアルな話題ではあるが、本当はこんなものではないという想像をかえってさせるところが、結果的に効果大と言えよう。この作品、主人公と同年代の観客が見ても、こんな世界と隣り合わせの世の中に恐怖と怒りを感じるだろう。公式サイトに、当時の安倍総理夫人がコメントを寄せていた。

●2014年・原発問題怒涛の1本『日本と原発』河合弘之監督

『日本と原発』は、バブル期のビジネス弁護士から転身して、脱原発訴訟に身を投じた弁護士が、福島事故をきっかけに真実を伝えるには映画しかないと、生涯で初めて監督した作品である。インタビューや現地取材で、原発問題のすべてを解き明かす勢いの濃密怒濤の1本。とにかく痛快に斬りまくる。ここでは見出しを挙げるだけで十分だろう。

原発事故で、まだうめき声やクラクションで生存を知らせていた津波被害者を、放置せざるを得なかった消防士の苦悩、元京大小出助教の原発批判、東電職員の現場待避計画への批判、最悪シナリオにおいては東京を任意避難区域に含む危険があったこと、あの津波の高さが想定外だったという主張の嘘、東電が原発事故を地震でなくことさら津波のせいと主張して他の原発への波及を避けようとしていること、津波到達の時刻が東電発表より遅く電源喪失は津波でなく地震のせいとする論文が無視されていること、発電コストの3％が利益として保証されるシステムを中心とした原子力ムラの甘い汁の構造、破綻した燃料サイクルと核開発力保持への固執からの原発再稼働の企て、再稼働の規制基準のおかしさ、脱原発を果たした国があるのに原発輸出を図る死の商人日本、強烈な鬱で自殺していった被害者、地元で復活する酒造り、福島第1が20m掘り下げて建設され地下水脈にそもそも危険が予測されたこと、地下防壁がコストを理由に見送られたこと、地震国日本で放射性廃棄物を10万年貯蔵するのは困難なこと、自然エネルギーで十分行けるのに遠い将来のことと吹聴されていること、代替火力の燃料代で破滅するという政府の脅迫、そして大飯原発判決の爽快さ。怒濤の135分。『日本と原発4年後』『日本と再生』も見てみたい。

●2014年・チリのピノチェト軍政を巡る投票『NO ノー』パブロ・ラライン監督

『NO ノー』は、チリの社会主義アジェンデ政権を、1973年に軍事クーデターで転覆したピノチェト軍事政権が、辞職に追い込まれるきっかけとなった、1988年の大統領信任投票における、賛否両派のTV宣伝合戦を描いた作品である。

当時チリは、自由社会と言いながら、左派を徹底的に力で抑圧する軍事独裁政権のもとにあり、政権に抗することは、拷問や家族の行方不明などの苦しみを産むことを意味した。作品では、国際世論に促されたピノチェト大統領の信任投票で、唯一反対派に許されたのは、1日15分のTV宣伝フィルムであり、主人公は政権からの嫌がらせや集会の弾圧に屈せず、仕事上の上司が賛成派のフィルム作成に回ってもたじろがず、反対派内からの教条的な突き上げにも自らの広告論を説き、疲弊した国民に向けての明るく楽しい反対のキャンペーンフィルムを次々作り、最後には反対派の勝利をもたらして、翌々年の中道左派連合への政権移行に貢献したのである。

チリ米仏メキシコ合作で、ピノチェトを倒したキャンペーンを描く反権力作品とくれば興味津々。特に面白かったのは、広告のプロである主人公の、歌に踊りにピクニックといった楽しい映像に対し、なまぬるい、これまで抑圧されてきた人々にもっと政権のひどさを語らせろ、と突き上げる左派幹部である。結果的にどういうTV広告が有効なのかはわからないが、抑圧をはねのけようとする側同士が、戦術を巡って対立するのは世の常。先鋭的になって切り込むよりも、その場での当面の目的が達成できる戦術とは何かを、冷静に幅広に練り上げるべきときは、それができる度量が欲しいものである。映画としては決して上手ではないのだが、希少価値の1本。

●2014年・ソ連の樺太侵攻『野のななのか』大林宣彦監督

『野のななのか』は、筆者が勝手に大林宣彦反戦3部作と名付けたうちの第2作品である。日本に流れる不穏な空気と戦争風化への危機意識が作らせた、映画作家入魂の1作である。

北海道芦別で、高齢で亡くなった元医師の葬儀に集まった親族たちのところへ現れた謎の女の存在から、1945年におけるソ連の樺太侵攻で、医師が体験した青春の悲劇が次第に家族たちに明らかになっていく。その女の正体を巡るミステリーの一面もあるが、探偵物のようなはっきりとした答えが出るわけではないところが、かえって深みに通じている。

優しい人柄がにじみ出る作品が多い大林監督だが、それだけに当時の戦争への足音には、燃え上がる怒りがあったのだと思う。主人公が亡くなった3月11日の設定は、どう見ても、生者と死者の境を越える大林の作風からして（タイトルの「ななのか」とは、7×7で死者がこの世に留まる49日のこと）、誰も理不尽に死なせてはならないという思いが込められている。時に挿入される、生者のものとは思えない神秘的な楽隊の音楽も、レクイエムのように響き、作品に深みを与えている。最近の町興しという名の破壊や原発に対する反感など、監督のこれまでの思想の集大成とも言える迫力がある。技術的にも、作り込みに凝った逸品だ。但し、本作も大林独自の映画的芸術性満載、好き嫌いがはっきり分かれる出来であろう。死んでいるはずの主人公が起き上がったり、論理的におかしな展開があったり、演劇的な自然でない台詞回しだったり、ワケがわからないという人も多く、自己満足映画という非難もある。しかし、嫌いでも一見すべき1本かと。複数の国内映画祭で、最優秀映画賞を受賞した。

●2015年・戦争で病む心『アメリカン・スナイパー』クリント・イーストウッド監督

『アメリカン・スナイパー』は、米国映画で、硫黄島の戦いを描く反戦作で有名な監督の作品だが、イラクに何度も派兵された凄腕狙撃手の実話である。主人公は4度イラクへ行き、合計160名余を射殺した。もっと殺せば仲間をもっと救えたと自伝に書き、ラストでは葬儀が星条旗の下で盛大に、そして全米大ヒット…と書けば、当時のイラクを敵視した米国のタカ派映画かということになるが、実際この作品には賛否両論がうずまく。

しかし、現地は爆弾を抱えた子供を射殺しなければ仲間が死ぬ、死と隣り合わせの戦場だ。どちらが正しいかを考える余裕もなく、張り詰めた時間に埋め尽くされる。本作で描かれる残虐な市街戦は、何でもいいから逃れたいと思わせる地獄絵だ。特に砂嵐で視界が阻まれる中でのサバイバルは、見ていて極めてリアル。家族を得て一見幸せに見える主人公も、次第に心身を蝕まれていく。除隊後PTSDに悩む帰還兵への支援にあたる日々であったが、最後には、症状に悩む帰還兵との射撃訓練で撃たれて絶命。葬儀のシーンから続くエンドロールでは、音楽なしの無音であることも考えさせられる。米国讃美の右派映画とレッテルを貼ったら、本質を誤る。

これは監督の最近の作風だ。ウルトラ右翼の親米映画でもなければ、スカッと反戦のカタルシスを味わう作品でもない。主人公も、やかましい保守主義者でもなければ、反戦の正義漢であるわけでもない。どの立場の人が見ても、苦々しい思いが残る作品であり、枠組みは米軍ながら、現場の恐怖と人の心への甚大な影響を描く普遍性を持つ。米国でない側から描いたとしても、同じように成立する作品だ。

●2015年・ハンセン病と老女『あん』河瀬直美監督

『あん』は、『萌の朱雀』『殯の森』で有名な河瀬直美監督による、元ハンセン病患者の美しい物語である。

男（永瀬正敏）が借金の義理で店長を勤めるどら焼き屋のアルバイト募集に、通りがかりの老女（樹木希林）が応じた。最初は断るのだが、賃金がいくら安くてもよいからと言うので雇ったところ、既製品のあんは使わず、小豆から作るという。小豆を愛おしむように丁寧に作ったあんは絶品で、これをきっかけに店が栄える。この老女は、あんを作るだけの仕事をしていたのだが、ある日、店長が席をはずしたときのお客に対応せざるを得なくなった。そのとき客が老女の手を見て、ハンセン病患者だと思ったらしく、噂が広まって客足が途絶える。老女も店に来なくなってしまった。店長は老女のいる施設を訪ね、あんの自作を提案される。店のオーナーの都合でそれが活かされないことになって、再び施設を訪れると、老女は店長へあん作りの道具を残して他界していた。

老女は得意なあん作りの仕事で、生まれて初めて人に喜んでもらう体験をしたかっただけなのだ。それすら許されなかった歴史を前に、人権とは、ハンセン病への過去の対応は、と考えさせられる。老女役の樹木希林が小豆の煮え具合を嬉しそうに確かめる様子に、生きるために必要なものを見た思いがする。原作は、中高生の読書感想文指定図書になった、ドリアン助川の小説。また本作は、世界各地の映画祭で受賞。淡い画調の静かな映画だが、生きる意味を問いかける佳作だ。ハンセン病に対する偏見への不快などの評も世にあることは注意しておくが、この作品の勘所は生きることの意味だろう。

●2015年・キング牧師の訴え『グローリー 明日への行進』エヴァ・デュヴァネイ監督

『グローリー 明日への行進』（英米仏制作）は、作品としての出来に今ひとつの部分もあるが、キング牧師を主人公とした初の長編映画である。なぜそれまでなかったか考えさせられる。

米国では黒人に対する選挙権が、白人による各種の妨害で損なわれ、本作の描く1965年のアラバマ州のいくつかの郡では、黒人が全く選挙に参加できていなかったという。キング牧師は、暴力で抵抗するブラック・ムスリム（マルコムXが本作でも描かれる）に代表されるようなやり方とは一線を画し、非暴力による問題の解決を志していた。そのひとつとして、黒人の選挙権登録への妨害に抗議し、妨害する警官の憲法違反を訴えるために、公民権運動の盛んなアラバマ州セルマからの平和的行進を企画する。しかしこの行進は、白人警官たちにより実力排除され、黒人が殴られる様が報道された。ノーベル賞を受賞してもこの有様である。ところが、牧師の呼びかけに応じて全国から多くの人々が集まり、1回目は数百名だった参加者が、2回目では2万名以上になった。しかし今回は、警官隊と一触即発というところで、キング牧師自身が撤退を指令。これは彼一流の非暴力を要求する姿だったのだろう。

牧師の1枚1枚はがすように進める運動のスタイルには、同じ黒人からも批判があったが、白人に席を譲らず、黒人女性が逮捕されたバス事件でのボイコット運動で、差別を違法とする判決を引き出したり、ニューヨークのデモでは、有名な「私には夢がある」の演説で世界に訴えたり、大きな成果があったと考えられる。本作では、牧師の思想や苦悩への切り込みが少し足りない気がしたが、初の長編映画としての記念碑ではある。

●2015年・ユダヤ人を救った命のビザ『杉原千畝』チェリン・グラック監督

『杉原千畝　スギハラチウネ』は、日本生まれの監督が、日本のシンドラーと言われる外交官杉原千畝（唐沢寿明）を描いた、日本ポーランド合作。

杉原は、北満鉄道のソ連からの譲渡金額を安くさせるなど、諜報活動に手腕を発揮する満州外交部員。退職後、赴任希望のソ連に拒否され、最終的にリトアニアに飛ばされる。1940年、ドイツに追われたユダヤ人が大量にリトアニアに流入、ソ連と日本を通過して米国方面へ向かうという、唯一の脱出ルートに望みを託して、多くのユダヤ人がリトアニアの日本領事館を取り囲む。本国に無許可で、自らの身の危険を顧みず、杉原は通過ビザを発行する（何と最終受入先はカリブ海のオランダ領キュラソー。在リトアニアのオランダ大使の絶妙な案）。領事館が閉鎖になった後は、ホテルと駅で渡航許可証を列車乗車直前まで発行し続けた。以後ドイツへ。ドイツの対ソ開戦の動きを察知、ドイツ主力がソ連に向えば、日本が米英を敵とした場合惨事になると、米英への開戦を避けるよう、懸命に本国へ進言するも受け入れられず。最後はルーマニアでソ連収容所へ。

反戦作としてはあっさりした感じが全体に漂う。徹底した残虐描写があるわけでもなく（虐殺シーンが一部にはある）、ビザ発給を待つ人々の描写や、千畝が薄氷を踏むような思いをした様子に、もう少し踏み込んでもよいと思うが、杉原の人生や業績を記憶するのに相応しい、端正な作品である。リトアニアでのプレミア上映は人盛況、大使館を引き払った後ぎりぎりまでビザ発行を続けたホテルメトロポリスとカウナス駅、杉原が外務省を退職後に勤めた貿易会社から赴任したモスクワのホテルに、記念プレートが設置され、世界記憶遺産候補にもなった（登録は見送られた）。

●2015年・戦地をのたうち回った日本兵たち『野火』塚本晋也監督

『野火』は、市川崑監督の1959年の同名の作品とは、原作も大岡昇平で同じながら、20年の構想を経た執念の作品。

フィリピンのレイテ島で肺を病む田村一等兵は、野戦病院と兵営をたらい回しされ、空襲でジャングルにさまよう身となる。海岸へ辿り着けば本国への船に乗れると聞いて、兵たちは動き回るが、食糧もなく、野生の芋をかじり、草を食み、互いを殺し合って人肉を食らう。中には猿と称して現地人を殺して食べる者も。田村も、荒れた教会に偶然来た地元の若者を混乱の中銃殺してしまい、銃を放棄する。しかしそのように神への意識に目覚めても、周りは人間をやめた兵士たちばかりだ。夜に最後の山越えに出た兵士たちは、米軍の攻撃で死滅。田村は投降しようにも、先に投降した若者が地元民に銃殺されるのを見て、それもできない。気がついた時は、米軍の野戦病院の中だった。

美しい自然の中に、狂気と殺戮に満ちた人間の世界をそれと対比的に描く。そのリアルな描写には、正視できない向きもあろう。無駄なく切り込む映像に震えが来る。原作者自身の戦争体験を基にした原作も数々の賞を得たのだが、この作品は全くスポンサーがつかず、財産を投げ打っての自主制作だったけれども、数々の賞を得た。監督自ら脚本も制作も主演もこなし、当時を知る人が少なくなる焦りの中で、しっかり時代へのメッセージを残してくれた。2015年『キネマ旬報』日本映画第2位だったが、ある評論家は、ベストテンをすべてこの作品で満たしたく、また戦争ができる国を目指す政治家全員が見よと評している。それにしても、こうした作品に出資者のつかない日本の現実は、何とかならないものか。

●2015年・ネパールの今と映画祭『ネパールの首飾り』ルン・ルドラ・バハドゥール監督

『ネパールの首飾り』は、福岡アジア映画祭で上映された、日本初公開のネパール映画である。作品そのものというより、市民のボランティア運営による福岡アジア映画祭、生まれて初めてのネパール映画、大震災支援特別上映ということに惹かれての記事である。福岡アジア映画祭は、1987年に始まったもので、毎年7月の山笠の期間に行われており、日本語字幕を自力で付けるなど手作りで、商業主義とは無縁の市民映画祭である。当時はほとんど紹介されていなかったアジアの秀作を、日本で上映することを目的とし、現在も、若いアジアの監督に光を当てて、福岡から発信してはばたいて欲しい、という願いを込めたイベントである。ネパールはこれから発展を遂げる国であり、豊かな自然や都会と田舎の格差問題など、いろいろなテーマがありそうで、初めて見るネパール映画とはどのような作品なのか期待して見た。

作品は、車も通らない山深い田舎で、都会に一旗揚げに行った恋人を待つ女性のところに、その恋人と知りあって、危険な金儲けに巻き込み、死なせてしまった若い男が訪ねてくる話である。庶民の暮し、交通、都会と田舎等、ネパールについての様々なことが伝わって来た。そして何より、質の高い作品がネパールで作られている、ということを知ったことが最大の収穫である。

こうして、個人の映画鑑賞や、ボランティアによる映画祭などを通して、諸外国に対する興味を持ち理解を促し、それによって自分や人々がその国の文化等に対して抱くようになる敬意が、反戦の大きな志につながるものと考え、筆者は、自分の持ち時間のほんのわずかの割合だが、映画に捧げているつもりである。

●2015年・期間限定の文明で『博士と彼女のセオリー』ジェームズ・マーシュ監督

『博士と彼女のセオリー』は、ブラックホール理論で有名な、車椅子の理論宇宙物理学者スティーヴン・ホーキング博士の愛と栄光と闘病を、妻との生活を中心にして描く。英日合作。

ケンブリッジ大学の院生時代に恋仲になった女性は、ホーキングが筋委縮性側索硬化症を発症しても結婚した。治療は不可能で短命とされたが、まだ介助用具の発達していない時代に、妻の大変な献身により、生活ができ子供もでき、死の恐怖と戦いながら、宇宙理論を突き詰める。最大の危機は声が出なくなったこと。当時の技術の粋を集めた発声装置が贈られ、外界とのコミュニケーションが取れるようになったが、科学の前進は必要だと心から感じられるシーンである。ただ夫人とは最終的に離婚、現実の生活では、看護師と結婚し離婚していて、必ずしもそのあたりは幸せだったとは言い切れないのかもしれない。惜しい方を亡くした。

私事だが、舞台となったケンブリッジ大学には、コロナ禍で中断しているが、毎年研修で学生を引率してきており、街中で御弟子さんに車椅子を押してもらっている博士に何度か出会った。画面に見覚えのある風景が映し出されるたびに感嘆。また、宇宙物理学は筆者の趣味のひとつである。大学の英語教科書で博士の宇宙論も使った。若干我田引水の作品選択、申し訳なし。映画として超一級とまでは言わないが、愛に科学に闘病に、博士に敬意を持っている人必見の内容である。

ところで宇宙は、星々の互いの重力で、10兆年すると全て集まってブラックホールになるので、人間の住む場所も資源も何もかもなくなってしまうらしい。でも宇宙空間は膨張を続ける。知的文明は期間限定なのだ。最後はすべて死滅するから、せめて今を美しく生きたい。戦争のない世界で。

●2015年・吉永小百合の矜持『母と暮せば』山田洋次監督

井上ひさしが構想した広島、長崎、沖縄の「戦後命の3部作」のうち、広島は『父と暮せば*』として、本人の戯曲と黒木和雄監督の映画に結実したが、井上氏の逝去後、長崎について、山田洋次監督が引き継いだ形となったのが、『母と暮せば』である。

母（吉永小百合）は、原爆で長崎医科大学に通う息子を亡くした、1人暮らしの助産婦であり、息子の恋人が時折訪ねてくれるのだった。原爆からちょうど3年後、死んだはずの息子が幽霊として母の前に現れ、以後しばしば出没しては、親子が会話を楽しむのであった。その話題に恋人のことが頻繁に出た。その恋人は息子を思い、誰とも結婚しないと言っていたが、母の説得に、最後にはよき伴侶を得ることとなった。病弱だった母に、幽霊の息子は母の最期を告げ、2人で冥界に旅立った。

反戦物によく登場し、自ら反戦活動をする吉永と、『硫黄島からの手紙*』の二宮和也が共演し、井上ひさしと山田洋次が絡むとなれば、これはもう素直に落涙とならざるを得ない。山田監督は初めて本作で非現実のファンタジーに挑んだ。これまでの作風から、その高次元での成立は危ういと予想していたが、ファンタジーを作り慣れているかのような出来映えだった。セットも優秀、原爆に苛まれた人々の数々のエピソードも織り交ぜながら、およそ世界の多くの母親に共感してもらえる逸品。正攻法で堂々と泣かされる。松竹120周年記念の作品とはいえ、このような内容の作品が、日本アカデミー賞の各賞を受賞する現況は嬉しい。歴史的に反戦を重視してきた映画界にエールを送りたい。残る沖縄は誰が引き継いでくれるのだろう。

●2015年・単独爆殺犯『ヒトラー暗殺 13分の誤算』オリバー・ヒルシュビーゲル監督

『ヒトラー暗殺 13分の誤算』は、『ヒトラー 最期の12日間＊』と同じ監督による実話である。独伊制作。

主人公ゲオルク・エルザーは、若い平凡な家具・時計職人で、共産系のグループに誘い込まれながらも、特に目立った反戦活動をするわけでもなく、活動家の友人が検挙されても、反転攻勢に出るわけでもない。むしろ情事と音楽に身をまかせて、狭い世界に生きているように見える。だが彼は自由を愛し、時代が見えているのを自覚し、全くの単独でヒトラー爆殺を試みる（1939年のビュルガーブロイケラー爆発事件）。しかし、ヒトラーはいつもより早く演説を切り上げ、会場では演説者が去った13分後に爆発が起きた。この事態を防げなかったヒトラーは、黒幕の存在を想定して徹底的な調査を命じ、彼は英国がバックにいるとにらまれて凄惨な拷問に合い、戦況がドイツに不利になると、ヒトラーの死の前に収容所内で射殺される。

この計画は大胆かつ精巧、とても単独行動によるものとは思えない技であり、数あるヒトラー暗殺未遂事件の中でも異彩を放つ。取り調べを担当して彼を人間的に扱った将校が、後日の混乱の中で処刑されるなど、狂気のナチスを描くことを忘れていないのだが、映画としての出来は、『ヒトラー 最期の12日間＊』に比べると並。しかし、彼の存在自体は忘れられない。ドイツ政府はなぜかしばらく彼の存在を隠していたが、東西ドイツ再統一後の1993年に、彼の復権署名運動が始まり、メルケル首相が2014年公式に評価した。この作品はドイツ人にとって作られるべき映画だったろう。

コラム⑥　おっと思う作品1

脚本がよくできていたり、意外な展開であったり、視点がユニークであったり、感心させられる作品というのがあるものです。私自身は大林宣彦の感動作から入りましたので、生まれ育った文化が自分にしっくり来るのと同じことで、やはり映画は感動作と思ってしまうのは仕方のないことですが、渋い映画、かっこいい映画、難解な映画なども大好きで、個性がないのではないかと言われるくらい何でもまんべんなく見る方です。そうした作品たちを記し、感謝の気持ちを表したいと思います。（コラム⑥に続きます）

『教誨師』『グラン・ブルー』『ぐるりのこと。』『39刑法第39条』『激突！』『紅夢』『ゴーストライター』『告白』『コーダ・あいのうた』『アフタースクール』『アマデウス』『雨あがる』『歩いても歩いても』『アルゴ』『アナと雪の女王』『居酒屋ゆうれい』『119』『いつか晴れた日に』『今を生きる』『インセプション』『インターステラー』『犬ケ島』『ウェールズの山』『絵の中のぼくの村』『おしゃれ泥棒』『おとうと』『オリーブの林を抜けて』『櫻の園』『ザ・マジック・アワー』『リング』『秋刀魚の味』『仕立て屋の恋』『シックス・センス』『シッピング・ニュース』『忍ぶ川』『四万十川』『シャイン』『シャッターアイランド』『十二人の怒れる男』『重力ピエロ』『ジュラシック・パーク』『上意討ち・拝領妻始末』（コラム⑥に続きます）

●2016年・戦時日本に苦しんだ女性『この世界の片隅に』片渕須直監督

『この世界の片隅に』は、軍港呉で空襲を生き延びた女性を描いたアニメ。

主人公すずさんは絵が上手で、人を和ませる性格。その学童時代から映画は始まり、1944年18歳で呉の海軍文官に嫁ぐ。次第に庶民の生活が苦しくなる中を、主人公は健気に生き、時に好きな絵を描いて過ごす。戦時下の街の様子が、幾分ほのぼのと、しかし丹念に描かれるが、やがて空爆が始まる。空襲のシーンは、命の危険を感じさせる。すずさんは夫が病死して実家に戻っている義姉の娘を連れての外出中、講習会で習った、落下後しばらくしてから爆発する爆弾に、爆発直前で気付いたものの、娘は爆死、自らも利き腕の右手の手首から先を失う。娘の死ですずさんを激しく責める義姉だったが、その激しさについて謝罪を義姉から受けた日、広島に原爆が投下され、すずさんの実家の父母は亡くなった。玉音放送で思いがこみ上げ号泣するすずさん。年明けに広島を訪れ、母を亡くして路頭に迷う女児を見つけ、呉で新しい家族とするのだった。

原作は『夕凪の街 桜の国*』も描いたこうの史代。筆者の2016年第1位の予感があったが、まさに『キネマ旬報』日本映画ベストワンになった。大きなスクリーンで見たこともあり、物語の世界へ引き込まれ、破綻のない圧倒的な出来映え。反戦物の基本だが、「なぜこの人たちが苦しまなくてはならないの」感が絶大。この作品は、クラウド・ファンディングで、この内容なら投資したいという、一般の方々からの資金により制作され、全国60館強という小規模で封切りされたが、その期待を裏切らない出来。吹替の女優やメディアにかなりの圧力があったやに聞くが、庶民の口コミで評判が広がった。全国のすずさんに響いたのだ。2019年には拡大版も公開された。

●２０１６年・アウシュヴィッツで息子を亡くす『サウルの息子』ネメシュ・マースロー監督

『サウルの息子』は、監督初長編のハンガリー映画で、第８８回アカデミー外国語映画賞（現在の国際長編映画賞）や、第６８回カンヌ国際映画祭グランプリ（第2位）を得た反戦作である。

主人公サウルは、アウシュヴィッツ第二収容所（アウシュヴィッツ＝ビルケナウ）で働くハンガリー系ユダヤ人。仕事はゾンダーコマンド。ドイツ語で特殊部隊という意味であるが、ここでは強制収容所に収容されている者により組織する労務部隊のことで、サウルはガス室で死んだ同胞の死体処理の仕事をしている。本作はサウル最後の1日半を描く。あるとき、ガス室で生き残って医師に殺された少年を自分の息子と思い込み、ゾンダーコマンドたちが武装蜂起しようと策謀を巡らせる中、少年の遺体を回収、ユダヤ式にきちんと埋葬しようととりつかれたように奔走、蜂起の準備でへまをしても、埋葬のための僧探しに血眼になる。やがて蜂起となるが、サウルは遺体を抱えて逃げ、追手が厳しい中耐えきれず遺体を川に流してしまう。近くの小屋に仲間とともに避難するも、ナチス系の少年に見つかり、密告により全員射殺となる。

収容所を描く諸作の中でも、粗い映像がかえってリアルで、尋常でない内部と、そこで働かされる人々の、異様な様子が手に取るようにわかる。諸受賞からも世界の高評価がよくわかる。悲痛な環境の中で、感覚がおかしくなった主人公の狂気とも、最後に人間らしいことを考えたとも言えそうだ。ただこの作品、5年の準備を経た秀作のはずなのだが、筆者個人としては、主人公の視点に合わせたようなカメラワークが、いまひとつしっくり来なかった。もしかしたら反戦作というより、純文学ではないかとも思う。

●2016年・冷戦米ソ捕虜交換『ブリッジ・オブ・スパイ』スティーヴン・スピルバーグ監督

『ブリッジ・オブ・スパイ』は、冷戦時代に、米ソ間での捕虜交換に命を賭けた米国人弁護士を描く、実話を基にした米独印作品である。

ソ連が拘束したのは、偵察飛行中に撃墜された米軍パイロット（いわゆるＵ２撃墜事件）。米国が拘束したのは、米国内での核開発状況を調べる諜報活動を摘発されたソ連人スパイ。２人の交換の舞台は、壁を建設中の東ベルリン。米国の裁判で、ソ連人スパイをケネディの指令によって弁護し、死刑から守った弁護士が、後年起きたＵ２撃墜事件の際に、密命を受け東ベルリンへ乗り込む。当時のベルリンの、壁が急速に作られ、検問所が設けられ、西側への脱出を試みた市民が射殺されるなど、分断で混乱する様子が描かれる。パイロットとは別に、米国人の青年が東側に拘束され、弁護士は、２対１の交換の交渉が成立するまで、スリリングな駆け引きを行う。不気味なたらい回しなどの緊迫感が観客を襲う。

タイトルのブリッジは、東西を分けた橋で、捕虜交換が行われた場所。当時の米国がなぜ捕虜交換の手に出たのかについては、偵察が露見して、なくしかけた対面を保つためなど、諸説あるようだ。ソ連側が応じた背景も不明。また、最後に東ドイツが、ソ連の指令によるものとは違う時刻に交換を実行するなど、ソ連への抵抗と思しき行為がいくつか見られたことや、パイロットのついでに２人目として交換の対象になった米国人青年のエピソードが、興味深かった。さらにこの弁護士は、キューバからの囚人の開放の交渉もしたとのことで、驚きである。基本は娯楽作だが、冷戦時代を思い出して震撼する佳作。イスラエル・パレスチナや米・メキシコの壁もない方がいい。

●2016年・カトリック神父による性的虐待『スポットライト』トム・マッカーシー監督

『スポットライト　世紀のスクープ』は、ボストンの新聞社ボストン・グローブが、2001年に、ボストンのカトリック教会の100名近くの神父が、児童へ性的虐待をした醜聞を暴いた、事実に基づく米国映画。第88回米国アカデミー作品賞・脚本賞を受賞。

スポットライトは、同紙の特集コーナーの名称。虐待は100年近く前から行われており、神父の異動でうやむやになっていた。ある弁護士は、100名近い被害の訴えを抱えており、あるきっかけからグローブ社が調査を開始、次第に自社がこれまで通報を半ば無視してきた事実が浮上、弱い立場の家庭の子が狙われてきた事実がわかり、カトリック教徒の多いボストンでメディアが動かず、カトリック教会による巨大な隠蔽工作があったことが見えてくる。その後も教会によるもみ消しで告発の動きが封じられてきたことがわかり、グローブ社は調査結果の公表に踏み切った。新聞社として告発に対応しなかったことへの自責、いち早い公表を主張する記者と証拠固めを優先する記者との対立、9・11テロで止まる調査、様々のジレンマが描かれ、重厚な出来。

筆者も、映画のボストン地区とは異なるが、ペンシルベニア州最高裁が、カトリック神父300名以上による1千名ほどの児童への性的虐待（実際には数千名に及ぶとも）を行ったとする調査報告書を、神父らの実名入りで公表したとの報道に接した。2名以外は時効だそうである。現代の教会が、政治権力と同じ腐敗の構造を持ち得ることを暴いた作品である（中世の欧州では王権と二大権力だったのだからさもありなん）。信教の自由は絶対保証されるべきだが、勇気ある告発を賞賛したい。

●2016年・赤狩りと反骨の映画脚本家『トランボ』ジェイ・ローチ監督

『トランボ　ハリウッドに最も嫌われた男』は、赤狩りに反対した映画脚本家のダルトン・トランボの抵抗を描く米国映画。トランボと言えば、今では『ローマの休日』『パピヨン』『スパルタカス』『ジョニーは戦場に行った』などで有名な脚本家で、早くにトップクラスの脚本家となったのだが、第2次大戦中に負傷兵を描く小説を発表したために脅迫を受け、マークされる人物となった。トランボが戦後の赤狩りの中で危うい立場になるところから、本作は始まる。彼は米国共産党員だったが、1947年、米下院非米活動委員会に呼び出され、証言を拒否したため、議会侮辱罪で実刑を食らう。このときに同様の運命をたどったハリウッドの10名は、ハリウッド・テンと呼ばれる。出所後は、事実上ハリウッドを追放されて仕事がなくなり、B級映画の脚本で食いつなぐ。ジョン・ウェインを中心とする「米国の理想を守る映画連盟」から、彼を雇うなとの圧力を受けたB級映画会社が、同連盟を蹴散らす様子は興味深い。また彼は、偽名や友人名でも脚本の仕事を続け、『ローマの休日』等で2回も米国アカデミー賞を実質的に取っていた。その間の脅迫などの様子を本作はたどる。彼は飄々として動じるとも動じないともなく、柔軟にすり抜ける。娯楽作としても面白い。

1950年代まで、アカデミー賞にブラックリストの人物に対する条項があったのも驚きだが、彼は実名復活後も活躍を続けた。『ローマの休日』が彼の脚本だったとわかったのは、彼の死後のことであり、改めてアカデミー賞受賞作品を元にした映画も制作している。彼の、声高ではないが柔軟にして結局屈しない姿勢は、大変に気持ちがいい。ハリウッドメジャーの傑作だ。

●2017年・隠れた反戦佳作『明日へ 戦争は罪悪である』藤嘉行監督

『明日へ 戦争は罪悪である』は、戦争に反対した実在の僧侶を描く、ストレートにして完成度も高い反戦映画の佳作。

舞台は、太平洋戦争に向かう時代の瀬戸内の島。戦争に協力的で、集落でも顔役の僧侶が、戦争に向かう世の中でも、少年に本人が希望する噺家の修行を東京で積むことを勧める。少年はやがて噺家になり帰郷するが、赤紙が来る。ところが、僧侶は出征の際に軍人もいる前で、戦争は罪悪で人類の敵だからやめろ、行っても人殺しをせず、逃げて帰って来いと説いてたたきのめされる。僧侶は、母思いの知的障がい者に、出征できるよう読み書きを教えたが、彼は空の骨壺で帰って来た。こんなことなら読み書きなどいらなかったと狂乱する母親が首を吊ったのを見て、僧侶は殺生を禁じた仏の教えに立ち返り、出征する少年を止めようとし、僧仲間に戦争に反対することを説き、村人に責められても、特高で尋問されても、主張を曲げなかった。戦後無事に「逃げ」帰った噺家の少年が、寺で高座を務める中で息を引き取った。この少年は、その後落語で反戦する噺家となり、老後施設で暮らす中、2015年の安保法制のデモの報道にいてもたってもいられなくなった。

戦場は描かれないが、そのものズバリを感じさせる作風。僧侶の知り合いの僧も特高に追われる反戦論者であり、植木等の父親徹誠（水平社の運動に参加して服役、戦後は共産党員にも）だったというエピソードも興味深い。反戦作にありがちな声高な面があるのに、一気に寄り切られてしまう力作。市民ホール的な所だけでの上映では勿体ない。『キネマ旬報』では、年間ベストテンの日本映画127位まである順位に入っていない！

●2017年・軍隊不要『コスタリカの奇跡』マシュー・エディ、マイケル・ドレイリング監督

『コスタリカの奇跡　積極的平和国家のつくり方』は、1949年に憲法で軍隊を放棄したコスタリカの、軍隊放棄の経緯とその後の歴史を追った米コスタリカ製のドキュメンタリーである。

コスタリカでは、1940年からカルデロン・グアルディア大統領による社会民主主義政権が、世界大恐慌以降の人民の福祉要求を背景に、社会保障を整備したが、常備軍を保持していた。1948年の大統領選挙では、政権与党が野党候補に負けたのを受け入れず、内戦が勃発。野党側のリーダーは、米国で独学したホセ・フィゲーレス・フェレールで、内戦勝利後、憲法で常備軍を廃止、軍事予算を教育と社会保障に回した。今でこそ2016年の国民幸福度世界一の国だが、その道のりは険しかった。隣国ニカラグアが不安定で、常に脅威にさらされ、1955年の侵攻に対しては、武装警察と市民の抵抗で排除した。ニカラグアで1978年に、サンディニスタ民族解放戦線が蜂起するとこれを支援、ところが反革命のコントラを支援する米国が、コスタリカに米軍基地配置を強要する。1983年には中立を宣言、1986年に大統領となったアリアスは、欧州諸国を訪問してその立場への支援を要請、米国へは拒否を貫いて、1987年ノーベル平和賞を受賞した。しかし平和主義はなかなか辛い。その後貧富の差が拡大、新大統領が米国のイラク開戦支持を表明し、裁判所がその声明の無効判決を出すなど、揺れている。

フィゲーレスの娘が、国連で環境問題に取り組んでいるが、コスタリカでは、自動車に替わる交通手段の開発が急務だそうだ。応援したくなる国であり、どこかの国の首相の口にコスタリカの爪の垢を詰め込みたい。

●2017年・米国の通信傍受を告発『スノーデン』オリバー・ストーン監督

『スノーデン』は、米国による通信傍受の実態を告発したストーン作品（制作国は英仏独米）である。2013年のスノーデン青年による告発は、今でも記憶に新しい。

スノーデン青年は、9・11の後、軍に志願するも負傷して除隊となり、その後、国家安全保障局（NSA）、続いてCIA（中央情報局）に雇われて、コンピュータセキュリティを担当し、頭角を表す。スイス等での情報収集に関わり、米国が全世界のメール、SNS等の傍受をしていることを知る。ハワイでの勤務では、機密文書を扱える立場となった。彼は保守派ではあったが、自由を信奉する人間で、こうしたプライバシーを侵害する米国の行為に、次第に疑問を持つようになる。証拠となるデータを持ち出した彼は、休暇を取って香港へ移動、英国ガーディアンのインタビュー撮影にホテルで臨み、新聞記者に傍受の実態を明らかにした。明らかにされたことは、傍受の対象がネットを中心に広範な通信に及ぶこと、IT企業が協力していること、他国サイトのハッキングまで行われていることで、米国も監視社会ということである。スノーデンは、高給も恋人との生活も捨てて告発にあたり、指名手配を受けて、現在はロシア在住とのこと。

本作は、迫害の危険と隣合わせのサスペンスで、娯楽映画として見ても一級。相変わらずこうした種類の作品が堂々と成立する米国映画界が羨ましい。先行して公開された関連ドキュメンタリー『シチズンフォー　スノーデンの暴露』も見てみたい。それにしても、同盟国の公館ですら傍受していたことを、当の米国が認めた事態なのに、何かがしっかり変わったという話も聞かないが、どうなっているのだろうか。

●2017年・NASAと黒人女性差別『ドリーム』セオドア・メルフィ監督

『ドリーム』は、黒人差別女性差別の中で、NASAの計算係として活躍した、数学の天才である黒人女性たちの実話に基づく米国映画。

舞台は、1961年から1962年のNASA。作品は実在の人物3人に焦点を当てる。彼女らは優秀な数学者で、NASAの研究所で計算係をしているが、社会的には、バスの座席が白人と別など、ことあるごとに差別を受ける中、NASAでも黒人スタッフは別棟に入れられ、トイレやコーヒーメーカーも白人と別々、などという差別扱いが描かれる。1人は、米国初の有人宇宙飛行計画であるマーキュリー計画のグループスタッフ（グループ入りの黒人は初）となったが、会議への同席は不可、トイレは歩10分の別棟に行かされる始末。上司に度々の離席をとがめられて爆発し、以降改善がなされた。別の1人は、エンジニアに転身するため、訴訟も起こして白人の学校の講座に通う。もう1人は、前例無しを理由に昇進を拒まれ、コンピュータ導入による黒人計算係一同の解雇を恐れて、密かにコンピュータ言語を学び、交渉の末、一同の解雇を防ぐ。マーキュリー打上げの日にも再計算の活躍があり、無事打上げが成功した。

原題および原作タイトルを日本語で言えば、「隠された人物たち」であり、本来陽が当たるべき人物が受けていた差別を描いている。大手メジャー系作品であり、史実と年代が合わないなどの部分もかなりあるようだが、NASAですらこうだったのかと気づかされる。しかし邦題の「ドリーム」は、他の公開国では見られず（キング牧師的なドリームか?・）、誤り覚悟で「アポロ計画」という副題がぎりぎりまで検討されたことには疑問を感じるが、米国での興行成績はよかったようだ。

●2017年・凄まじい反戦の思い『花筐 HANAGATAMI』大林宣彦監督

『この空の花＊』と『野のななのか＊』に続く、大林反戦3部作の第3作『花筐 HANAGATAMI』は、余命数カ月の宣告から命がけで残した、監督の怒濤の反戦メッセージである。山田洋次的わかりやすさとは無縁の独自の芸術性は、好き嫌いの分かれるところだが、凄まじい迫力だった。

檀一雄原作で、本来なら大林の長編商業映画第1作になったはずの、監督にとって昔から構想していた大切な作品。昭和16年の戦前の唐津を舞台に、自由であることを譲らない学生たちの青春を描く。戦争に青春を奪われてたまるかとの精神を曲げず、最後には自ら命を絶つ若者達。直接反戦を言葉にするシーンは少ないが、作品全体の力に観客が潰されそうになる。肺病で死にゆく少女、命を持て余す男子学生、海外帰りでノンポリの学生、生まれつきの障がいの中に鬱屈した日々を過ごす学生、夫を戦地で亡くした妻、若者の戦死で変わりゆく街を嘆く娼婦などの、命と死生観の切り結びを、唐津くんちを背景に、個性的でぎとぎとの容赦ない作風で押し込んでくる。今の危うい状況に対して、最大ボリュームの怒りの声を頂戴している感じだ。生涯をかけた大林ワールドの集大成といった風格。2017年『キネマ旬報』日本映画第2位も納得だ。

唐津が舞台でも、台詞は唐津弁ではない。どこの土地でも共通の普遍性を主張している。これは尾道3部作のときと同じ。この独特の演劇的情感は貴重だ。それにしても、劇場で1日1回の上映で2週間、しかも観客は老老男女だけ、改憲オッケーの時代までもう少し、ということでないことを祈る。

●2017年・沖縄の反基地運動『標的の島 風かたか』三上知恵監督

『標的の島　風かたか』は、『沖縄スパイ戦史*』の三上智恵監督による、現代沖縄の反戦運動を追うドキュメンタリー。

沖縄・先島諸島は、米国エアシーバトル構想の一環で、米軍新施設や自衛隊の展開で揺れている。宮古島では自衛隊のミサイル基地反対運動。市長は水源地を避ければ受け入れると宣言、住民が市役所で抗議するも、手をポケットに入れた所員から、うるさいから帰れと言われる始末。そういえば、当時の説明会で防衛副大臣が作らないとしていた弾薬庫も、後日報道された着工予定に含まれていた。沖縄本島高江では、オスプレイのヘリパッドの工事阻止運動を描く。老若男女が、山中で座り込みを続ける。工事車両搬入にあたり、県外から機動隊等が千名規模で投入される中、自家用車や肉体でトラック等を阻止しようとする反対派、道路を一時的に駐車禁止にして車をレッカー移動し、住民ともみ合う警察。警官が選挙カーのような反対派の車の屋根にも上ってもつれ、怪我人が続出、リーダーはやむなく白旗。この方は、後に工事地の有刺鉄線を切り、5カ月も逮捕拘留。裁判所命令で1泊を超える旅行が禁じられたそうだ。

反対しているのは、ホントに普通の人たち。しかし、沖縄で犠牲になった人々のために、平和だけは譲れないという信念の持主だ。この運動も、成田闘争のように潰されていくのだろうか。最近政治ネタをフェイスブックに載せると削除され、筆者の家庭でも戦禍の足音を感じている。作品で一瞬登場した若者の言葉が印象的。頑張るオバアに反対は無意味ではと聞いたら、「戦争反対で行動した人間1人の歴史が残ります」と言われ、参加を決めたとか。

●2017年・瀬長亀次郎の不屈『米軍が最も恐れた男』佐古忠彦監督

『米軍（アメリカ）が最も恐れた男　その名は、カメジロー』は、沖縄の星瀬長亀次郎の半生を辿り、沖縄の苦難の歴史に光をあてる作品。ＴＢＳのテレビドキュメンタリーに、追加取材と編集を加えて作られた映画で、監督は筑紫哲也の弟子とも言える人である。

舞台は終戦後の米軍占領下の沖縄。瀬長はうるま新報社長（現琉球新報：その反米軍基地の色彩は有名）となり、沖縄人民党を創立、占領下の立法院に当選するも、琉球政府創立式典での宣誓に起立しなかったことから、米軍に睨まれることとなった。指名手配を受けた党員を匿って服役、出獄後は那覇市長に当選、弾圧にも負けず、市民の支援を受け、米軍策動による失職と被選挙権剥奪にも屈せず、やがて１９７０年の国政参加選挙で、衆議院議員に当選した。本作では描いていないが、人民党が１９７３年に日本共産党と合流したことは、誰もが知るところである。さらに、人民と占領軍との戦いや、瀬長が事ある毎に大勢の大衆を集めて行った演説などを追い、いかに瀬長が人民とともにあったかを描く。

知識としては頭にあっても、占領下の米軍による圧政、その後も続く沖縄の苦難が作品として描かれると、インパクトが違う。そして現在の沖縄の人々の運動が、占領下での運動にいかに根ざしているのか、故尾長知事らの思いの背景に、どれだけの歴史があるのかを思い知らされる。それにしても、辺野古も米軍機からの落下物も少女への乱暴も、今に始まったことではなく、沖縄の戦後が終わっていないことがよくわかる。時々映し出された建物外壁に大きく刻まれた「不屈」の文字が印象的。沖縄のエネルギーを感じる。「不屈館」に行ってみたい。

●2017年・英国の貧困と老人再就職『わたしは、ダニエル・ブレイク』ケン・ローチ監督

『わたしは、ダニエル・ブレイク』は、『麦の穂をゆらす風＊』『ルート・アイリッシュ＊』を撮った、社会派のケン・ローチの入魂作である（制作国は英仏白）。

主人公ダニエルは、英国北東部の町ニューカッスルに住む初老の大工。この町も重工業である造船業が衰退し、失業、治安悪化等の問題を抱え、方向転換を迫られた。心臓病のため仕事ができなくなり、公的支援を申請しようとするも、制度の複雑さ、ＩＴによる申請のわずらわしさになじめず、苦闘する。そんな中、ロンドンを追われてきた2人の子連れのシングル・マザーと出会い、貧しい者同士助け合う。先進国と言われる国でも、生活のため、緊張感にさらされて、ぎりぎりのところでつないでいかなければならない人々の姿が痛々しい。本作では、ひもじくて、救貧活動で集められた食品の缶詰を開けるなり、その場にへたり込み手で食べて泣く母親、ドクターストップがかかっているのに、仕事を求めて断られた実績が必要と言われ、悩むダニエル、その他機械的な福祉担当の役人などが描かれ、人間の尊厳を最低限保障するのが公的福祉ではないのかと、沸々と怒りが湧いてくる。

本作は、繁栄の陰で社会に埋もれさせられた人々の、人間としての尊厳を求めた魂の叫びである。堂々の第69回カンヌ国際映画祭パルム・ドール（第1位）。ダニエルを演じたのは、映画初出演のコメディアン。チャップリンや『ライフ・イズ・ビューティフル＊』のように、コメディアンが一転シリアスな作品に取り組んだときの迫力は半端でない。労働者、弱者に寄り添い、国家権力の冷徹さを見据えてきた監督の、集大成と言ってもよい作品。必見の部類だ。

●2018年・男性同士の弁護士夫夫、猥褻・君が代・無戸籍『愛と法』戸田ひかる監督

『愛と法』は、男性同士で結婚式をして夫夫（ふうふ）となった、2人の大阪の弁護士の活動を追うドキュメンタリーである。

若き弁護士の2人は、マイノリティにさせられている方々の弁護を積極的に担当している。困難に巡り会った子供たちのことにも、お金にはなりにくいが関わり、2人の家庭には、居場所を失って引き取られた子供もいて、3人家族だ。2人の奮闘ぶりを見てか、次第に生活力をつけていく子供。ろくでなし子裁判では、芸術家のろくでなし子が、女性器を扱った作品のわいせつ性に関し、複数の罪に問われた。女性器をわいせつとする男の論理を破るべく、弁護に力が入る。判決は一部無罪一部罰金刑。君が代不起立裁判では、大阪地裁がお決まりの、儀礼なんだから斉唱しろ、という判決。裁判闘争をした元府立高校教諭に焦点を当てる。裁判官のあまりの非道に、腹を立てる2人。無戸籍者裁判では、1人の無戸籍の方の、戸籍を求めての日々を取り上げ、2人の奮闘で依頼人は、戸籍を取得することができた。経緯は様々だが、無戸籍の方々は1万名以上いるとされており、旅券や免許の取得ができず、就学・就職も困難である。自らも若い時に社会に見捨てられた思いから、困窮した方々を守るべく奔走する2人の姿が素敵。新たに子供を迎えるべく、里親講習にも通う2人。

結局どれも愛があるかないかの違いとも言える。2人が、困窮者と権力者とに単純に二分するのでなく、愛のあるなしを見極めようとぶつかっていく姿勢が印象的。本作は、東京国際映画祭や香港映画祭で受賞している。欧米で育ち活動した監督の視線が鋭い。

●2018年・戦時沖縄における数々の苦難『沖縄スパイ戦史』三上智恵他監督

『沖縄スパイ戦史』は、『標的の村』『戦場ぬ止み』『標的の島　風かたか*』と、次々沖縄を撮り続けた、元毎日放送の三上監督が、大矢監督と共同監督で臨んだ、陸軍中野学校による沖縄工作の悲劇を中心とした、渾身のドキュメンタリー。個人的に知らなかったことばかりで、申し訳ない。

まず、陸軍中野学校でスパイの技術を学んだ青年将校たちが、沖縄戦で北部に2つの「護郷隊」という、ゲリラ戦に備えた部隊を、16歳も含めた少年たちで組織、米軍上陸を迎えた。しかし、火力が桁違いの米軍にかなうはずもなく、部隊内で、心身に支障を来した者が生じ、またスパイ嫌疑のかかった者を殺すなど、凄惨な悲劇が起きた。生き残った者たちも、戦後果てしなく続くPTSDに苦しみ、人々はこれらの経験を口にしなくなった。また、波照間島では、国民学校に赴任した先生が、実は中野学校出身の工作員で、戦況悪化で住民が捕虜・スパイとなるのを防ぐため、当時マラリア地帯であった別の島へ島民を強制移住させ、家畜の肉は陸軍が奪った。移住は石垣島等からも実施、移住先で多くの人々が病死した。住民は庇護対象外なのだ。さらに、海軍の通称「白石隊」が、スパイ容疑のリストをもとに、住民を次々殺していた。誰も証言していない中で、本作では、地元有力者で組織した「国士隊」が、リスト作りに関与したかと指摘する。住民同士の監視密告の時期が続き、今も虐殺が明るみに出て来ていなかったり、全く罪のない少女が口封じのためにリストにあったたり、闇深さが感じられる。

中野学校関係文書に、住民は利用し必要なら処分とあり、そうした事態が、今後の西南諸島で繰り返されぬことを祈る。最高の出来のドキュメンタリー。

●2018年・反トランプドキュメンタリー『華氏119』マイケル・ムーア監督

『華氏119』は、おなじみマイケル・ムーア監督の、『華氏911*』に続く、米国製のトランプ政治摘発ショーだ。ただ911でのおちょくりは抑制され、突撃の過激さはあまり強調されなくなり、その分事態の深刻さが染み渡ってくる出来。

最初に取り上げられているのは、トランプの友人である大富豪のスナイダーが、ミシガン州知事となり、黒人の多いフリント（監督の出身地域）の町の民営水道で儲け、安い鉛管で健康被害を起こしたのに、圧力で封じ込めに走ったこと。健康データ改ざんなどの証言を集め、本作は相当な迫力で告発する。フリントでオバマ氏が演じた茶番も批判。水道問題も取り上げ、若くして中間選挙予備選挙に出馬したコルテス氏も登場する（注：その後下院議員当選）。監督は知事宅に突撃し、鉛汚染水を放水した。さらに大統領選挙の方法が問題だと迫り、矛先はサンダース氏を候補から降ろした民主党内の脅迫行為にも向かう。また、立ち上がった人々にも焦点を当て、コルテス候補の他、高校の銃乱射事件で、共和党候補落選の運動を始めた高校生達、事件の生き残りで銃規制を訴えた女子高生ゴンザレス（犠牲者1人1人について演説する迫力が素晴らしいが、全米ライフル協会支持者は酷く口撃！）、理不尽な賃金抑制に怒りストを敢行する教員たち、子ども達の貧困に怒る元軍人などが登場する。インタビューで、専門家がトランプとナチスの類似性を指摘。あまりに演出がうまくて、戦慄を覚える。監督は中間選挙に間に合わせて制作、希望の持てる米国へのメッセージだ。

911は、ワールドトレードセンターへのテロの日だが、119はトランプが勝利宣言した日だ。

●2018年・民主化を勝ち取った韓国『1987、ある闘いの真実』チャン・ジュナン監督

『1987、ある闘いの真実』は、全斗煥大統領軍政下の民主化闘争の実話をサスペンスフルに描いた、韓国の社会派作品である。

軍政下の韓国で、北分子が疑われる人物を過酷に取り調べる脱北者の警察人が、拷問でソウル大の学生を死なせてしまい、そのもみ消しを図る当局と、疑問を抱いた側との、壮絶な闘争の物語である。疑問を抱いた側には、現職の検事、政治犯を収容している刑務所の所長や看守、新聞記者などがいる。それぞれが市井の民主化活動家と命がけで結びついて告発を図る。またその看守の姪はノンポリだが、事情も知らず、政府側についての情報を、手配中の活動家に届ける役をさせられており、やがて自分も当局の脅かしを受け、恋心を抱いた反軍政の男子学生を通じて、当局に反発を覚え始め、最後は民衆の先頭に立つ1人となる。その男子学生は催涙弾が当たり死亡した。拷問、脅迫など、滅共のためなら何をしてもいいという時代の怖さが、ひしひしと伝わってくる。拷問死したソウル大の学生の事件が、検事その他の活躍で明るみに出て、民主化闘争は全国的に沸き上がり、脱北者の警察人が逮捕される事態となった。

これは、全斗煥政権の終焉のきっかけとなった事態を描いたもので、光州事件（『タクシー運転手　約束は海を越えて*』参照）で描かれた、第5共和国時代の虐殺・圧政の終焉が、いかに民衆によって勝ち取られたのかを、まざまざと示すものだ。民主化を勝ち取る経験の乏しい日本に対して、示唆に富む作品だ。『タクシー運転手*』で気概のある光州市の運転手を演じたユ・ヘジンが看守を演じたのも興味深い。

●2018年・韓国光州事件『タクシー運転手　約束は海を越えて』チャン・フン監督

『タクシー運転手　約束は海を越えて』は、1980年の韓国光州事件で同市に潜入取材、世界に報道したドイツ人記者を助けた運転手を主人公とした、実話に基づく韓国ヒット作。

光州事件は、全斗煥のクーデターに抗議し、金大中出身の全羅南道にある光州で、学生が部隊と衝突、市民も加わって20万名の反政府蜂起となり、鎮圧まで10日の戦闘で、200名規模の犠牲者を出した事件。本作では、貧しいタクシー運転手が、軍が封鎖中の光州に潜入する記者を乗せ、光州での流血の事態と報道管制に驚き、取材後の記者を、危険を冒して脱出させ、世界に事態を知らしめるために、重要な役割を果たした。娯楽作品としての見所と、反軍政・民主化のうねりを描くことが、見事に両立して力強い作品となった。人口約5千万人の国で、観客動員数1200万超というから凄まじい。

当時この記者は、光州を取材した唯一の外国人ということで、彼の動画が国外へ持ち出されなければ、世界が事件の様子を知るのは、ずっと後のことになっていたであろう。新世紀になってから、民主化への貢献で、韓国の賞を複数得ている。本作では、そのときのスピーチで運転手に会いたいと実在の記者が語った映像が出てきたが、記者はそれを果たせず、2016年に亡くなった。その後わかったのは、運転手が1984年に病死していたことだ。元々民主化に思い入れがあり、記者とも長い付き合いだったとのこと。映画はフィクションを含む場合があるが、光州事件自体にも原因に諸説があり、実話に「基づく」作品を見ると、実際はどうだったか気になる。日本では当時レンタル店の片隅に残っていたのみでもったいない。

●2018年・機密文書と新聞『ペンタゴン・ペーパーズ』スティーヴン・スピルバーグ監督

『ペンタゴン・ペーパーズ　最高機密文書』は、ベトナム戦争泥沼化の中、国防総省が作成した機密文書をスクープする新聞社と、封じ込めんとする国家権力との駆引を描く米英作である。

ペンタゴン・ペーパーズと呼ばれる文書は、秘密工作なども含めて、第2次世界大戦後における米国のベトナム政策の意思決定の歴史を記録し、政府発表とは裏腹に、戦況は絶望的と書いており、当時は機密扱いであった膨大な文書である。執筆者の1人であるシンクタンク所員が、コピーを取って持ち出し、それをもとにニューヨーク・タイムズが連載でスクープ、出版差し止め命令を食らった。ワシントン・ポストも全力を挙げ残りの文書を入手するが、政府筋に知人の多い社主のもとには、大統領が潰しにかかるという脅迫が来る。ニューヨーク・タイムズと同じソースなので、法廷侮辱罪の危険もあり、膨大な文書に対し、即時刊行するなら残された時間はわずか、時間をかけてしっかりとした記事をと求める編集者もおり、一方で即時刊行を逃せば未刊行のまま機会を逸するかもしれない。社内はもめにもめるが、最後は社主が最悪の処分も覚悟の上、報道の自由のために、ホワイトハウスからの要請を蹴り、翌日刊行を決断した。結果的に政府に裁判を起こされたが、最後は連邦最高裁で勝訴した。

ワシントン・ポスト社主を演じたメリル・ストリープは、長年消費者、女性人権、ジャーナリズムの運動に関わり、トランプ大統領からも煙たがられた存在。このキャスティングで社名も実名、メジャー系作品の題材となるのは羨ましい。原題はずばり「ザ・ポスト」。最後にウォーターゲート事件の発端となった、民主党本部の侵入事件に繋げたのは見事。

●2018年・日本の格差社会『万引き家族』是枝裕和監督

『万引き家族』は、社会派の是枝裕和監督によるドラマ。

家族のように暮らす6人だが、血のつながりはない。1人暮らしの老婆（樹木希林）の家に、前夫を殺して夫婦のようになった中年の男女（リリー・フランキー、安藤サクラ）、その男女に拾われた男の子、訳ありの若い女性の4人が転がり込んでいる。そこへ男が、寒空に1人家のベランダにいる幼女を見るにみかねて、老婆の家へ連れて帰る。元に戻しに行っても、中から聞こえるのは夫婦喧嘩で、産みたくて産んだんじゃないという叫びが聞こえ、返すことができなかった。生活に足りないものは万引きで補い、子どもたちもそれに加担する。訳あり者同士が犯罪を犯しながら暮らしているわけだが、情の深い人々で、互いに毒づきながらも、気のいい家族として楽しげだ。選んだ人間だから、本当の家族よりも絆が深いのか。やがて1人1人の事情が明かされていき、老婆が亡くなって遺体を埋め、幼女のことが報道されて、次第にこの「家族」もほころびる。

生計を立てるのに充分でない収入しか得られない仕事、同じ人間なのに厳然として存在する貧富の差、都会の老人の暮らしの問題、親による子どもの虐待など、現代社会の問題を背景に、人間同士のつながりをテーマとして成立した佳作である。第71回カンヌ国際映画祭パルム・ドール（第1位）、第42回日本アカデミー作品賞を受賞。カンヌ受賞で監督が文科相に呼ばれても、公権力とは一線を画すとして断ったのをきっかけに、文化庁の助成金を受けて社会派映画を作るな、日本を貶める映画を作るな、というバッシングがあったのは記憶に新しい。是枝監督が世界に受け入れられて嬉しいが、個人的には静かに鑑賞したい。

コラム⑦　おっと思う作品2

『カメラを止めるな！』『白い巨塔』『虎狼の血』『仁義なき戦い』『ジョーカー』『スウィングガールズ』『素晴らしき哉、人生！』『スモーク』『スリー・ビルボード』『ゼロ・グラビティ』『1999年の夏休み』『セッション』『ソナチネ』『ダ・ヴィンチ・コード』『ダンサー・イン・ザ・ダーク』『ダンス・ウィズ・ウルブズ』『タンポポ』『チャーリー』『中国の鳥人』『ツイスター』『東京ソナタ』『独立少年合唱団』『トト・ザ・ヒーロー』『ドライビング・ミス・デイジー』『泥の河』『眺めのいい部屋』『尼僧物語』『ニーチェの馬』『眠る男』『パコと魔法の絵本』『八月の鯨』『八月のクリスマス』『二十日鼠と人間』『バック・トゥ・ザ・フューチャー』『薔薇の名前』『ハリーとトント』『張込み』『阪急電車　片道15分の奇跡』『パンズ・ラビリンス』『悲情城市』『日の名残り』『ヒューゴと不思議な発明』『不毛地帯』『ブラックスワン』『ファーザー』『別離』『マイ・ブックショップ』『未来世紀ブラジル』『ミリオンダラー・ベイビー』『萌の朱雀』『森の中の淑女たち』『燃ゆる女の肖像』『山の音』『山の郵便配達』『ゆきゆきて神軍』『友罪』『ラストエンペラー』『ラヂオの時間』『0.5ミリ』『ロード・オブ・ザ・リング』『64・ロクヨン』『我が母の記』『阿賀に生きる』『赤西蠣太』『神々の深き欲望』『グリーンマイル』『Love Letter』『リバー・ランズ・スルー・イット』『レジェンド・オブ・フォール』『揺りかごをゆらす手』『4分間のピアニスト』紙面が…

●2019年・米国人権派女性判事『RBG最強の85才』J・コーエン、B・ウェスト監督

『RBG最強の85才』は、米国で当時現役連邦最高裁最高齢の判事（女性：ルース・B・ギンズバーグ）が題材の米国製ドキュメンタリー。大学教員を経て、女性やマイノリティの地位向上のため弁護士として奮闘、次々勝訴、当時のカーター大統領に控訴裁判所に招かれ、クリントン大統領が最高裁判事に任命。リベラルの立場から反対意見を述べる貴重な存在。国民的人気があった。

本作は、理解のある夫との学業生活から始まり、取り上げられている訴訟は、まず最高裁で初めて口頭弁論した、空軍女性職員の住宅手当差別（フロンティエロ対リチャードソン：勝訴）と、妻が子を残して亡くなった男性への、女性なら貰える給付金の不給付（ワインバーガー対ワイゼンフェルド：勝訴）。続いて最高裁判事となって初の性差別関連の訴訟である、州立軍事学校の女性入学拒否違憲訴訟（相手は米国バージニア州：勝訴：後年この学校にRBGが講演に招かれたのは愉快）が扱われ、女性を理由とした低賃金訴訟では、訴えが遅れて無効とした判決とは異なる反対意見を述べ、議会に働きかけて法改正を勝ち取った（レッドベター対グッドイヤー）。また、投票法でのマイノリティへの配慮を無効とする判決にも、痛烈な反対意見を述べた。

本作にはっきりとは出て来ないが、トランプによる入国制限を最高裁が支持した時でも、激しい反対意見を述べた。この年齢でジムに通い、明け方までデスクワークのスーパーおばあちゃんだ。TVでのものまねも愉快。法律に身を捧げたという本人のコメントは文字通りだ。トランプ政権の登場で、当時最高裁判事は辞められないと感じていただろう。しかし残念ながら在任中に死去、当時のトランプ大統領は、不文律を破って、大統領選のある年というのに後任を指名した。

●2019年・東京新聞望月衣塑子記者『i―新聞記者ドキュメント―』森達也監督

『i―新聞記者ドキュメント―』は、東京新聞社会部記者望月衣塑子の、近年の活動を追うドキュメンタリー。関連して有名になった『新聞記者＊』の元になった著作は、彼女自身が記者活動を綴ったもの。監督はＴＶドキュメンタリー等でも有名。

本作は、内閣官房長官と望月記者の記者会見でのやりとりを中心に据えて、最近の政治絡みの問題に関して、彼女の猛烈な仕事ぶりを追う。取り上げられる問題は、いずれも政権による圧力を受けていると思われるもの。辺野古の埋立てに使用されている土には、当初の説明の１０％をはるかに超える赤土が含まれ、周辺の生態系に影響が心配されているが、それを望月記者が激しく糾弾しても、菅氏は適法に行われていると承知しているとほおかむり。厚顔でないと務まらない職種のようだ。宮古島の自衛隊弾薬庫問題では、弾薬庫がごまかしで導入される問題に切り込む。伊東詩織の性的暴行問題での不起訴問題では、相手が安倍氏寄りだったことによる圧力かと疑う。森友問題では、籠池夫妻にインタビュー。どうして政権が持ったのか理解に苦しむ。官邸側は望月記者にいろいろと圧力をかけるが、彼女は屈しない。当時の菅長官が心の中でこん畜生と思っていたのは間違いない。彼女は質問数を制限されているが、彼女の後を引き継ぐ記者はいない。記者クラブで認められないと官房長官の記者会見を取材できない日本独自の仕組みや、東京新聞自体が望月記者と同じボルテージでは対応していないことも、本作は遠慮なく伝えている。

各種脅かしの中で、実在するとは信じられないほどのスーパー記者だ。他の記者も頑張っているだろうが（ごめんなさい）、このメディアの現状は心配だ。

●2019年・英国のワーキング・プア『家族を想うとき』ケン・ローチ監督

『家族を想うとき』は、『わたしは、ダニエル・ブレイク＊』の監督が、引退を撤回して再び撮った、英国の社会問題を描く怒りの1作である（制作国は英仏白）。

今回は、車を持ち込んで、フランチャイズとして宅配する運転手が主人公。自営扱いなので、長時間労働でも違法にならない。アプリの管理のもと、ミスの許されない仕事だ。辛い勤めの介護士をしている妻の車を売って、配送車の頭金にせねばならないぎりぎりの状況で、それぞれの仕事での抜き差しならない出来事を丹念に描き、効率主義が、いかに非人間的労働を強いているかを訴える。反抗期の息子は万引きや夜遊び、健気な娘も不眠などの問題を抱え、ろくに家族一緒の時間も取れない。互いにいらいらし衝突もする家族。この夫婦は目一杯仕事をしているが、違約金、弁済金、交通費は自分持ち、息子の学校から呼び出されても、仕事を休ませてくれない現実があり、くたくたなのに借金がかさみ、いっこうに楽にならない。本作では、そうしたワーキング・プアの問題、アプリを使った厳格な労務管理のもたらす悲劇、家族を後回しにしてでも急な要求に従わざるを得ない労使関係など、数々の告発がなされる。ある日運転手は、荷室ドアを開けてペットボトルで小用した直後を強盗に襲われ、病院へかつぎ込まれた。そこへ、状況を知りながら、代役や壊された機材の弁償について電話してくる配送事務所に妻は爆発、夫は治療を受けずに妻を連れて帰宅した。翌朝怪我で片目が見えぬ中、家族の制止を振り切り、配送車に乗り込むのだった。

原題は、不在連絡票にある言葉「お目にかかれませんでした」で、仕事で家族に会えないことも表すように思う。

●2019年・黒人活動家とKKK『ベスト・オブ・エネミーズ』ロビン・ビッセル監督

『ベスト・オブ・エネミーズ　価値ある闘い』は、1971年の米国、ノースカロライナ州を舞台に、人権活動家の黒人女性と、地元のKKK支部長との交流を描いた実話である（米国映画）。

1954年に米国最高裁で、人種分離の公立学校は否定されたにもかかわらず、随所で分離された学校は続いた。同州ダーラムでも同じだったが、黒人学校が火事になり、白人学校への統合が問題になった時には町が騒然となった。シャレット（60年代に米国で始まった、専門家を交えた1週間程度の市民集会）が開催され、2人は共同議長として火花を散らす。市内では、参加者への自治体からの嫌がらせや、圧力団体からの脅迫などが横行。本作は関係者の動きを丹念に追う。同じ白人でも、白人至上主義から人種差別反対論者まで、同じ黒人でも、主人公のように徹底抗戦の人から紳士的態度は崩してはいけないとする人まで、様々である。ところが、このKKK支部長は、知的障がいを持った自分の息子の施設について、唯一働きかけをしてくれた主人公の態度に次第に軟化し、シャレットにおいて、自分が結果を左右する最終投票にあたり、KKK支部長の身でありながら、学校統合に賛成票を投じた。当然直後から、彼の経営するガソリンスタンドには、猛烈な営業妨害が始まる。しかしラストシーンでは、各地から集まった黒人の車が、給油に列を作るのだった。

この2人は終生友人関係を保ったという。映画としては穴もあるのだが、調べてみると米国以外での公開はごくわずか。大変もったいない話だ。筆者も、国際線に搭乗しなければ一生知らずに過ごしただろう。日本では配信のみで劇場未公開だった。

●2019年・慰安婦問題『主戦場』ミキ・デザキ監督

『主戦場』は、日系米国人ユーチューバーの、ミキ・デザキの初監督米国製ドキュメンタリー。取り上げられているのは、いわゆる慰安婦問題で、様々な所属の27名（杉田水脈、櫻井よしこ、ケント・ギルバート、新しい歴史教科書を作る会、日本会議、韓国挺身隊問題対策協議会、元米国市議、元日本軍兵士、吉見義明、小林節など）のインタビューと、監督によるナレーションを軸として構成されている。

この問題は様々に複雑な様相を見せるが、大抵の登場者について、強制による性奴隷だったか、人数は、日本の法的責任は、米国慰安婦像は、などの論争の対立軸の、どちらの立場に立っているのかを際立たせるよう構成されている。そして、明らかに監督は、右寄りの人々に反対の立場であり、時に滑稽に演出している。

多くの発言が入れ替わり立ち替わり登場し、見ていて全く飽きない。出来映えは文句なく面白い。ただ、論争を聞いていて、実際に苦しんだ方々はどうすればよいのだろうと考え込んでしまう。商業映画に出ることは承諾していないなどの訴えが起こされた問題作（監督側が勝訴した）。監督自身によるナレーションで物事を説明する部分のテンポが少し早過ぎると感じ、ラストのコメントにはてなと思ったりしたものの、あっという間で見応えたっぷりの2時間。マイケル・ムーア的な確信犯的作りでないように見えながら、実は右側の論調に明確に否定的な作り方である。それを嫌う向きもあると思うが、普段なかなか商業映画に登場しない、こうしたテーマの作品を作り得る環境だけは失いたくない。本作にせよ、話題の『新聞記者＊』も、敢えてよく作ってくれたと思う。

●2019年・日本の闇と監視社会『新聞記者』藤井道人監督

『新聞記者』は、政権の不正を隠すために、内閣情報調査室がSNS等の情報操作を行い、それに抗する室員（松坂桃李）と、事件として追う新聞記者の物語である。以下ネタバレ注意。

今見れば加計学園の問題がモデルであることは明らかである。外務省からの出向で、内閣情報調査室にいる若いエリート公務員は、元上司の自殺をきっかけに、その原因となっている事件の真相を隠そうとうごめく政権中枢の策動に気付き、妊娠中の妻との生活と真実の暴露との間で揺れる。一方女性新聞記者は、事件の存在を示唆する情報をきっかけに、政権からの圧力を受けながらも、独自の取材とその記事化に情熱を傾ける。いずれも熱演。以下はネタバレになってしまうのだが、新設の大学計画には密かに兵器開発が絡んでいる。公務員と新聞記者は、公務員の元上司の死をきっかけに交錯していくのだが、公務員は大学新設の計画書の撮影に成功し、記事は、政権の圧力に対してどうするのかについての社内の葛藤の末に世に出る。当然ただでは済まぬ２人だが、心配した記者が公務員を探して、２人が出会ったところで本作は終わる。

社会派サスペンスと銘打って、スリリングな展開。時の政権にとっては明らかに面白くない内容であり、出演者やスタッフもだいぶ「大変」な思いをしているとのこと。日本でこのような作品が作られたこと、興行的に成立したことは、映画界の健全な発展に貢献するものだと思う。第４３回日本アカデミー作品賞。本作内で、「日本の民主主義は形だけでいいんだ」という台詞が、調査室の大物から出て来るが、日本がそうならないようにと願ってやまないし、本作はそれに貢献できるものと信じる。

●2019年・朝鮮学校の今『ニジノキセキ』パク・ヨンイ、キム・コンチョル監督

『ニジノキセキ』は、在日コリアンの方々が通う朝鮮学校のドキュメンタリー（制作国は日本）。朝鮮学校の前身は、1945年の国語講習所。1948年には、GHQ方針により、文部省が閉鎖令を出し、闘争に発展、兵庫県知事は、4月24日に閉鎖令を撤回した。これを四・二四と称する。本作は、この時の精神を背景にして、朝鮮学校が各種学校の扱いを受け、自治体からの補助金や助成金でも問題を抱え、生徒も様々な差別にさらされている現代の問題を扱っている。

作品に出てくる朝鮮学校の生徒たちは、日本の公立学校に行かずに朝鮮学校を選択した在日コリアンというだけで、何も他の学校の生徒と変わりはない。むしろ楽しそうな学校生活に見える。その様子と、差別的扱いの撤廃を求めて声を上げたときに街宣車から罵声を浴びせられるシーンとのコントラストが強烈だ。日本で生まれ、日本の文化と朝鮮の文化の中で育った子ども達にとって、北朝鮮がどうであるかとは別に、幸せな学校生活であることを祈らずにはいられない。

制作は神戸青商会。四・二四ゆかりの地であり、子ども達の置かれた状況に、制作を決心したという。福岡での自主上映会では、地元の関係者と、神戸青商会の方を迎えてのトークも繰り広げられた。現実問題、南北の対立その他いろいろな図式がある中で、映画やその観客としては、当の子ども達の幸せが最優先と思う。この作品は、韓国と北朝鮮の南北両映画賞を受賞。日本ではあまり取り上げられることがないが、在日コリアンの方々だけでなく、筆者のような平凡な日本人の観客にも恵まれて欲しい。この優しい作品が、平和に上映できる日本であって欲しい。そのことは、トリエンナーレの問題とも響き合っていると思う。

●2019年・原発事故後の福島についての証言『福島は語る』土井敏邦監督

『福島は語る』は、パレスチナなどを幅広く取材するジャーナリスト兼監督による、原発被害についての14名の証言で構成し、取材・制作に4年を費やしたドキュメンタリーである。監督の意図は、事実の羅列ではなく、原発被害に、人生とは、家族とは、幸福とは…といった問いに切実に直面した方々の「人間」を描いて、観る者の心に届けることであろう。

①息子を避難生活の苦節から亡くした父親の、人生を狂わされた慟哭。②先祖伝来の土地を放射物質に侵されながら、頑張る有機栽培農家の妻。③「ひだんれん」共同代表の、福島原発訴訟にかける思い。④教え子とともに避難した小学教師の、避難先での差別に対する怒り。⑤避難生活するか戻るかで、家族も割れてしまう状況に悩む妻。⑥避難者独白。避難者と帰還者がいがみ合うと、原発推進者の思う壺。⑦避難先で心を病む人々。戻っても避難しても辛い暮らし。⑧避難先で「月10万円税金から貰ってるだろ」と責められ、泣いた女性。⑨病気なのに補償を打ち切ると言われて、死ねと聞こえた女性の辛苦。⑩風評で作物を買ってもらえず、再稼働反対運動をする農家のお爺さん。⑪自ら被害に遭い、国のやり口は水俣と同じだと怒る元朝日新聞記者。⑫店で福島産の納豆を思わず避けて地元業者に嘆息され、辛かった女性。⑬地元に戻り、故郷の復興に腐心する元教員。⑭仮設住宅での老人の孤独死を避けようと、見回りをする男性とその詩。

本物にはかなわない。福島は終わっていない、話をすり替えるな、そんな叫びがずしんと伝わる。福岡では、1日2回2日間の上映では収まらず、再上映となった。

●2020年・東日本大震災と写真洗浄活動『浅田家！』中野量太監督

『浅田家！』は、実在の写真家浅田政志氏が、自身の家族がなりたいものをテーマにしたコスプレ写真集『浅田家！』（写真界の芥川賞と称される木村伊兵衛写真賞を受賞）と、東日本大震災後写真を洗浄して返却する運動に参加した際の写真集『アルバムのチカラ』に基づき、実名で展開するオリジナル・ストーリー。中野監督は『湯を沸かすほどの熱い愛』『長いお別れ』等でも有名。

前半は、浅田（二宮和也）が写真家への下積み時代に撮った『浅田家！』の、父母兄本人の微笑ましくユーモラスな撮影の経緯を含め、なごやかに展開する。受賞後は、出張して家族を写す仕事を始め、最初の依頼者は東北の一家だ。やがて浅田の父親が倒れ、半身不随となるところから転調。大いに心配する浅田だが、東日本大震災の際に、最初の依頼者家族の安否を確認するため東北へ。想像を超える現実に、シャッターも切れない。しかし現地で、泥だらけの写真を回収して、洗浄返却する活動を偶然目にし参加。その活動を非難されたり、遺影に使う写真も無くてと肩を落とす訪問者に、辛い思いをしたりするが、無事に取り戻すことができた持主の喜ぶ顔がエネルギー源だ。写真の掲示のために学校を借りることができて、活動が展開される中、出入りするようになった少女が、浅田が家族を撮る写真家とやがて知り、亡くなった父も含めて家族写真を撮って欲しいと依頼する。一旦は断った浅田が、この願いにどう応えたかは明かさないでおこう。こうして希望を示唆するエンディングとなるのだが、最後に避難所の掲示で、最初の依頼者一家の無事がわかった。

まっすぐな佳作だ。大戦同様大震災も、映画の世界でいつまでも取り上げ続けられるテーマになるのであろう。犠牲者に合掌。

コラム⑧　映画についての書き物

稚拙で恥ずかしいですが、左記のような書き物があります。

『尾道を映画で歩く－映像と風景の場所論－』荒木正見編著・鈴木右文共著、中川書店、１９９５.

「大学教養教育における映画教育の意義」鈴木右文、『言語文化論究』（九州大学大学院言語文化研究院）第10号、147-160、１９９９.

「大学一般教育における優秀な映画鑑賞者の育成のために」鈴木右文、『言語文化論究』（九州大学大学院言語文化研究院）第15号、33-44、２００２.

『尾道学と映画フィールドワーク』荒木正見編著・鈴木右文共著、中川書店、２００３.

「佐々部清監督映画作品における「感謝」について」鈴木右文、『言語文化論究』（九州大学大学院言語文化研究院）第22号、49-57、２００７.

「大学生の映画への親しみ－黒澤明に焦点を置いて－」鈴木右文、『言語文化論究』（九州大学大学院言語文化研究院）第26号、37-47、２００７.

「教養映画科目における評論課題に適する作品－『ビフォア・ザ・レイン』－」鈴木右文、『言語文化論究』（九州大学大学院言語文化研究院）第34号、77-88、２００７.

●2020年・大林宣彦反戦の遺作『海辺の映画館　キネマの玉手箱』大林宣彦監督

『海辺の映画館』は、大林宣彦監督の遺作で、反戦をテーマとした、大林映画集大成エンターテイメント。久々に故郷尾道で撮った作品で、最後はここへ帰ったかと考えると万感の思いである。尾道にある映画館が、閉館の最終上映会を行うところから(本作を最後と考えてのことだろうか)始まる本作では、過去の作品の出演者等も集まり、まさに同窓会だ。その映画を見ていた3人の若者が、上映していた映画の中にタイムリープし、次々とヒロイン達が戦争の犠牲になるところに立ち会う。最後は、広島の演劇団桜隊(『さくら隊散る＊』参照)を救おうとして叶わなかった。

本作は大林色全開の、饒舌で騒々しい全力疾走に、観客は目を回す。人と同じ事をするのが恥ずかしいという、監督独自の誰にも似ていない芸術世界で頭脳がかき乱され、監督の全てをぶつけたフルコースに、ただただ酔いしれるしかない。苦手な人がいるかもしれないことにはお構いなしに、表現者大林の独壇場、唯一無二の反戦の表し方だ。

監督は、本来の公開予定日であった4月10日に逝去、コロナで7月31日に公開が延期され、公開の日を見ることはなかった。尾道3部作で、1度しかないこの人生に、映画の喜びを教えてくださった恩人が逝った。晩年、狂おしく人生の残り時間を使って、次々と反戦作を手がけ、怪しくなってきた日本に、映画の世界から警鐘を鳴らし続けてくださり、ありがとうございました。あなたの志を継ぐ映画人はたくさんいます。かつて戦意高揚に使われた映画は、今度は平和のために使われる番です。大林映画に青春の痛みに寄り添ってもらい、平和を語りかけてもらった筆者も、たとえ蟷螂の斧であろうと頑張ります。

●2020年・東日本大震災と風の電話『風の電話』諏訪敦彦監督

『風の電話』は、東日本大震災で亡くなった、または行方不明の方々に想いを伝えたいと願う方々が訪れるようになった、電話線のつながっていない実在の電話ボックス（岩手県大槌町）をモチーフにした、再生のドラマである。

主人公の女子高生は、九歳のときに大震災で家族を失い、広島の伯母宅に身を寄せていた。その伯母も倒れて、たまらなくなった彼女は、広島から故郷へ初めて向かうことにした。この作品は、その移動を追うロード・ムービーである。途中で出会う人々に励まされながら移動するが、福島原発の元作業員（西島秀俊）に旅の途中で危ないところを救われて、彼の車で移動することになった。彼も辛い思い出を抱え、寡黙な2人の移動が、様々な苦しみと癒しの中にいる人々との触れ合いの中で描かれる。彼は福島の家に戻り、家族との思い出に浸る。2人は彼女の家があった場所に向かい、彼女も生きていくために、必死に心の整理をしようとするが難しい。彼と離れた後、駅で出会った男の子が、風の電話という場所に向かうというので同行し、交通事故で死んだ父との対話を男の子が試みた後、彼女は死んだ家族に語りかけ、心の整理をつけるのだった。

実在の風の電話は、大震災の前年に亡くなった方とまた話したいとの思いから、個人が建てたもの。震災を機に小さな公園となり、その後は絵本、NHKの番組等にもなった。恐らく東北には至るところに人々の「想い」がこもった場所があるのだろう。『浅田家！＊』『遺体＊』など、メジャーな震災物が多くあるが、自分もいつか描かれている場所に行ってみなければ、と思う作品だった。そんな思いは、青春の日々に大林宣彦監督の尾道3部作を見て以来かもしれない。

コラム⑨　映画をどこで見るのか

映画は映画館に行き、暗がりの中で、周囲の人々と同じものを集中しながら経験することが大切であり、なるべく映画館で見るべきである、ということは理解できるのですが、学部を卒業してからの映画趣味でしたので、過去の名作を集中的に見るところから始まったようなものであり、ビデオを借りて来て家庭内で鑑賞することが圧倒的に多かったです。その後も、映画ファンとしてはなかなか独り立ちせず、映画雑誌等で年間ベストテンなどが発表されるたびに、それらを大きなよりどころとしながら鑑賞することが続き、公開時に劇場へ足を運ぶことはそんなにありませんでした。

それが少し変わったきっかけが反戦・人権映画たちでした。このジャンルですと、ベストテンに食い込むようなことはまれであり、しかもビデオにならない作品も多く、上映会などに足を運ぶことが増えました。そこまで来てようやくスタートラインに立った気がします。

しかし映画の見方はこれからも変わっていきます。今はレンタルビデオ店がなくなりつつあり、家庭でのネットワーク配信を利用した視聴でもかなり安定した鑑賞ができるようになってきていて、古い作品やなかなか媒体にアクセスしにくい作品でも、配信に乗せれば以前よりも容易に（安価ではないでしょうが）鑑賞できるようになる可能性があります。家庭用テレビも大型化しており、映画との付き合い方はまだまだ変わるでしょう。

●2020年・寺脇研・前川喜平が子供のいじめを『子どもたちをよろしく』隅田靖監督

『子どもたちをよろしく』は、寺脇研・前川喜平企画による、中学生のいじめと自殺とそれらの背景を成す社会問題を描いたドラマである。

描かれるのは、大きく分けて、自殺した中学生とその仲間の2家族。自殺した中学生は、デリヘル運転手でギャンブル依存症の父と2人暮らし。父親は気はいいが、借金を重ねアパートの電気も止められていく。息子は友人もなく孤独で、同級生から激しいいじめに遭っている。もうひとつの家族は、いじめグループの男子の家族で、父母は再婚、実父は母の連れ子の義姉に性的暴行、他の2人にも暴力を繰り返す。義姉は隠れて、上記のデリヘル勤めだ。次第にどれも問題がエスカレートしていく。いじめる側の男子も、次第に圧力を受ける側に傾き、いじめられる苦しさに気がついたときには時既に遅く、いじめていた相手が、橋から身を投げるのを止められなかった。

いじめの問題、DVの問題、風俗産業の問題、貧困の問題、ギャンブル依存の問題、アルコール依存の問題、政治家（娘がこのいじめグループに入っている）の裏側の問題等、様々な問題を絡め、追い込まれていく子どもたちを描く。オリンピックをはじめ、浮かれた側面もある社会の中で、実際にはこんな現実があるのだ、ということを突きつける。企画の2人は筋金入りだろう。パンフレットには、望月衣塑子氏の加わる座談会など、鑑賞する前から作風の想像できる作品だ。実はこの作品、筆者が初めて映画制作に資金を出した（極わずかです）記念碑的作品。あれほど最後に反戦作を多数残して逝った故大林宣彦監督のことといい、2020年は何か節目になる年ではないかと感じた。

●2020年・「ワンカット」の戦場物『1917命をかけた伝令』サム・メンデス監督

『1917命をかけた伝令』は、第1次世界大戦下で、重要な指令を携えて危険地帯を行く伝令を描いたフィクションである。英米印西制作。

ドイツ軍の退却が戦略的なものだとわかった連合軍側は、最前線で明朝突撃を予定していながら電話線が切れて中止の指令が伝わらない大隊へ、伝令を送ることとした。放置すれば、突撃して全滅するのが目に見えている。2名の若者が選ばれたが、ドイツ軍撤退後の危険地帯を行き、途中で1人が死亡し、残った1人が苦闘の末目的を達する。本作は、最後までワンカットで一気に撮影されたように見えるリアリティが凄まじい（実際には繋いでいるそうだが、そうは見えなかった）。罠の爆弾をくぐりぬけ、死体だらけの泥沼を渡り、不時着した独軍の航空兵に1人が刺殺され、撤退する友軍とすれ違い、市街の銃撃戦を生き延び、赤子のいる若い母親を助け、滝に落ち川に流される。絶対体験したくないことが次々に襲ってくる。

この作品は、連合軍万歳映画ではなく、サバイバル技術の誇示でもなく、どんな理由があろうと決して人に体験させてはいけない戦場そのものを、圧倒的なリアリティで描く。筆者を含め多くの観客は、現実の戦場は未体験なので、括弧付の「リアリティ」だが、監督は戦争体験者の家族からいろいろな話を聞いたそうだ。この命がけの伝令自体も英雄的には描かず、戦場の各人が疲弊し、他人を構う余裕がない様子も容赦なく描いている。本作は数々の受賞で高評価だが、様々な専門家から、戦争を誤解させる、設定が戦術的にあり得ないなどの批判も寄せられている。無謬の作品は目指しても難しいのだろう。

コラム⑩　他に書きたい本

全くの無駄話ですが、時間と財力があれば、本書以外に書きたいと思う本があります。ひとつは『感動する映画』。だいぶ先のことになるだろうと思います。また本書の続編。しかし月に1回のコラム執筆だけでは分量的に無理かなという気もします。

映画を離れますと、大学英語教師としてのライフワーク『ケンブリッジ大学英語・学術研修』。2013年に一度九州大学出版会から概説を刊行しているのですが、ぜひこの世を去る前にこの研修を情念と物語性を重視してまとめてみたいものです。

あとは英国物ですね。三十代前半で日本の鉄道全線完乗を一旦達成（その後の新規路線はほとんど乗っていません）した後、競争からは離れて、これまでゆっくり楽しんで来た英国の保存鉄道たち。また、隅々までの英国各地の旅を綴るのも良いでしょう。

ここまでは時間と財力次第で何とか実現できるかもしれないのですが、完全な夢想まで挙げれば、漫画のクラシック、中島みゆき、英国のビール、世界のジン、英国の食物、英国のパブ、自家用車、ローカルバス、キャンピングカー、コーギーとの暮らし、世界の絶景、世界の路面電車、世界の登山鉄道、図書館、テーマパーク、古民家民宿、世界のコーヒー、世界遺産を訪ねて、世界の博物館、日本の博物館・資料館、お寺と神社の旅、世界の住居、文系教授の宇宙遍歴、幼稚なふたり、呑みの夫婦、・・・誰か止めてください。

●2020年・小川淳也の活動『なぜ君は総理大臣になれないのか』大島新監督

『なぜ君は総理大臣になれないのか』は、政治家小川淳也の17年を追ったドキュメンタリー。小川は東大卒の中央官僚出身で、民主党から香川1区に出馬、2003年こそ落選したが、2005年から連続5期衆議院選挙で当選（4回は比例区復活、小選挙区での相手は地元四国新聞、西日本放送のオーナー一族の自民党平井卓也）。タイトルの意味は、日本を何とかしたいという純朴な思いから、手練手管とは無縁で、あまりに真正直に政治活動をする様子から、監督や家族から、政治家に向かないのではと疑問を投げかけられたことに由来する。

本作は、実直さに惚れた多くの支持者たちに囲まれながらも、政界で出世せずに自己実現のできない小川の苦悩に寄り添い、選挙運動や評論家との交流、家族からの支えなどを丹念に追う。野党共闘に積極的で、2017年希望の党公認で出馬した時に、共産党が候補を擁立せず支援に回ったのは有名。ごくわずかの差での小選挙区落選だった。「人が私を左というなら私は左だ」と自認しているが、当時最大の苦悩は、小池百合子に反発しながらも、自分が民主党の希望の党への合流を画策した前原誠司の側近であり、地元の先輩玉木雄一郎への仁義もある中、支持者から、希望の党から出るなら支持しないと言われた時だったろう。その後誤りを認め、希望の党が加わる国民民主党には加わらず無所属となり、統計不正での追及で、「統計王子」と呼ばれて注目された。

本来思想的には立憲民主党左派という感じなのだが、何とも勿体ない存在だ。民主的で愚直な情熱が、権力欲にまみれた闘争相手に勝つところを見たいものだ。今後に注目したいと思う。政治そのもののドキュメンタリーも面白い。

●2020年・韓国の格差社会『パラサイト　半地下の家族』ポン・ジュノ監督

『パラサイト　半地下の家族』は、第71回カンヌ国際映画祭パルム・ドール（第1位）と第92回米国アカデミー作品賞・監督賞・脚本賞・国際長編映画賞（この回から「外国語映画賞」は「国際長編映画賞」に改名）を受賞した韓国制作の話題作である。

監督がネタバレをしないようにと言っていることもあり、珍しくストーリー展開は控えることにするが、公開されている範囲で言えば、韓国の貧しい一家が、1人また1人と互いに知らない者同士として、同じ企業経営者一家を欺して、その豪邸に雇われていくスリリングな話だ。それだけでもはらはらするのだが、実は前段でしかない。途中から見せる展開は想像を絶し、ここでそれを明かしてしまうのは罪と感じるほどの見応えだ。見終わった後の娯楽的衝撃は大したものだ。

娯楽作だと思って見たとしても優秀な作品なのだが、その背景に韓国における極端な貧富層の分断と互いの嫌悪感とがあり、麺類に例えれば出汁の極めて濃い一杯。監督は本作が社会派と呼ばれることに抵抗があるとのことで、確かに社会を描くために映画を使ったのではなく、その逆であることはわかるが、映画は芸術だと小学校から教えているフランスの映画祭で選ばれた作品（前年の最高賞は『万引き家族＊』）であり、やはりそれだけのことはある。登場する半地下の家族は、家の窓の下辺が路面の高さになる部屋を安く借りて住む貧しい層（数十万名いるそうだ）に属する。携帯の電波が入りにくく、大雨が降ると水が浸入してくる環境だ。登場する企業経営者は、この家族に共通する臭いがあると言っている。韓国は、財閥系の会社に入社できるかどうかで天と地の差のできる格差社会だと言う。映画を趣味として持ったことに感謝する作品の1本。

●2020年・福島原発での闘い『FUKUSHIMA 50』若松節朗監督

『FUKUSHIMA 50』は、テレビ出身の若松節朗監督による、門田隆将の著作『死の淵を見た男 吉田昌郎と福島第一原発』の映画化。

本作はいきなり地震と津波のシーンから始まり、その直後からの原発内での必死の対応が、リアルな映像とともに描かれる。あまりよい言い方ではないが、大スクリーンならではの迫力だ。電源喪失と炉の冷却、周辺住民の避難とベントなど、当時起きたことの断片的な知識が、時間を追って感覚で整理されていく。吉田所長（渡辺謙）の苦悩が、東電本店（作品内では東都電力）とのやりとりの中での怒号、首相とのテレビ会議で尻をまくったシーンなどによく現れている。

もちろん、映画の時間だけでは扱い切れないことや、舌足らずな部分もあるのだろうが、記憶媒体としてあるべき作品であろう。自衛隊や米軍の場面等も、あまり宣伝的ではなかったように感じた。必死の所員の対応を見せて原発容認に誘導、などということも感じなかった。全体として、原発内部での対応にカメラを持ち込んだような臨場感を演出しており、渡辺謙、佐藤浩市をはじめとした俳優陣も熱演。筆者なら首相をここまで情けない人格には描かないであろうなど（菅元首相は容認している）、いくつか改善できる点はあると思うが、大震災の背景がかき消す。実は筆者は、大震災当時訳あってテレビが家になく、当時の様子をリアルタイムな映像を通して見たという経験がない。この作品に対する感覚も、他の方々と異なるものかもしれないが、正直なところを述べさせていただいた。なおタイトルは、海外メディアから、原発内で当時対応にあたった所員らに与えられた呼称。

●2020年・日本の韓国統治時代の言語資料『マルモイ　ことばあつめ』オム・ユナ監督

『マルモイ　ことばあつめ』は、日本統治下、日本語が学校でも強制され、朝鮮語が排斥された朝鮮半島で、朝鮮語の方言を含めた辞書を編纂しようとした、言語学者や教員たちの苦闘を描く韓国映画である。『タクシー運転手*』の脚本を担当した方の力強い初長編監督作品。

主人公は、映画館で下働きをしながら、やくざな生活をしており、朝鮮語の辞書編纂に必要な原稿が入った鞄を、その中心人物である朝鮮語学会代表の若者から奪ったのをきっかけとして、文字が読めないにもかかわらず、地下活動としてその編纂を行う書房に、雑用係として勤めるようになった。若者に最初は嫌がられながらも、その活動が民族を守ることであることを次第に理解し、最後は、全国から集められた言語情報を、命を賭して日本の官憲の手から守った。やがて日本の手から逃れた朝鮮で完成した辞書が、若者の手により、生徒や教員になった主人公の遺児たちに贈られるのだった。

当初の専門分野が言語学（本当は英文法理論だが）だった筆者としては、方言の新情報の発掘のシーンなど、興味深い箇所が多くあった。いかに母語が民族のアイデンティティに係わるのか、そしてそれを壊そうとした野蛮を考えさせられる。映画館が登場し、戦意高揚映画で染められた時代も追体験させられる。事実に基づいた作品。オム・ユナ監督は、『タクシー運転手*』から引き続いて、庶民が歴史の大きなページを開いた物語を語っている。福岡のKBCシネマでの封切時に、職場の同僚が解説を務めたこともあって、忘れられない作品になった。主人公を演じたのは、『タクシー運転手*』で光州のタクシー運転手を演じたユ・ヘジンである。極めて完成度の高い秀作。

●2020年・討論の熱気『三島由紀夫vs東大全共闘　50年後の真実』豊島圭介監督

本作は、東大安田講堂の出来事の後、三島自決の1年前の1969年5月に東大駒場で行われた、東大全共闘と三島の討論会の様子と、関係者や専門家のインタビューで構成するドキュメンタリー。この作品は、唯一この討論会の映像を持っていたTBS関係者の思いから始まった。監督は社会派作品とはあまり縁がないと思われる方だが、それだけに大変な勉強が必要だったようだ。

東大全共闘と三島といえば、立場は正反対とも思えるが、当時の熱気の中、現状批判の真摯さ、行動に出る気概ということでは共通する。観念的な問題から論争が始まり、会場には三島の民兵組織楯の会の若者も紛れ込んでいるというぴりぴりした中にも、互いにリスペクトし合い、ユーモアの中に話が進んでいく様子は興味深い。最後には、東大全共闘側が、三島に共闘を誘いかけるところまで行く（無論三島は断った）。

当時このような討論会があったこと自体も知らなかったが、三島が東大全共闘に対して、諸君らと方向は違うが、その志は信じると言わしめた場だったのには驚いた。東大全共闘側の芥正彦の論陣も凄かったが（但し赤ん坊を抱えて煙草をふかすのは感心しなかった）、他に登場する東大全共闘の橋爪大三郎、コメントを加える平野啓一郎、内田樹、小熊英二、瀬戸内寂聴など、聞き応えがある。どうせなら討論会全体を見たかったとも思ったが、思想の内容はともかく、熱かった当時の空気がよくわかる作品。そして、堂々と直接対決でわたりあう誠実さは、今の我々に欠けているもののひとつだと思える。なぜ天皇主義が良いのかの三島の理屈が、未熟な筆者にはよくわからなかったけれど、見なければ損の作品。

●2020年・冤罪と偏見『リチャード・ジュエル』クリント・イーストウッド監督

『リチャード・ジュエル』は、名匠イーストウッド監督によるドラマ（米国映画）。近年の監督は人物に焦点を当てた社会派的な作品が目立つ。

題名は主人公の氏名。警察などで、安全のために働くことに生き甲斐がある男性が、公園での音楽行事でのセキュリティスタッフを務め、不審な荷物を発見する。周囲に対して警戒を促し、専門家により爆弾だとわかったところで、待避の指示に駆けずり回るが、爆発が起き、死者2名の他、多数の負傷者が出た。当初は、爆発の規模に比して死者が少なかったことで、一躍英雄扱いになるが、ＦＢＩが犯人の疑いをかけてそれが報道され、冤罪なのだが、逆にバッシングが始まり、まともな生活ができなくなる。本作は、男性と母親と彼を支援する弁護士を中心に、ＦＢＩが捜査対象からはずすまでの様子を描く。

ＦＢＩが弱者を犯人に仕立て上げる様子、マスコミがそれに加担する様子、母や弁護士がいかに奔走したかが描かれるが、偶然男性が持ち合わせている性格や所持品、第一発見者が犯人であるケースがよくある、ということだけで犯人に仕立てられ、日常の平和を奪われてしまう恐ろしさがよく伝わる。１９９６年に起きた実話を元にした作品で、イーストウッド監督の最近の作品は、賑々しい米国映画のイメージとは異なり、1人の人間を丹念に描き、静かに社会問題も背景にしている。弱者への偏見、冤罪、捜査する側の体質など、いろいろと複雑な事態が見え隠れする。こうした作りであるにもかかわらず、きちんとエンターテイメントとして第一級の品質が保持されているのには感嘆する。

●2021年・北朝鮮在住日本人妻『ちょっと北朝鮮まで行ってくるけん。』島田陽磨監督

『ちょっと北朝鮮まで行ってくるけん。』は、手弁当で制作され、配給も完全自前のドキュメンタリーで、北朝鮮の帰国事業で北朝鮮に渡った日本人妻に、妹が58年ぶりに会いに行く話である。監督に姉の消息を知らされたのがきっかけだそうだが、何度かの手紙のやりとりと電話があった以降、絶縁状態だった20歳年上の姉に会いに、熊本在住の妹とその息子が訪朝することになった（2018年）。フォト・ジャーナリストが北朝鮮政府と交渉した結果である。本作は、通訳案内人の監視のもとでの観光と保養所での対面、親族同士での浜辺での宴席等を撮る。号泣で再会する2人。翌年に再訪も叶い、現地にいる他の日本人妻たちから、日本の親族の情報を聞き出し、日本でその方々を探し当てるが、会いたくないとの返事が多い。現地でも、姉の自宅を訪問するのは許されず、姉の孫への日本についての質問は制止される。姉は1997年に始まった日本人妻の里帰り事業の対象だったが、2002年の回が拉致問題で中止。最近はコロナ禍で音信が途絶えた。

妹とその息子は、現在日本朝鮮にじの会で活動中。日本人妻は自己責任とのバッシングにあって大変だったようだ。北九州大学の北方シネマで鑑賞した後、監督とこのお2人のトークを拝聴した。現地の庶民の生活は日本と変わらず、通訳監視人も冗談を言い、撮った映像のチェックもなかった（軍事施設や子供が家族の仕事を手伝っている場面（児童労働）など、撮らないよう要請されたものはあった）など、日本での報道が、敵視を前提にした映像に編集することへの違和感を語っておられた。全体に政治的なこととは離れて、人間同士の関係の真実を描いたとのことで、鑑賞側がそこに集中できる出来栄え。日本政府は日本人妻について冷たいが、本作は文化庁の補助金を得た。

●2021年・山奥の暮らしと幸福『ブータン　山の教室』パオ・チョニン・ドルジ監督

『ブータン　山の教室』は、筆者が初めて鑑賞したブータン映画（中国と合作）である。

主人公の若者はブータンの都会に住み、教員勤務義務期間中だが、教員に向かないと悟り、期間終了後は豪州で暮らすことを夢見ている。ある日赴任を命じられて、拒絶しても認められず、渋々新しい赴任地へ向かった。バスと登山で片道8日移動にかかり、迎えの村人に先導され野宿もしながらの山道は、早くも若者を都会に帰りたいと思わせた。着いたのは標高4800mの山奥の人口50名程度の集落。電気もない、農耕とヤクの飼育で生きるブータン最奥部の村。村人は若者を歓迎するが、あてがわれた家は窓にガラスもなく、トイレは庭の穴、学校は教材もろくになくて、紙は貴重品扱い、若者は完全に不適応を起こし、初日を休校にする始末だ。ところが、屈託のない澄んだ瞳の児童たちと、素朴で温かい村人の暮らしや文化に触れているうちに、次第に慣れていき、貴重な体験をしている実感を持つようになる。最後はまさに『二十四の瞳＊』のブータン版だ。若者は万感の想いを胸に、夏の登校期を終えて山を下りた。豪州でパブの音楽の仕事に就くが、ある日ふと歌うのは、その村の娘に教えてもらった素朴な自然への賛歌だった。

本作は国際的にも評価が高く、いろいろな賞を得ている。人生の持ち時間でカバーできない位の名画が世界で制作されているのを実感する（たくさんの見残しが生じると思うと、地団駄を踏みたくなるが、やめておく）。村人は多くが実際に住む人々が演じた。代表格の女児（村人）には、なんて素敵なのだろうと浮き浮きした。全世界の教師を喜ばせるだろう。そして本作にあったとおり、その子が実際に家庭崩壊で苦しんでいると知り、涙が出た。

●2021年・水俣病の取材『MINAMATA ミナマタ』アンドリュー・レヴィタス監督

『MINAMATA ミナマタ』は、ジョニー・デップが制作・主演を務める娯楽作（制作国は英米UAE日）ながら、チッソによる被害に再び目を向けさせ、社会派としての意味を持つ作品。

ストーリーは事実をもとにしており、沖縄戦取材で負傷し、社会派で有名な米国人カメラマンのユージン・スミスが、アルコールで苦しむ中、水俣出身の女性の働きかけに応じ、水俣を訪れ、様々の妨害に遭遇しつつ、被害の様子、チッソの排水口、被害者の抗議運動を撮影していく。住民の抗議、チッソによる住民の切り崩し、スミスへの買収の試み、住民への暴力、チッソ側から住民側への寝返り、現像小屋の焼き討ち、スミスへの抗議現場での暴力と負傷など、激しい動きが描かれる。中でも印象的なのは、彼の写真集『MINAMATA』の中にある、「入浴する智子と母」の撮影シーンだ。水銀に冒された姿をし、自分で動かせない娘さんの体を母が支えて、浴槽に入っている写真である。悲しいけれど、何か崇高なものを感じさせる。この1葉も手伝って、この写真集が世界で水俣を知らしめたのだ。この写真集の日本語版は、英語版よりも出版が5年遅れた。

日本側も、岩瀬晶子をはじめ、真田広之、浅野忠信、加瀬亮、國村隼らが好演、映画的には構成やディテールに改善の余地があると言われるが、ジョニー・デップのような人が取り上げてくれる効果はやはり大きく（本人の醜聞で米国では、執筆現在まだ一部でしか上映されていないようではあるが）、観客動員数は、通常の社会派作品の比ではなかった。スミスは働きかけをした女性と結婚して、一時日本に住んで撮影したのだが、受けた暴力が原因で健康を害し、米国で59歳の生涯を閉じた。

●2021年・水俣病問題の歴史をドキュメンタリーに『水俣曼荼羅』原一男監督

『水俣曼荼羅』は、ドキュメンタリーで有名な原一男監督が、水俣病を扱った最新作。北九州市立大学の北方シネマで、3部構成6時間12分を見切った。長尺で、ここで全てを語るのは無理。監督の昔の作風と異なり、不謹慎な評だが、見ていて楽しい。抹消神経でなく脳の問題と訴え、水俣病認定者を増やそうとする剽軽な医師（説得力大）、妻との馴れ初めを語り、恥ずかし気に爆笑する患者、恋多き患者の底抜けの恋バナ。監督との人間的交流が微笑ましい。だが同時に、患者の不便さや悩みもきちんと描き、水銀を含むヘドロと魚を処分した埋立地の危険、昔の生活、動物に症状が現れた当時の様子等、多岐にわたる話題が、長い時間の流れの中に描かれる。白眉は、訴訟と交渉と、それらに取り組む人々の様子。チッソの賠償責任確定後も、国や県が策定した厳しい基準で救済の積み残しが続発、以降の闘いが作品の中核にある。勝訴後の環境省や熊本県の役人や知事を相手の交渉で、糾弾する人々（支援者の1人元NHKアナウンサーが役人を叱り飛ばすのが痛快）と逃げ回る役人たち（環境省交渉の「謝るな」のメモ隠し事件は有名）。最高裁で不利な判決が出ると、県が手の平を返して患者を認定したのは、赤城ファイル裁判での政府による認諾と同じ手口だと思うが、それが最近は、裁判続行の患者が少なくなったとみるや、交渉では寄り添う態度を見せながら、次々認定申請棄却中。

本作を見ると筆者はものを知らぬとわかる。賛否両論あれど見る価値あり。監督が上映会で、裁判支援と、魚に現在も水銀が堆積中である危険を訴え、さらに欧州は難民問題で水俣病に無関心、と語ったのが印象的だった。監督は『ゆきゆきて神軍』『全身小説家』『れいわ一揆』等でも有名。

●2022年・女子教育女性解放の黎明『われ弱ければ　矢嶋楫子伝』山田火砂子監督

『われ弱ければ　矢嶋楫子伝』は、三浦綾子原作、天保生まれで熊本出身、近代日本の女子教育と女性解放の黎明期を担った偉大な女性、矢嶋楫子の生涯を追った作品である。

楫子は自分を曲げない性格で、飲むと人格が変わる武士の夫に三行半を突きつけ（日本で女性からの三行半は初めてとか）、伝習所に通い、40歳を超えて小学校教員になり、貧しい子供たちに寄り添った。その評判により、現存する女子学院につながるミッション系の女子学校の校長に就任、生徒たちを信じ、聖書があれば他は不要とし、校則を廃する。また、悪いことをした相手は抱きしめるというキリスト教のやり方に感じ入り、帰依した。54歳で「日本基督教婦人矯風会」を設立、元老院へ、妾をなくし一夫一婦制を取る建白書を提出（そのときは実らなかった）、その女性解放運動の対象は、女子教育、廃娼、参政権、禁酒等、多岐にわたった。日露戦争にあたっては、子を亡くした母親たちに思いを寄せ、反戦の思いを強くする。89歳になる1922年には、ワシントン平和会議に出席し、現地の新聞にも取り上げられた。偉い人だ。その後日本が侵略戦争を行ったことや、今でも男女格差が先進国で最低ということは、とても本人に今報告できない。

監督は90歳の山田火砂子。明治大正期に活躍した女性を撮ってきた。制作は現代ぷろだくしょんで、ここは1951年に山田典吾、山村聰、森雅之らにより俳優集団として設立され、カンパ等で頑張り、社会派系作品を手掛けてきた。初期だけでも『蟹工船』『真昼の暗黒』『はだしのゲン』などがある。本作も上映会やミニシアター等でないと見られないが、こうした映画はぜひ応援したい。また、使命とは命を使うことという楫子の教えに、筆者は命を使い本書を編んだと報告したい。

コラム⑪　私は何者?

私は、自分の映画遍歴草創期に、やはり故大林宣彦監督から最も大きく影響を受けたと思います。「人生は好きなことをする時間しかない」（大林宣彦『人生には好きなことをする時間しかない』ＰＨＰ研究所）ほど短く、その短さには、「人生は時間に限りがあるからこそ優しさが生まれる」（松本零士『銀河鉄道９９９』）という意味があると感じます。そして優しさは、人間社会の知恵です。良い映画をたくさん鑑賞すると、「人は「ありがとう」の数だけ賢くなり、「ごめんなさい」の数だけ優しくなり、「さようなら」の数だけ愛を知る」（大林宣彦『きみが、そこにいる』ＰＨＰ研究所、51頁）ことになり、決してホッブスの言うような争いの社会にはならないと信じます。大学学部生の頃までをぼうっと過ごした私は、人生で大事なことは砂場でも学校でもなく、映画から多く学んだと思っています。しかし、映画に限らずこの世界は触れるに値することに満ち溢れており、何もかもが愛おしくなります。そう思ったら戦争なんかできない、十代の頃からそう思ってきました。いまだにそう考えているのは本当に青臭いと思います。でも、十代の自分に申し訳が立たないことはしたくない（大林宣彦『さびしんぼう乾盃』主婦と生活社、５頁）と考えています。それは、世界が皆自分のように生きても戦争など起きないような、妥協のない生き方をしたいからという一種のわがままに由来します。戦争のない世界になりますように。

●2022年・済州島四・三事件と帰国事業『スープとイデオロギー』ヤン・ヨンヒ監督

『スープとイデオロギー』は、在日コリアン2世の監督の、家族3部作の『ディア・ピョンヤン』『愛しきソナ＊』に次ぐ作品。『ディア・ピョンヤン』で、北側の朝鮮総連の活動をする両親と、疑問を持つ監督との関係を描き、『愛しきソナ＊』で、北朝鮮への帰国事業で息子3人を送り出した父と現地の姪に焦点を当てた。本作は、母と監督との関係を描く、日韓制作のドキュメンタリー。

監督と結婚相手の男性が、監督の母と共に、済州島を訪問する部分をメインとしている。母は大阪生まれだが、大戦の大阪大空襲を機に、ゆかりの済州島へ疎開、四・三事件で命からがら大阪に戻り、大阪で人生を過ごしたが、朝鮮総連の活動とともに、息子3人を北朝鮮への帰国事業で北へ行かせており、その後年金暮らしとなっても送金を続けている。監督は自らアナーキストと名乗り、どの政府も信用していないそうで、子供たちを北朝鮮に行かせたことについて、母を責める気持ちがあったが、夫とアルツハイマーが進む母と3人で、済州島の済州4・3研究所や追悼式を訪れ、当時の韓国の住民虐殺のひどさを知り（届け出のあった方々の墓が墓地に、またお名前のある表札が施設の壁に、ずらりと並んでいる）、母を責められなくなったという。筆者も帰国事業に乗ったことをいぶかしげに思っていたが、韓国による済州島での虐殺が背景にあると知ったとき、前作との響き合いもあり、思わず落涙した。この母の人生を波乱万丈と言わずに何と言おう。

済州島四・三事件については『チスル＊』に譲るが、事件は一瞬でも、その影響は延々と続く。人間はそんなこともわからないのかと思う。なお「スープ」は、監督の夫が結婚の挨拶に義母を訪問したときに、その義母が作ってくれた鶏スープのことで、母を象徴していると思う。

●2022年・香港の憂鬱『Blue Island 憂鬱の島』チャン・ジーウン監督

『Blue Island　憂鬱の島』は、香港の民主化運動への抑圧をきっかけにした、再現シーンも含めた香港・日本制作のドキュメンタリーで、香港・中国では上映されておらず（実際はネットで見ている方々もいると聞く）、編集はベルリンで行ったそうだ。出演者は危険を承知での出演。

本作は、反英国支配の立場から中国本土復帰を訴える1967年の六七暴動の参加者（後に中国政府にがっかりして民主派にも理解を示す）、中国本土で民主化を訴える学生らを殺戮した1989年の天安門事件に直接遭遇した当時の香港の学生代表（現在でも弁護士として民主化活動中）、2014年の雨傘運動以来民主主義が失われていく香港でそれを守る闘いに身を投じた人々（多くが続々有罪判決）を取り上げ、現在の運動にかかわっている方々を中心に、1967年や1989年の再現シーンを演じて世代間の交流を図るなど、映画技法的にも興味深い出来栄え。雨傘運動以来香港国家安全維持法を経て現在まで撮りためた映像を元に、運動（維持法後民主化を超えて独立を求めている）と香港人としてのアイデンティティの問題を描く。警察との乱闘シーンは少ない。

福岡での貴重な上映の際に、監督からのビデオメッセージと、日本側のプロデューサーと中国・香港専門のフリーランスライターの舞台挨拶（講話）を伺った。独立派の中には中国と決別するため天安門事件犠牲者の追悼に反対の一派もあるなど多様であること、制作側が米国アカデミー賞ノミネートのため運動していることなど、いろいろと教えていただいた。本作は北米や台湾の映画祭で受賞している。しかしコロナのせいか、週末にもかかわらず、108名収容の劇場で20名程度の観客であり、もったいなかった。

●2022年・被爆者と平和のメッセージ『長崎の郵便配達』川瀬美香監督

元英空軍のピーター・タウンゼントが、マーガレット王女との破局の後、ジャーナリストに転向して世界を回り、長崎の被爆者谷口稜曄（すみてる）氏と友人になり、証言として出版したノンフィクション小説があるのだが、『長崎の郵便配達』は、それをもとに、タウンゼントの娘が長崎を訪れて父の足跡を追い、父と長崎と被爆者をより深く理解し、残る人生で父の意志を受け継ぐことを決意する様子を描くドキュメンタリーである。

タウンゼントの娘は女優のイザベル・タウンゼント。監督の訪問を受けるシーンで始まる。亡き父の取材テープ等を探し出し、夫と子二人を連れて長崎を訪問する。若い時には読まなかった父の本を抱え、父の取材音声を聞きながら、父の取材当時の通訳に会い、谷口家で弔意を伝え、谷口氏が被爆した場所を訪れ、資料館、爆心地、浦上天主堂にも向かう。肌で原爆と被爆を知ったイザベルは、父の志を受け継ぐことを決意し、在住地のフランスで、以前から行っていた学校での演劇指導に早速活かし、被爆し周りの子供たちが皆死んでいった現場を演出するのだった。映像として時折、谷口氏の治療や海外講演の様子や（サーロー節子氏と雛壇に並んだシーンが印象的）、長崎の御盆の伝統行事などが挿入された（イザベルが谷口家の山車（精霊船）を押す姿が印象的）。

監督は、谷口氏から小説の復刊の相談を受け、映画制作を決断したそうだ。谷口氏が二〇一七年に亡くなり、制作が止まりかけたが、タウンゼント邸で谷口氏への取材テープが見つかり、奇跡的に進んだそうだ。イザベルは素直な性格と丁寧な話し方で観客の共感を大いに得るだろう。私たちも彼女に続いて、ノーモア・ナガサキ、ノーモア・ヒバクシャのメッセージを配達したいものだ。

●2022年・北アイルランドでカトリック教徒排撃『ベルファスト』ケネス・ブラナー監督

『ベルファスト』は、シェークスピア役者で有名な監督の自伝的作品で、一九六九年の北アイルランドのベルファストでのプロテスタント過激派によるカトリック住民の排撃の暴虐を背景に、同市にアイデンティティを持ちカトリック居住区に住むプロテスタント系一家を描く英国作品。

一家の少年は、父親がロンドンに出稼ぎに行ってはいるが、母親、祖父母、兄と一緒で、貧しいながら良き家族とともにある。学校では好きな女の子（カトリック）もいる。暴虐がなければ幸せな一家だ。しかし父親はカトリック教徒の立退きを求めるプロテスタントからいつ襲われるかもわからない危険を避け、一家でベルファストを離れたいと思っている。母親は故郷を捨てられないと思って夫と対立しているが、近隣の店舗が打ちこわしに遭い、最後にはベルファストを離れることを決意する。祖父は亡くなり、祖母を残しての移動となった。映画や音楽など、その後の監督に繋がる要素もきちんと描かれている。

一家の楽し気な暮らしを前半で描き、暴虐が後半に来てそのコントラストを狙う構成かと予測したが、あっけなく冒頭数分で暴力シーンが登場する。そのかわり映画全体として戦闘を中心にしてもいない。そのこと自体が、あくまでも紛争に個人が翻弄されることを拒否する意思表示のようだ。昔内紛でアイルランドがイングランド王の助力を求めてイングランドが食い込んで来て以来、アイルランド島では本来のカトリックとイングランド系のプロテスタントが争う歴史が続いたのだった。本作ではその後のＩＲＡによるテロと２００５年の武装闘争終結宣言を思い出す。今の中台やウクライナ・ロシア等の問題も、今後数百年以上尾を引くのだろうか。

●2022年・ウクライナ戦闘予期？『アトランティス』ヴァレンチン・ヴァシャノヴィチ監督

『アトランティス』は、筆者初見のウクライナ映画。2019年の東京国際映画祭で上映されたが、2022年に公開された。ウクライナとロシアの戦争終結1年後、2025年のドンバス地方を舞台としており、あたかも現実を予想したかのようなディストピア作品だ。

この戦争で生き延びたウクライナ兵士の男は、その後働いた鉄鋼工場の閉鎖により、軍で水運搬の仕事に就く（戦争と工場廃液による井戸水汚染）。この国はGDP年額以上の借金を抱え、国民も生きていくのが大変。そんな中、男は射撃訓練を行い、帰還兵仲間に自殺され、廃墟となった実家近くで地雷を踏んだ車から乗員を救助する。そうした生活の中、車が故障した女性を救い、兵士の遺体発掘のボランティアで女性を休日に手伝うようになる。発見されるのはウクライナ兵、ロシア兵、ドンバスの民兵など、どの側も無傷ではない。この戦争でドンバス地方はウクライナが確保したものの、兵士の遺体はまだまだ多く発見されて墓地も大変であり、地雷処理にも膨大な時間がかかり、環境汚染があり、穀倉地帯であったろう地域を保持できても、皮肉にも居住や耕作は当面無理である。昔どおりに暮らすことは無理だが、ここで生きていこうと結ばれる2人だった。

寒々とした大地とでこぼこの泥道が印象的。遺体発掘をする女性の車には黒いチューリップのマークがあったが、実在のブラック・チューリップという団体だそうだ。また、実際の戦争経験者が演じていること、冒頭と最後のサーモグラフィによる演出が印象的。同監督のその後の『リフレクション』は、本作品で描かれた戦争の始まり（2014年というからウクライナが騒然としてクリミアがロシアに併合されたときだ）を描いている。アトランティスは失われた地の意味とのこと。

★索引★　＊映画の制作国名は含めていない。

後書き

筆者は小学生の頃から平和主義者だったようです。学校でからかわれてもニコニコしていました。人と争うのが嫌いだったのです。大学生の頃、一般教養の憲法の講義に感動し、政治や人権に関心を持ち始めました。この講義がなかったら、なぜ米国が原爆を投下したか、なぜソ連が終戦直前に参戦したか、なぜ米国は天皇制を残すことを許したか、なぜ米軍基地が日本にあるのか、なぜ安保闘争があったのか、そんなことを全く考えもしない人生を送っていたかもしれません。ナイーブに武器があるから戦争になると考える人間であり、軍事力の均衡を現実的な平和の手段として肯定すべきだとはどうしても思えないタイプの人間です。何を子供みたいなことを言っているんだと言われそうですが、故大林宣彦監督は、子供のときに大人に関していやだと思っていたことを、大人になってもそのまま思い続けているのは、子供の頃の自分に申し訳が立たないことはしたくないから だ、という趣旨のことをおっしゃっていました。筆者もそれに倣う青臭い人間でいたいと思っています。実は筆者が二十代になってから映画を見るようになったのは、その大林監督が尾道3部作で恥ずかしげもなく、瑞々しく光り輝く青春を青臭く描いているのに感じ入ったからでした。人が発するそのような光を大切に扱うということは、「○○のためには多少の人命が失われても仕方がない」とする戦争とは、およそ対極にある態度だと思います。ということで、反戦平和と人を大切にする映画との組み合わせは、それこそ筆者が取り組まないでどうするというテーマとなりました。もともと英語屋であり、取り組むことが他にもいろいろあるために、ひとつひとつは些細な成果でしかないのですが、些細ながら塵も積もれば山となるということで、ささやかながら、自分にあるひとつの部分の集大成のつもりで制作しました。未見の作品、取り上げられなかった作品には本当に申し訳ないです。例えば、脱稿直前に地元図書館で、日本軍と地元の少年兵を描くタイ映画の貴重な上映があったのですが、本務校の業務の関係で、どうしても見ることができませんでした。また、最近の香港の情勢を扱った作品がかなりあるのに、滑り込みで1本見られたのみです。その他常識として見ておくべき数々の作品を見逃しています。努力不足をお詫びしますが、そこは多趣味で、映画館にかかる映画が首都圏よりもずっと少ない福岡在住の筆者としての限界です。

最後に、映画の悦びを教えてくださった故大林宣彦監督、その大林映画のロケ地巡りと2冊の共著を世に出すことでお世話になった哲学者荒木正見先生、本来の研究分野以外のことばかりに夢中になる弟子に寛容に接してくださっている恩師東京都立大学名誉教授中島平三先生、映画の話題や映画の授業についてよき刺激となってくれている九州大学での同僚志水俊広先生と辻野裕紀先生、九州大学での映画授業に御協力をいただいている福岡アジア映画祭主宰者で映画評論家の前田秀一郎氏、本書のもととなる記事を掲載し続けてくださっている『反戦情報』主宰の永田信男氏、そして母校の大学を再度卒業し、今もその先を目指して頑張り刺激を筆者に与え続け、一部の原稿の点検にも協力してくれた妻鈴木久仁子に本書を捧げます。そして何より、本著作の出版を快諾し、編集作業で大いに汗をかいてくださった櫂歌書房の東保司氏に、最大限の感謝を申し上げたいと思います。また本書が、お読みになる方々に少しでも得るものがある書であることを祈りながら、しめくくりと致します。

鈴木右文

著者　鈴木右文（すずき・ゆうぶん）

１９６４年千葉県に生まれる。

東京都立大学大学院人文科学研究科英文学専攻博士課程所要年限在学・所要単位取得の上中退。

現在九州大学大学院言語文化研究院教授。

本来の専門は生成文法による現代英語の統語分析。しかし諸般の事情によりある時から、コンピュータによる英語教育実践とともに、特にケンブリッジ大学英語・学術研修にライフワークとして取り組む。

映画、旅行、鉄道等多趣味の中、映画では九州大学基幹教育の授業で「映画の世界」を担当、共著書に『尾道を映画で歩く』『尾道学と映画フィールドワーク』（いずれも中川書店）がある。

２００１年から『反戦情報』誌に反戦人権映画に関するコラムを担当して現在に至る。

戦争は、だめだ！
ISBN978-4-434-32497-0　C3074

発行日　2023年　6　月　30　日　初版 第１刷

著　者　　鈴木 右文

発行者　　東　保司

発 行 所
とうかしょぼう
櫂 歌 書 房
〒811-1365　福岡市南区皿山４丁目 14-2
TEL 092-511-8111　FAX 092-511-6641
E-mail:e@touka.com　http://www.touka.com

発売元　星雲社（共同出版社・流通責任出版社）